建筑与市政工程施工现场专业人员职业标准培训教材

劳务员考核评价大纲及习题集

本社组织编写

中国建筑工业出版社

图书在版编目（CIP）数据

劳务员考核评价大纲及习题集/本社组织编写.—北京：中国建筑工业出版社，2015.4
建筑与市政工程施工现场专业人员职业标准培训教材
ISBN 978-7-112-17988-6

Ⅰ.①劳… Ⅱ.①本… Ⅲ.①建筑工程—劳务—管理—职业培训—教学参考资料 Ⅳ.①F407.94

中国版本图书馆 CIP 数据核字（2015）第 064649 号

责任编辑：朱首明 李 明 李 阳 杨 琪
责任校对：姜小莲 刘梦然

建筑与市政工程施工现场专业人员职业标准培训教材
劳务员考核评价大纲及习题集
本社组织编写
*
中国建筑工业出版社出版、发行（北京西郊百万庄）
各地新华书店、建筑书店经销
北京永峥有限责任公司制版
北京圣夫亚美印刷有限公司印刷
*

开本：787×1092毫米 1/16 印张：14½ 字数：360千字
2015年6月第一版 2015年6月第一次印刷
定价：39.00元
ISBN 978-7-112-17988-6
(27121)

版权所有 翻印必究
如有印装质量问题，可寄本社退换
（邮政编码 100037）

出 版 说 明

建筑与市政工程施工现场专业人员队伍素质是影响工程质量和安全生产的关键因素。我国从20世纪80年代开始，在建设行业开展关键岗位培训考核和持证上岗工作。对于提高建设行业从业人员的素质起到了积极的作用。进入21世纪，在改革行政审批制度和转变政府职能的背景下，建设行业教育主管部门转变行业人才工作思路，积极规划和组织职业标准的研发。在住房和城乡建设部人事司的主持下，由中国建设教育协会、苏州二建建筑集团有限公司等单位主编了建设行业的第一部职业标准——《建筑与市政工程施工现场专业人员职业标准》，已由住房和城乡建设部发布，作为行业标准于2012年1月1日起实施。为推动该标准的贯彻落实，进一步编写了配套的14个考核评价大纲。

该职业标准及考核评价大纲有以下特点：(1) 系统分析各类建筑施工企业现场专业人员岗位设置情况，总结归纳了8个岗位专业人员核心工作职责，这些职业分类和岗位职责具有普遍性、通用性。(2) 突出职业能力本位原则，工作岗位职责与专业技能相互对应，通过技能训练能够提高专业人员的岗位履职能力。(3) 注重专业知识的完整性、系统性，基本覆盖各岗位专业人员的知识要求，通用知识具有各岗位的一致性，基础知识、岗位知识能够体现本岗位的知识结构要求。(4) 适应行业发展和行业管理的现实需要，岗位设置、专业技能和专业知识要求具有一定的前瞻性、引导性，能够满足专业人员提高综合素质和适应岗位变化的要求。

为落实职业标准，规范建设行业现场专业人员岗位培训工作，我们依据与职业标准相配套的考核评价大纲，在《建筑与市政工程施工现场专业人员职业标准培训教材》的基础上组织开发了各岗位的题库、题集。

题集覆盖《建筑与市政工程施工现场专业人员职业标准》涉及的施工员、质量员、安全员、标准员、材料员、机械员、劳务员、资料员8个岗位。题集分为上下两篇，上篇为通用与基础知识部分习题，下篇为岗位知识与专业技能部分习题，每本题集收录了1000道左右习题，所有习题均配有答案和解析，上下篇各附有模拟试卷一套。可供参加相关岗位培训考试的专业人员练习使用。

题库建设中，很多主编、专家为我们提供了样题和部分试题，在此表示感谢！

作为行业现场专业人员第一个职业标准贯彻实施的配套教材，我们的编写工作难免存在不足，因此，我们恳请使用本套教材的培训机构、教师和广大学员多提宝贵意见，以便进一步的修订，使其不断完善。

中国建筑工业出版社

目　录

劳务员考核评价大纲 ………………………………………………………………… 1
劳务员习题集 ………………………………………………………………………… 13

上篇　通用与基础知识

第一章　建设法规 …………………………………………………………………… 15
第二章　建筑材料 …………………………………………………………………… 45
第三章　建筑工程识图 ……………………………………………………………… 52
第四章　建筑施工技术 ……………………………………………………………… 58
第五章　施工项目管理 ……………………………………………………………… 73
第六章　劳动保护的相关规定 ……………………………………………………… 83
第七章　流动人口管理的相关规定 ………………………………………………… 91
第八章　信访工作的基本知识 ……………………………………………………… 98
第九章　人力资源开发及管理的基本知识 ………………………………………… 104
第十章　财务管理的基本知识 ……………………………………………………… 110
第十一章　劳务分包合同的相关知识 ……………………………………………… 116
劳务员通用与基础知识试卷 ………………………………………………………… 121
劳务员通用与基础知识试卷答案与解析 …………………………………………… 132

下篇　岗位知识与专业技能

第一章　劳务员岗位相关的标准和管理规定 ……………………………………… 141
第二章　劳动定额的基本知识 ……………………………………………………… 149
第三章　劳动力需求计划 …………………………………………………………… 153
第四章　劳动合同的基本知识 ……………………………………………………… 156
第五章　劳务分包管理的相关知识 ………………………………………………… 162
第六章　劳务用工实名制管理 ……………………………………………………… 168
第七章　劳务纠纷处理办法 ………………………………………………………… 170
第八章　社会保险的基本知识 ……………………………………………………… 174
第九章　社会保险的基本知识（劳务员专业技能） ……………………………… 178
第十章　劳务资格审查与培训 ……………………………………………………… 183

第十一章　劳动合同管理 …………………………………………………… 191
第十二章　劳务纠纷处理 …………………………………………………… 200
第十三章　劳务资料管理 …………………………………………………… 209
劳务员岗位知识与专业技能试卷 …………………………………………… 212
劳务员岗位知识与专业技能试卷答案与解析 ……………………………… 221

劳务员
考核评价大纲

通 用 知 识

一、熟悉国家工程建设相关法律法规

（一）《建筑法》

1. 关于从业资格的有关规定
2. 建筑安全生产管理的有关规定
3. 建筑工程质量管理的有关规定

（二）《安全生产法》

1. 关于生产经营单位安全生产保障的有关规定
2. 关于从业人员权利和义务的有关规定
3. 安全生产监督管理的有关规定
4. 安全事故应急救援与调查处理的规定

（三）《建设工程安全生产管理条例》、《建设工程质量管理条例》

1. 关于施工单位安全责任的有关规定
2. 关于施工单位质量责任和义务的有关规定

（四）《劳动法》、《劳动合同法》

1. 劳动合同和集体合同的有关规定
2. 劳动安全卫生的有关规定

二、了解工程材料的基本知识

（一）无机胶凝材料

1. 无机胶凝材料的种类及其特性
2. 通用水泥的特性及应用

（二）混凝土

1. 混凝土的种类及主要技术性能
2. 普通混凝土的组成材料
3. 混凝土配合比的概念

（三）砂浆

1. 砂浆的种类及应用
2. 砂浆配合比的概念

（四）石材、砖和砌块

1. 砌筑用石材的种类及应用
2. 砖的种类及应用
3. 砌块的种类及应用

（五）钢材

1. 钢材的种类
2. 钢结构用钢材的品种及特性

3. 钢筋混凝土结构用钢材的品种及特性

三、了解施工图识读、绘制的基本知识

（一）施工图的基本知识
1. 房屋建筑施工图的组成及作用
2. 房屋建筑施工图的图示特点
（二）施工图的识读
房屋建筑施工图识读的步骤与方法

四、了解工程施工工艺和方法

（一）地基与基础工程
1. 岩土的工程分类
2. 基坑（槽）开挖、支护及回填的主要方法
3. 混凝土基础施工工艺
（二）砌体工程
1. 砌体工程的种类
2. 砌体工程施工工艺
（三）钢筋混凝土工程
1. 常见模板的种类
2. 钢筋工程施工工艺
3. 混凝土工程施工工艺
（四）钢结构工程
1. 钢结构的连接方法
2. 钢结构安装施工工艺
（五）防水工程
1. 防水工程的主要种类
2. 防水工程施工工艺

五、熟悉工程项目管理的基本知识

（一）施工项目管理的内容及组织
1. 施工项目管理的内容
2. 施工项目管理的组织
（二）施工项目目标控制
1. 施工项目目标控制的任务
2. 施工项目目标控制的措施
（三）施工资源与现场管理
1. 施工资源管理的任务和内容
2. 施工现场管理的任务和内容

基 础 知 识

一、熟悉劳动保护的相关规定

（一）劳动保护内容的相关规定
1. 工作时间、休息时间、休假制度的规定
2. 劳动安全与卫生
3. 女职工、未成年工的劳动保护

（二）劳动保护措施及费用的相关规定
1. 不同作业环境下劳动保护措施的规定
2. 劳动保护用品的规定
3. 劳动保护费用的规定

（三）劳动争议与法律责任
1. 劳动争议的类型与解决方式
2. 用人单位的法律责任

二、熟悉流动人口管理的相关规定

（一）流动人口的合法权益
1. 流动人口享有的权益
2. 流动人口权益的保障

（二）流动人口的从业管理
1. 流动人口从事生产经营活动相关证件的办理
2. 流动人口就业上岗的规定

（三）地方政府部门对流动人口管理的职责
1. 流动人口管理的责任分工
2. 流动人口管理的行政处罚事项

三、掌握信访工作的基本知识

（一）信访工作组织与责任
1. 信访工作机构、制度、机制
2. 信访工作人员的法律责任

（二）信访渠道与事项的提出与受理
1. 信访渠道与信访人的法律责任
2. 信访事项提出的类型与形式
3. 信访事项的受理方式及相关规定

（三）信访事项的办理
1. 信访事项的办理方式及时间规定
2. 信访事项办理的答复

四、了解人力资源开发及管理的基本知识

（一）人力资源开发与管理的基本原理
1. 人力资源管理的理论基础
2. 人力资源规划的定义、原则和内容

（二）人员招聘与动态管理
1. 招聘的程序、原则、渠道
2. 人员的内部流动管理及流出管理

（三）人员培训
1. 培训的形式
2. 培训的内容

（四）绩效与薪酬管理
1. 绩效管理的内容和方法
2. 薪酬管理的目标、内容和类型

五、了解财务管理的基本知识

（一）成本与费用
1. 费用与成本的关系
2. 工程成本的范围
3. 期间费用的范围

（二）收入与利润
1. 收入的分类及确认
2. 工程合同收入的计算
3. 利润的计算与分配

六、掌握劳务分包合同的相关知识

（一）合同的基本知识
1. 签订合同的基本原则
2. 合同的定义和效力
3. 合同的形式、示范文本的种类
4. 自拟合同的法律规定
5. 合同争议的解决途径、方式和诉讼时效

（二）劳务分包合同管理
1. 劳务分包合同签订的流程
2. 劳务分包合同条款
3. 劳务分包合同价款的确定
4. 劳务分包合同履约过程管理
5. 劳务分包合同审查

岗 位 知 识

一、熟悉劳务员岗位相关的标准和管理规定

（一）建筑业劳务用工、持证上岗管理规定
1. 劳务用工对个人的规定
2. 劳务用工对企业的规定
3. 持证上岗的制度规定

（二）建筑劳务企业资质制度的相关规定
1. 建筑劳务企业分类及资质标准
2. 建筑劳务企业工程作业分包范围

（三）农民工权益保护的有关规定
1. 解决农民工问题的指导思想和基本原则
2. 农民工权益保护的一般规定
3. 农民工的就业服务
4. 国家关于农民工工资支付政策的主要内容和要求
5. 违反农民工工资支付规定的处罚
6. 农民工权益保护、监督与保障

（四）工伤事故处理程序
1. 工伤与伤亡事故的分类、认定及工伤保险
2. 抢救伤员与保护现场
3. 工伤事故的报告、调查与处理

二、熟悉劳动定额的基本知识

（一）劳动定额及其制定方法
1. 劳动定额的概念、表达形式
2. 制定劳动定额的主要方法

（二）工作时间的界定
1. 工作时间的界定
2. 施工过程的概念

三、熟悉劳动力需求计划编制方法

（一）劳动力需求计划的编制
1. 劳动力需求计划的编制原则和要求
2. 劳动力总量需求计划的编制程序和方法

（二）劳动力计划平衡方法
1. 劳动力负荷曲线
2. 劳动力计划平衡的基本方法

四、掌握劳动合同的基本知识

（一）劳动合同的种类和内容
1. 劳动合同的概念、种类和特征
2. 劳动合同的格式与必备条款
3. 劳动合同的其他条款及当事人约定事项
4. 劳动合同的变更、解除及违约责任

（二）劳动合同审查的内容和要求
1. 劳动合同审查的内容
2. 劳动合同审查的要求

（三）劳动合同的实施和管理
1. 劳动合同的实施
2. 劳动合同的过程管理
3. 劳动合同的签订

（四）劳动合同的法律效力
1. 劳动合同法律效力的认定
2. 劳动合同纠纷的处理

五、掌握劳务分包管理的相关知识

（一）劳务分包管理的一般规定
1. 对劳务分包企业的规定
2. 对劳务人员的规定

（二）劳务招投标管理
1. 劳务招投标交易的特点
2. 劳务招投标工作内容
3. 劳务招投标管理工作流程

（三）劳务分包作业管理
1. 劳务分包队伍进出场管理
2. 劳务分包作业过程管理

（四）劳务分包队伍的综合评价
1. 劳务分包队伍综合评价的内容
2. 劳务分包队伍综合评价的方法

（五）劳务费用的结算与支付
1. 劳务人员工资的计算方式
2. 劳务费结算与支付管理的程序
3. 劳务费结算与支付管理的要求
4. 劳务费结算支付报表制度

六、掌握劳务用工实名制管理

（一）实名制管理的作用、内容和重点

1. 实名制管理的作用
2. 实名制管理的内容和重点
(二) 实名制备案系统管理程序
1. 实名制备案系统
2. 实名制系统的管理
(三) 劳务管理资料
1. 劳务管理资料的范围与种类
2. 劳务管理资料的收集与整理
3. 劳务管理资料档案的编制与保管

七、掌握劳务纠纷处理办法

(一) 劳务纠纷常见形式及解决方法
1. 劳务纠纷的分类、形式
2. 解决劳务纠纷的合同内方法
3. 解决劳务纠纷的合同外方法
(二) 劳务纠纷调解程序
1. 劳务纠纷调解的基本原则
2. 劳务纠纷调解的一般程序
(三) 劳务工资纠纷应急预案
1. 劳务工资纠纷应急预案的编制
2. 劳务工资纠纷应急预案的组织实施

八、了解社会保险的基本知识

(一) 社会保险的依据与种类
1. 社会保险的法律依据与制度规定
2. 基本社会保险
3. 建筑施工企业工伤保险和意外伤害保险
(二) 社会保险的管理
1. 社会保险费的征收
2. 社会保险争议的解决

专 业 技 能

一、能够参与编制劳务需求及培训计划

    1. 计算劳务用工数量及费用
    2. 编制劳务用工需求计划表
    3. 分析劳务培训需求
    4. 编写劳务培训计划的主要内容

二、能够验证劳务队伍资质

    1. 验证劳务队伍资质业绩情况
    2. 验证劳务队伍管理情况

三、能够核验劳务人员身份、职业资格

    1. 验证劳务人员身份情况
    2. 审验劳务人员职业资格证书

四、能够对劳务分包合同进行评审、对劳务队伍进行综合评价

    （一）评审劳务分包合同
    1. 评审劳务分包合同的内容与条款
    2. 评审劳务分包合同的主体与形式
    3. 评价劳务分包方施工与资源保障能力
    4. 监督劳务分包合同的实施
    （二）对劳务队伍进行综合评价
    1. 实施劳务队伍综合评价
    2. 反馈综合评价结果

五、能够对劳动合同进行规范性审查

    1. 审查订立劳动合同的主体
    2. 审查劳动合同书内容

六、能够核实劳务分包款、劳务人员工资

    1. 核实进场前是否及时签订劳务分包合同
    2. 核实劳务费是否在合同中单列
    3. 核实劳务费是否及时结算和签认
    4. 核实劳务人员工资表的编制、公示和确认
    5. 核实劳务人员工资的实际支付情况

七、能够建立劳务人员个人工资台账

1. 建立劳务人员考勤表
2. 建立劳务人员工资表
3. 建立劳务人员工资台账

八、能够参与编制劳务人员工资纠纷应急预案并组织实施

1. 编写工资纠纷应急预案的主要内容
2. 建立工资纠纷应急处理的组织管理系统
3. 实施劳务人员工资纠纷应急预案

九、能够参与调解、处理劳务纠纷和工伤事故的善后工作

1. 判断劳务纠纷性质及其原因
2. 调解并协商处理劳务纠纷
3. 协助办理工伤及工伤事故的认定
4. 协助办理工伤或伤亡职工的治疗与抚恤手续
5. 协助处理工伤及伤亡保险事项

十、能够编制、收集、整理劳务管理资料

1. 建立劳务资料目录、登记造册
2. 收集、审查劳务管理资料
3. 制订劳务管理资料的安全防护措施

劳务员
习 题 集

上篇　通用与基础知识

第一章　建设法规

一、判断题

1. 由一个国家现行的各个部门法构成的有机联系的统一整体通常称为法律部门。

【答案】错误

【解析】法律法规体系，通常指由一个国家的全部现行法律规范分类组合成为不同的法律部门而形成的有机联系的统一整体。

2. 省、自治区、直辖市以及省会城市、自治区首府、地级市均有立法权。

【答案】错误

【解析】县、乡级没有立法权。省、自治区、直辖市以及省会城市、自治区首府有立法权。而地级市中只有国务院批准的规模较大的市有立法权，其他地级市没有立法权。

3.《建筑法》的立法目的在于加强对建筑活动的监督管理，维护建筑市场秩序，保证建筑工程的质量和安全，促进建筑业健康发展。

【答案】正确

【解析】《建筑法》的立法目的在于加强对建筑活动的监督管理，维护建筑市场秩序，保证建筑工程的质量和安全，促进建筑业健康发展。

4. 建筑业企业资质，是指建筑业企业的建设业绩、人员素质、管理水平、资金数量、技术装备等的总称。

【答案】正确

【解析】建筑业企业资质，是指建筑业企业的建设业绩、人员素质、管理水平、资金数量、技术装备等的总称。

5. 市政公用工程施工总承包三级企业可承揽单项合同额 2500 万元及以下的城市生活垃圾处理工程。

【答案】正确

【解析】市政公用工程施工总承包三级企业可以承包工程范围如下：(1) 城市道路工程（不含快速路）；单跨 25m 及以下的城市桥梁工程；(2) 8 万 t/d 及以下的给水厂；6 万 t/d 及以下的污水处理工程；10 万 t/d 及以下的给水泵站、10 万 t/d 及以下的污水泵站、雨水泵站，直径 1m 及以下供水管道；直径 1.5m 及以下污水及中水管道；(3) 2kg/cm^2 及以下中压、低压燃气管道、调压站；供热面积 50 万 m^2 及以下热力工程，直径 0.2m 及以下热力管道；(4) 单项合同额 2500 万元及以下的城市生活垃圾处理工程；(5) 单项合同额 2000 万元及以下地下交通工程（不包括轨道交通工程）；(6) 5000m^2 及以下城市广场、地面停车场硬质铺装；(7) 单项合同额 2500 万元及以下的市政综合工程。

6. 甲建筑施工企业的企业资质为二级，近期内将完成一级的资质评定工作，为了能够承揽正在进行招标的建筑面积 20 万 m^2 的住宅小区建设工程，甲向有合作关系的一级建筑施工企业借用资质证书完成了该建设工程的投标，甲企业在工程中标后取得一级建筑施工企业资质，则甲企业对该工程的中标是有效的。

【答案】错误

【解析】《建筑法》规定：禁止建筑施工企业超越本企业资质等级许可的业务范围或者以任何形式用其他建筑施工企业的名义承揽工程。2005 年 1 月 1 日开始实行的《最高人民法院关于审理建设工程施工合同纠纷案件适用法律问题的解释》第 1 条规定：建设工程施工合同具有下列情形之一的，应当根据合同法第 52 条第（5）项的规定，认定无效：1）承包人未取得建筑施工企业资质或者超越资质等级的；2）没有资质的实际施工人借用有资质的建筑施工企业名义的；3）建设工程必须进行招标而未进行招标或者中标无效的。此案例中，甲单位超越资质等级承揽工程，并借用乙单位的资质等级投标并中标，这一过程是违反《建设法》规定的。所以，该中标无效。

7. 联合体作为投标人投标时，应当按照资质等级较高的单位的业务许可范围承揽工程。

【答案】错误

【解析】依据《建筑法》第 27 条，联合体作为投标人投标时，应当按照资质等级较低的单位的业务许可范围承揽工程。

8. 承包建筑工程的单位只要实际资质等级达到法律规定，即可在其资质等级许可的业务范围内承揽工程。

【答案】错误

【解析】《建筑法》规定：承包建筑工程的单位应当持有依法取得的资质证书，并在其资质等级许可的业务范围内承揽工程。

9. 工程施工分包是指承包人将中标工程项目分解后分别发包给具有相应资质的企业完成。

【答案】错误

【解析】转包系指承包单位承包建设工程后，不履行合同约定的责任和义务，将其承包的全部建设工程转给他人或者将其承包的全部建设工程肢解以后以分包的名义分别转给其他单位承包的行为。题目中所指的行为属于转包。

10. 在建设工程竣工验收后，在规定的保修期限内，因勘察、设计、施工、材料等原因造成的质量缺陷，应当由责任单位负责维修、返工或更换。

【答案】错误

【解析】建设工程质量保修制度，是指在建设工程竣工验收后，在规定的保修期限内，因勘察、设计、施工、材料等原因造成的质量缺陷，应当由施工承包单位负责维修、返工或更换，由责任单位负责赔偿损失的法律制度。

11. 生产经营单位使用的涉及生命安全、危险性较大的特种设备，应经国务院指定的检测、检验机构检测、检验合格后，方可投入使用。

【答案】错误

【解析】《安全生产法》第 30 条规定：生产经营单位使用的涉及生命安全、危险性较大的特种设备,以及危险物品的容器、运输工具,必须按照国家有关规定,由专业生产单位生产,并经取得专业资质的检测、检验机构检测、检验合格,取得安全使用证或者安全标志,方可投入使用。检测、检验机构对检测、检验结果负责。

12. 危险物品的生产、经营、储存单位以及矿山、建筑施工单位的主要负责人和安全生产管理人员,应当缴费参加由有关部门对其安全生产知识和管理能力考核合格后方可任职。

【答案】错误

【解析】《安全生产法》第 20 条规定:危险物品的生产、经营、储存单位以及矿山、建筑施工单位的主要负责人和安全生产管理人员,应当由有关部门对其安全生产知识和管理能力考核合格后方可任职。考核不得收费。

13. 生产经营单位应当按照国家有关规定将本单位重大危险源及有关安全措施、应急措施报有关地方人民政府建设行政主管部门备案。

【答案】错误

【解析】《安全生产法》第 33 条规定:生产经营单位应当按照国家有关规定将本单位重大危险源及有关安全措施、应急措施报有关地方人民政府负责安全生产监督管理的部门和有关部门备案。

14. 生产经营单位临时聘用的钢结构焊接工人不属于生产经营单位的从业人员,所以不享有相应的从业人员应享有的权利。

【答案】错误

【解析】生产经营单位的从业人员,是指该单位从事生产经营活动各项工作的所有人员,包括管理人员、技术人员和各岗位的工人,也包括生产经营单位临时聘用的人员。

15. 负有安全生产监督管理职责的部门对有根据认为不符合保障安全生产的国家标准或者行业标准的设施、设备、器材可予以查封或者扣押,并应当在 15 日内依法做出处理决定。

【答案】正确

【解析】《安全生产法》第 56 条规定:负有安全生产监督管理职责的部门依法对生产经营单位执行有关安全生产的法律、法规和国家标准或者行业标准的情况进行监督检查,行使以下职权:1)进入生产经营单位进行检查,调阅有关资料,向有关单位和人员了解情况;2)对检查中发现的安全生产违法行为,当场予以纠正或者要求限期改正;对依法应当给予行政处罚的行为,依照本法和其他有关法律、行政法规作出行政处罚决定;3)对检查中发现的事故隐患,应当责令立即排除;重大事故隐患排除前或者排除过程中无法保障安全的,应当责令从危险区域内撤出作业人员,责令暂时停产停业或者停止使用;重大事故隐患排除后,经审查同意,方可恢复生产经营和使用;4)对有根据认为不符合保障安全生产的国家标准或者行业标准的设施、设备、器材可予以查封或者扣押,并应当在 15 日内依法做出处理决定。

16. 某化工厂施工过程中造成化学品试剂外泄导致现场 15 人死亡,120 人急性工业中毒,根据《生产安全事故报告和调查处理条例》规定,该事故等级属于重大事故。

【答案】错误

【解析】根据《生产安全事故报告和调查处理条例》规定:根据生产安全事故造成的

人员伤亡或者直接经济损失，事故一般分为以下等级：1）特别重大事故，是指造成 30 人及以上死亡，或者 100 人及以上重伤（包括急性工业中毒，下同），或者 1 亿元及以上直接经济损失的事故；2）重大事故，是指造成 10 人及以上 30 人以下死亡，或者 50 人及以上 100 人以下重伤，或者 5000 万元及以上 1 亿元以下直接经济损失的事故；3）较大事故，是指造成 3 人及以上 10 人以下死亡，或者 10 人及以上 50 人以下重伤，或者 1000 万元及以上 5000 万元以下直接经济损失的事故；4）一般事故，是指造成 3 人以下死亡，或者 10 人以下重伤，或者 1000 万元以下直接经济损失的事故。

17. 某施工单位施工过程中的特种设备发生生产安全事故，施工单位应当按照国家有关规定，及时、如实地向当地建设行政主管部门报告。

【答案】错误

【解析】《建设工程安全生产管理条例》进一步规定：施工单位发生生产安全事故，应当按照国家有关伤亡事故报告和调查处理的规定，及时、如实地向负责安全生产监督管理的部门、建设行政主管部门或者其他有关部门报告；特种设备发生事故的，还应当同时向特种设备安全监督管理部门报告。

18. 《安全生产法》第 72 条规定：有关地方人民政府和负有安全生产监督管理职责的部门负责人接到特别重大生产安全事故报告后，应当立即赶到事故现场，组织事故抢救。

【答案】正确

【解析】《安全生产法》第 72 条规定：有关地方人民政府和负有安全生产监督管理职责的部门负责人接到重大生产安全事故报告后，应当立即赶到事故现场，组织事故抢救。

19. 施工单位应当对危险性大的分部分项工程编制专项方案。

【答案】错误

【解析】《安全生产管理条例》第 26 条规定，对达到一定规模的危险性较大的分部分项工程编制专项施工方案，并附具安全验算结果，经施工单位技术负责人、总监理工程师签字后实施，由专职安全生产管理人员进行现场监督。

20. 施工技术交底的目的是使现场施工人员对安全生产有所了解，最大限度避免安全事故的发生。

【答案】错误

【解析】施工前的安全施工技术交底的目的就是让所有的安全生产从业人员都对安全生产有所了解，最大限度避免安全事故的发生。《建设工程安全生产管理条例》第 27 条规定，建设工程施工前，施工单位负责该项目管理的技术人员应当对有关安全施工的技术要求向施工作业班组、作业人员做出详细说明，并由双方签字确认。

21. 施工单位应当在施工现场入口处、施工起重机械、临时用电设施、脚手架等危险部位，设置明显的安全警示标志。

【答案】正确

【解析】《安全生产管理条例》第 28 条规定，施工单位应当在施工现场入口处、施工起重机械、临时用电设施、脚手架、出入通道口、楼梯口、电梯井口、孔洞口、桥梁口、隧道口、基坑边沿、爆炸物及有害危险气体和液体存放处等危险部位，设置明显的安全警示标志。

22. 施工单位必须按照工程设计要求、施工技术标准和合同约定，对建筑材料、建筑构配件、设备和商品混凝土进行检验，检验应当有书面记录；未经检验或者检验不合格的，不得使用。

【答案】错误

【解析】《质量管理条例》第 29 条规定：施工单位必须按照工程设计要求、施工技术标准和合同约定，对建筑材料、建筑构配件、设备和商品混凝土进行检验，检验应当有书面记录和专人签字；未经检验或者检验不合格的，不得使用。

23. 在建设单位竣工验收合格前，施工单位应对质量问题履行返修义务。

【答案】正确

【解析】在建设单位竣工验收合格前，施工单位应对质量问题履行返修义务。

24. 《劳动合同法》的立法目的，是为了完善劳动合同制度，建立和维护适应社会主义市场经济的劳动制度，明确劳动合同双方当事人的权利和义务，保护劳动者的合法权益，构建和发展和谐稳定的劳动关系。

【答案】错误

【解析】《劳动合同法》的立法目的，是为了完善劳动合同制度，明确劳动合同双方当事人的权利和义务，保护劳动者的合法权益，构建和发展和谐稳定的劳动关系。

25. 用人单位和劳动者之间订立的劳动合同可以采用书面或口头形式。

【答案】错误

【解析】《劳动合同法》第 19 条规定：建立劳动关系，应当订立书面劳动合同。

26. 已建立劳动关系，未同时订立书面劳动合同的，应当自用工之日起一个月内订立书面劳动合同。

【答案】正确

【解析】《劳动合同法》第 19 条规定：建立劳动关系，应当订立书面劳动合同。已建立劳动关系，未同时订立书面劳动合同的，应当自用工之日起一个月内订立书面劳动合同。

27. 某建筑施工单位聘请张某担任钢筋工，双方签订劳动合同，约定劳动试用期 4 个月，4 个月后再确定劳动合同期限。

【答案】错误

【解析】《劳动合同法》第 19 条进一步明确：劳动合同期限 3 个月以上不满 1 年的，试用期不得超过 1 个月；劳动合同期限 1 年以上不满 3 年的，试用期不得超过 2 个月；3 年以上固定期限和无固定期限的劳动合同，试用期不得超过 6 个月。

二、单选题

1. 建设法规是指国家立法机关或其授权的行政机关制定的旨在调整国家及其有关机构、企事业单位、（　　）之间，在建设活动中或建设行政管理活动中发生的各种社会关系的法律、法规的统称。

   A. 社区　　　　　　　　　　B. 市民
   C. 社会团体、公民　　　　　D. 地方社团

【答案】C

【解析】建设法规是指国家立法机关或其授权的行政机关制定的旨在调整国家及其有

关机构、企事业单位、社会团体、公民之间，在建设活动中或建设行政管理活动中发生的各种社会关系的法律、法规的统称。

2. 建设法规的调整对象，即发生在各种建设活动中的社会关系，包括建设活动中所发生的行政管理关系、（　　）及其相关的民事关系。
　　A. 财产关系　　　　　　　　B. 经济协作关系
　　C. 人身关系　　　　　　　　D. 政治法律关系

【答案】B

【解析】建设法规的调整对象，即发生在各种建设活动中的社会关系，包括建设活动中所发生的行政管理关系、经济协作关系及其相关的民事关系。

3. 建设法规体系是国家法律体系的重要组成部分，是由国家制定或认可，并由（　　）保证实施。
　　A. 国家公安机关　　　　　　B. 国家建设行政主管部门
　　C. 国家最高法院　　　　　　D. 国家强制力

【答案】D

【解析】建设法规体系是国家法律体系的重要组成部分，是由国家制定或认可，并由国家强制力保证实施的，调整建设工程在新建、扩建、改建和拆除等有关活动中产生的社会关系的法律法规的系统。

4. 建设法规体系的核心和基础是（　　）。
　　A. 宪法　　　　　　　　　　B. 建设法律
　　C. 建设行政法规　　　　　　D. 中华人民共和国建筑法

【答案】B

【解析】建设法律是建设法规体系的核心和基础。

5. 以下法规属于建设行政法规的是（　　）。
　　A.《工程建设项目施工招标投标办法》B.《中华人民共和国城乡规划法》
　　C.《建设工程安全生产管理条例》　D.《实施工程建设强制性标准监督规定》

【答案】C

【解析】建设行政法规的名称常以"条例""办法""规定""规章"等名称出现，如《建设工程质量管理条例》、《建设工程安全生产管理条例》等。建设部门规章是指住房和城乡建设部根据国务院规定的职责范围，依法制定并颁布的各项规章或由住房和城乡建设部与国务院其他有关部门联合制定并发布的规章，如《实施工程建设强制性标准监督规定》、《工程建设项目施工招标投标办法》等。

6. 在建设法规的五个层次中，其法律效力从高到低依次为（　　）。
　　A. 建设法律、建设行政法规、建设部门规章、地方建设法规、地方建设规章
　　B. 建设法律、建设行政法规、建设部门规章、地方建设规章、地方建设法规
　　C. 建设行政法规、建设部门规章、建设法律、地方建设法规、地方建设规章
　　D. 建设法律、建设行政法规、地方建设法规、建设部门规章、地方建设规章

【答案】A

【解析】在建设法规的五个层次中，其法律效力由高到低依次为建设法律、建设行政法规、建设部门规章、地方性建设法规和地方建设规章。法律效力高的称为上位法，法律

效力低的称为下位法，下位法不得与上位法相抵触，否则其相应规定将被视为无效。

7. 下列各选项中，不属于《建筑法》规定约束的是（　　）。
   A. 建筑工程发包与承包　　　　B. 建筑工程涉及的土地征用
   C. 建筑安全生产管理　　　　　D. 建筑工程质量管理

【答案】B

【解析】《建筑法》共8章85条，分别从建筑许可、建筑工程发包与承包、建筑工程管理、建筑安全生产管理、建筑工程质量管理等方面作出了规定。

8. 建筑业企业资质等级，是指（　　）按资质条件把企业划分成为不同等级。
   A. 国务院建设行政主管部门　　B. 国务院资质管理部门
   C. 国务院工商注册管理部门　　D. 国务院

【答案】A

【解析】建筑业企业资质等级，是指国务院建设行政主管部门按资质条件把企业划分成的不同等级。

9. 建筑业企业资质，是指建筑企业的（　　）。
   A. 建设业绩、人员素质、管理水平、资金数量、技术装备等的总称
   B. 建设业绩、人员素质、管理水平等的总称
   C. 管理水平、资金数量、技术装备等的总称
   D. 建设业绩、人员素质、管理水平、资金数量等的总称

【答案】A

【解析】建筑业企业资质，是指建筑业企业的建设业绩、人员素质、管理水平、资金数量、技术装备等的总称。

10. 在我国，施工总承包企业资质划分为房屋建筑工程、公路工程等（　　）个资质类别。
    A. 10　　　　　　　　　　　　B. 12
    C. 13　　　　　　　　　　　　D. 60

【答案】B

【解析】施工总承包资质分为12个类别，专业承包资质分为36个类别，施工劳务资质不分序列13个类别。

11. （　　）属于市政公用工程施工总承包资质覆盖范围内的专业承包资质。
    A. 金属门窗　　　　　　　　　B. 建筑防水
    C. 钢结构　　　　　　　　　　D. 城市及道路照明

【答案】D

【解析】市政公用工程施工总承包覆盖的专业承包为：城市及道路照明、土石方、桥梁、隧道、环保、管道、防腐保温、机场场道。

12. 以下各工程中，为房屋建筑工程施工总承包二级企业可以承担的是（　　）。
    A. 高度120m及以下的构筑物工程
    B. 单跨跨度39m及以上的建筑工程
    C. 建筑面积4万m^2及以上的住宅小区或建筑群体
    D. 高度150m及以下的构筑物

【答案】 A

【解析】 房屋建筑工程施工总承包二级企业可以承包工程范围如下：（1）高度200m及以下的工业、民用建筑工程；（2）高度120m及以下的构筑物工程；（3）建筑面积4万m^2及以下的单体工业、民用建筑工程；（4）单跨跨度39m及以下的建筑工程。

13. 以下属于建筑装修装饰工程规定的二级专业承包企业可以承包工程范围的是（　　）。

    A. 单位工程造价4000万元及以上建筑室内、室外装修装饰工程的施工

    B. 单位工程造价4000万元及以下建筑室内、室外装修装饰工程的施工

    C. 单项合同额2000万元以上的建筑装修装饰工程，以及与装修工程直接配套的其他工程的施工

    D. 单项合同额2000万元及以下的建筑装修装饰工程，以及与装修工程直接配套的其他工程的施工

【答案】 D

【解析】 建筑装修装饰工程二级专业承包企业可以单项合同额2000万元以下的建筑装修装饰工程，以及与装修工程直接配套的其他工程的施工。

14. 市政公用工程施工总承包一级企业承包工程范围包括（　　）。

    A. 各种类市政公用工程的施工

    B. 单项合同金额不超过企业注册资本金5倍的各种市政工程施工

    C. 各类铝合金金属门窗工程

    D. 各类电梯的安装及维修工程

【答案】 A

【解析】 市政公用工程施工总承包一级企业可以承包工程范围如下：可承担各种类市政公用工程的施工。

15. 以下关于建筑业企业资质等级的相关说法，正确的是（　　）。

    A. 情有可原时，建筑施工企业可以用其他建筑施工企业的名义承揽工程

    B. 建筑施工企业可以口头允许其他单位短时借用本企业的资质证书

    C. 禁止建筑施工企业超越本企业资质等级许可的业务范围承揽工程

    D. 承包建筑工程的单位实际达到的资质等级满足法律要求，即可承揽相应工程

【答案】 C

【解析】《建筑法》规定：承包建筑工程的单位应当持有依法取得的资质证书，并在其资质等级许可的业务范围内承揽工程。禁止建筑施工企业超越本企业资质等级许可的业务范围或者以任何形式用其他建筑施工企业的名义承揽工程。禁止建筑施工企业以任何形式允许其他单位或个人使用本企业的资质证书、营业执照，以本企业的名义承揽工程。

16. 甲、乙、丙三家公司组成联合体投标中标了一栋写字楼工程，施工过程中因甲的施工的工程质量问题而出现赔偿责任，则建设单位（　　）。

    A. 可向甲、乙、丙任何一方要求赔偿　　B. 只能要求甲负责赔偿

    C. 需与甲、乙、丙协商由谁赔偿　　　　D. 如向乙要求赔偿，乙有权拒绝

【答案】 A

【解析】 联合体的成员单位对承包合同的履行承担连带责任。《民法通则》第87条规定，负有连带义务的每个债务人，都有清偿全部债务的义务。因此，联合体的成员单位都

附有清偿全部债务的义务。

17. 下列关于工程承包活动相关连带责任的表述中，正确的是（　　）。
   A. 联合体承包工程其成员之间的连带责任属约定连带责任
   B. 如果成员单位是经业主认可的，其他成员单位对其过失不负连带责任
   C. 工程联合承包单位之间的连带责任是法定连带责任
   D. 负有连带义务的每个债务人，都负有清偿部分债务的义务

【答案】C

【解析】联合体的成员单位对承包合同的履行承担连带责任。《民法通则》第87条规定，负有连带义务的每个债务人，都有清偿全部债务的义务。因此，联合体的成员单位都附有清偿全部债务的义务。

18. 下列关于工程分包的表述中，正确的是（　　）。
   A. 工程施工分包是指承包人将中标工程项目分解后分别发包给具有相应资质的企业完成
   B. 专业工程分包是指专业工程承包人将所承包的部分专业工程施工任务发包给具有相应资质的企业完成
   C. 劳务作业分包是指施工总承包人或专业分包人将其承包工程中的劳务作业分包给劳务分包企业
   D. 劳务分包企业可以将承包的部分劳务作业任务分包给同类企业

【答案】C

【解析】总承包单位将其所承包的工程中的专业工程或者劳务作业发包给其他承包单位完成的活动称为分包。专业工程分包，是指总承包单位将其所承包工程中的专业工程发包给具有相应资质的其他承包单位完成的活动。劳务作业分包，是指施工总承包人或专业分包人将其承包工程中的劳务作业分包给劳务分包企业完成的活动。

19. 甲公司投标承包了一栋高档写字楼工程的施工总承包业务，经业主方认可将其中的专业工程分包给了具有相应资质等级的乙公司，工程施工中因乙公司分包的工程发生了质量事故给业主造成了10万元的损失而产生了赔偿责任。对此，正确的处理方式应当是（　　）。
   A. 业主方只能要求乙赔偿
   B. 甲不能拒绝业主方的10万元赔偿要求，但赔偿后可按分包合同的约定向乙追赔
   C. 如果业主方要求甲赔偿，甲能以乙是业主认可的分包商为由而拒绝
   D. 乙可以拒绝甲的追赔要求

【答案】B

【解析】连带责任既可以依合同约定产生，也可以依法律规定产生。总承包单位和分包单位之间的责任划分，应当根据双方的合同约定或者各自过错的大小确定；一方向建设单位承担的责任超过其应承担份额的，有权向另一方追偿。需要说明的是，虽然建设单位和分包单位之间没有合同关系，但是当分包工程发生质量、安全、进度等方面问题给建设单位造成损失时，建设单位即可以根据总承包合同向总承包单位追究违约责任，也可以依据法律规定直接要求分包单位承担损害赔偿责任，分包单位不得拒绝。

20. 建筑工程安全生产管理必须坚持安全第一、预防为主的方针。"预防为主"体现

在建筑工程安全生产管理的全过程中,具体是指( )、事后总结。
  A. 事先策划、事中控制   B. 事前控制、事中防范
  C. 事前防范、监督策划   D. 事先策划、全过程自控

【答案】A

【解析】"预防为主"则体现在事先策划、事中控制、事后总结,通过信息收集,归类分析,制定预案,控制防范。

21. 以下关于建设工程安全生产基本制度的说法中,正确的是( )。
  A. 群防群治制度是建筑生产中最基本的安全管理制度
  B. 建筑施工企业应当对直接施工人员进行安全教育培训
  C. 安全检查制度是安全生产的保障
  D. 施工中发生事故时,建筑施工企业应当及时清理事故现场并向建设单位报告

【答案】C

【解析】安全生产责任制度是建筑生产中最基本的安全管理制度,是所有安全规章制度的核心,是安全第一、预防为主方针的具体体现。群防群治制度也是"安全第一、预防为主"的具体体现,同时也是群众路线在安全工作中的具体体现,是企业进行民主管理的重要内容。《建筑法》第51条规定,施工中发生事故时,建筑施工企业应当采取紧急措施减少人员伤亡和事故损失,并按照国家有关规定及时向有关部门报告。安全检查制度是安全生产的保障。

22. 按照《建筑法》规定,鼓励企业为( )办理意外伤害保险,支付保险费。
  A. 从事危险作业的职工   B. 现场施工人员
  C. 全体职工   D. 特种作业操作人员

【答案】A

【解析】按照《建筑法》规定,鼓励企业为从事危险作业的职工办理意外伤害保险,支付保险费。

23. 建设工程项目的竣工验收,应当由( )依法组织进行。
  A. 建设单位   B. 建设单位或有关主管部门
  C. 国务院有关主管部门   D. 施工单位

【答案】B

【解析】建设工程项目的竣工验收,指在建筑工程已按照设计要求完成全部施工任务,准备交付给建设单位使用时,由建设单位或有关主管部门依照国家关于建筑工程竣工验收制度的规定,对该项工程是否符合设计要求和工程质量标准所进行的检查、考核工作。

24. 根据《建筑法》的规定,以下属于保修范围的是( )。
  A. 供热、供冷系统工程   B. 因使用不当造成的质量缺陷
  C. 因第三方造成的质量缺陷   D. 不可抗力造成的质量缺陷

【答案】A

【解析】《建筑法》第62条规定,建筑工程实行质量保修制度。同时,还对质量保修的范围和期限作了规定:建筑工程的保修的范围应当包括地基基础工程、主体结构工程、屋面防水工程和其他土建工程,以及电气管线、上下水管线的安装工程,供热、供冷系统工程等项目。

25. 《中华人民共和国安全生产法》主要对生产经营单位的安全生产保障、（   ）、安全生产的监督管理、生产安全事故的应急救援与调查处理四个主要方面做出了规定。
   A. 生产经营单位的法律责任　　　　B. 安全生产的执行
   C. 从业人员的权利和义务　　　　　D. 施工现场的安全

【答案】C

【解析】《中华人民共和国安全生产法》对生产经营单位的安全生产保障、从业人员的权利和义务、安全生产的监督管理、安全生产事故的应急救援与调查处理四个主要方面做出了规定。

26. 以下关于生产经营单位的主要负责人的职责的说法中，错误的是（   ）。
   A. 建立、健全本单位安全生产责任制
   B. 保证本单位安全生产投入的有效实施
   C. 根据本单位的生产经营特点，对安全生产状况进行经常性检查
   D. 组织制定并实施本单位的生产安全事故应急救援预案

【答案】C

【解析】《安全生产法》第17条规定：生产经营单位的主要负责人对本单位安全生产工作负有下列职责：A. 建立、健全本单位安全生产责任制；B. 组织制定本单位安全生产规章制度和操作规程；C. 保证本单位安全生产投入的有效实施；D. 督促、检查本单位的安全生产工作，及时消除生产安全事故隐患；E. 组织制定并实施本单位的生产安全事故应急救援预案；F. 及时、如实报告生产安全事故。

27. 下列关于矿山建设项目和用于生产、储存危险物品的建设项目的说法中，正确的是（   ）。
   A. 安全设计应当按照国家有关规定报经有关部门审查
   B. 竣工投入生产或使用前，由监理单位进行验收并对验收结果负责
   C. 涉及生命安全、危险性较大的特种设备的目录应由国务院建设行政主管部门制定
   D. 安全设施设计的审查结果由建设单位负责

【答案】A

【解析】《安全生产法》第26条规定：矿山建设项目和用于生产、储存危险物品的建设项目的安全设计应当按照国家有关规定报经有关部门审查，审查部门及其负责审查的人员对审查结果负责。《安全生产法》第27条规定：矿山建设项目和用于生产、储存危险物品的建设项目竣工投入生产或使用前，必须依照有关法律、行政法规的规定对安全设施进行验收；验收合格后，方可投入生产和使用。验收部门及其验收人员对验收结果负责。《安全生产法》第30条规定：涉及生命安全、危险性较大的特种设备的目录应由国务院负责特种设备安全监督管理的部门制定，报国务院批准后执行。

28. 生产经营单位安全生产保障措施中管理保障措施包括（   ）、物力资源管理。
   A. 资金资源管理　　　　　　　　　B. 现场资源管理
   C. 人力资源管理　　　　　　　　　D. 技术资源管理

【答案】C

【解析】生产经营单位安全生产保障措施中管理保障措施包括人力资源管理和物力资源管理。

29. 下列措施中，不属于物质资源管理措施的是（ ）。
   A. 生产经营项目、场所的协调管理　　B. 设备的日常管理
   C. 对废弃危险物品的管理　　　　　　D. 设备的淘汰制度

【答案】C

【解析】物力资源管理由设备的日常管理，设备的淘汰制度，生产经营项目、场所、设备的转让管理，生产经营项目、场所的协调管理等四方面构成。

30. 下列关于生产经营单位安全生产保障的说法中，正确的是（ ）。
   A. 生产经营单位可以将生产经营项目、场所、设备发包给建设单位指定认可的不具有相应资质等级的单位或个人
   B. 生产经营单位的特种作业人员经过单位组织的安全作业培训方可上岗作业
   C. 生产经营单位必须依法参加工伤社会保险，为从业人员缴纳保险费
   D. 生产经营单位仅需要为工业人员提供劳动防护用品

【答案】C

【解析】《安全生产法》第41条规定：生产经营单位不得将生产经营项目、场所、设备发包或出租给不具备安全生产条件或者相应资质条件的单位或个人。《安全生产法》第23条规定：生产经营单位的特种作业人员必须按照国家有关规定经专门的安全作业培训，取得特种作业操作资格证书，方可上岗作业。《安全生产法》第37条规定：生产经营单位必须为工业人员提供符合国家标准或者行业标准的劳动防护用品，并监督、教育从业人员按照使用规则佩戴、使用。《安全生产法》第43条规定：生产经营单位必须依法参加工伤社会保险，为从业人员缴纳保险费。

31. 下列措施中，不属于生产经营单位安全生产保障措施中经济保障措施的是（ ）。
   A. 保证劳动防护用品、安全生产培训所需要的资金
   B. 保证工伤社会保险所需要的资金
   C. 保证安全设施所需要的资金
   D. 保证员工食宿设备所需要的资金

【答案】D

【解析】生产经营单位安全生产经济保障措施指的是保证安全生产所必需的资金，保证安全设施所需要的资金，保证劳动防护用品、安全生产培训所需要的资金，保证工商社会保险所需要的资金。

32. 根据《安全生产法》规定，生产经营单位与从业人员订立协议，免除或减轻其对从业人员因生产安全事故伤亡依法应承担的责任，该协议（ ）。
   A. 无效　　　　　　　　　　B. 有效
   C. 经备案后生效　　　　　　D. 是否生效待定

【答案】A

【解析】《安全生产法》第44条规定：生产经营单位不得以任何形式与从业人员订立协议，免除或者减轻其对从业人员因生产安全事故伤亡依法应承担的责任。

33. 下列关于负有安全生产监督管理职责的部门行使职权的说法，错误的是（ ）。
   A. 进入生产经营单位进行检查，调阅有关资料，向有关单位和人员了解情况
   B. 重大事故隐患排除后，即可恢复生产经营和使用

C. 对检查中发现的安全生产违法行为，当场予以纠正或者要求限期改正
D. 对检查中发现的事故隐患，应当责令立即排除

【答案】B

【解析】《安全生产法》第56条规定：负有安全生产监督管理职责的部门依法对生产经营单位执行有关安全生产的法律、法规和国家标准或者行业标准的情况进行监督检查，行使以下职权：1) 进入生产经营单位进行检查，调阅有关资料，向有关单位和人员了解情况；2) 对检查中发现的安全生产违法行为，当场予以纠正或者要求限期改正；对依法应当给予行政处罚的行为，依照本法和其他有关法律、行政法规作出行政处罚决定；3) 对检查中发现的事故隐患，应当责令立即排除；重大事故隐患排除前或者排除过程中无法保障安全的，应当责令从危险区域内撤出作业人员，责令暂时停产停业或者停止使用；重大事故隐患排除后，经审查同意，方可恢复生产经营和使用；4) 对有根据认为不符合保障安全生产的国家标准或者行业标准的设施、设备、器材可予以查封或者扣押，并应当在15日内依法做出处理决定。

34. 根据《生产安全事故报告和调查处理条例》规定：造成10人及以上30人以下死亡，或者50人及以上100人以下重伤，或者5000万元及以上1亿元以下直接经济损失的事故属于（　　）。

  A. 重伤事故   B. 较大事故
  C. 重大事故   D. 死亡事故

【答案】C

【解析】国务院《生产安全事故报告和调查处理条例》规定：根据生产安全事故造成的人员伤亡或者直接经济损失，事故一般分为以下等级：1) 特别重大事故，是指造成30人及以上死亡，或者100人及以上重伤（包括急性工业中毒，下同），或者1亿元及以上直接经济损失的事故；2) 重大事故，是指造成10人及以上30人以下死亡，或者50人及以上100人以下重伤，或者5000万元及以上1亿元以下直接经济损失的事故；3) 较大事故，是指造成3人及以上10人以下死亡，或者10人及以上50人以下重伤，或者1000万元及以上5000万元以下直接经济损失的事故；4) 一般事故，是指造成3人以下死亡，或者10人以下重伤，或者1000万元以下直接经济损失的事故。

35. 某市地铁工程施工作业面内，因大量水和流沙涌入，引起部分结构损坏及周边地区地面沉降，造成3栋建筑物严重倾斜，直接经济损失约合1.5亿元。根据《生产安全事故报告和调查处理条例》规定，该事故等级属于（　　）。

  A. 特别重大事故   B. 重大事故
  C. 较大事故   D. 一般事故

【答案】A

【解析】国务院《生产安全事故报告和调查处理条例》规定：根据生产安全事故造成的人员伤亡或者直接经济损失，事故一般分为以下等级：1) 特别重大事故，是指造成30人及以上死亡，或者100人及以上重伤（包括急性工业中毒，下同），或者1亿元及以上直接经济损失的事故；2) 重大事故，是指造成10人及以上30人以下死亡，或者50人及以上100人以下重伤，或者5000万元及以上1亿元以下直接经济损失的事故；3) 较大事故，是指造成3人及以上10人以下死亡，或者10人及以上50人以下重伤，或者1000万

元及以上5000万元以下直接经济损失的事故；4）一般事故，是指造成3人以下死亡，或者10人以下重伤，或者1000万元以下直接经济损失的事故。

36. 以下说法中，不属于施工单位主要负责人的安全生产方面的主要职责的是（　　）。
   A. 对所承建的建设工程进行定期和专项安全检查，并做好安全检查记录
   B. 制定安全生产规章制度和操作规程
   C. 落实安全生产责任制度和操作规程
   D. 建立健全安全生产责任制度和安全生产教育培训制度

【答案】C

【解析】《安全生产管理条例》第21条规定：施工单位主要负责人依法对本单位的安全生产工作负全责。具体包括：A. 建立健全安全生产责任制度和安全生产教育培训制度；B. 制定安全生产规章制度和操作规程；C. 保证本单位安全生产条件所需资金的投入；D. 对所承建的建设工程进行定期和专项安全检查，并做好安全检查记录。

37. 以下关于专职安全生产管理人员的说法中，错误的是（　　）。
   A. 施工单位安全生产管理机构的负责人及其工作人员属于专职安全生产管理人员
   B. 施工现场专职安全生产管理人员属于专职安全生产管理人员
   C. 专职安全生产管理人员是指经过建设单位安全生产考核合格取得安全生产考核证书的专职人员
   D. 专职安全生产管理人员应当对安全生产进行现场监督检查

【答案】C

【解析】《安全生产管理条例》第23条规定：施工单位应当设立安全生产管理机构，配备专职安全生产管理人员。专职安全生产管理人员是指经建设主管部门或者其他有关部门安全生产考核合格，并取得安全生产考核合格证书在企业从事安全生产管理工作的专职人员，包括施工单位安全生产管理机构的负责人及其工作人员和施工现场专职安全生产管理人员。

专职安全生产管理人员的安全责任主要包括：对安全生产进行现场监督检查。发现安全事故隐患，应当及时向项目负责人和安全生产管理机构报告；对于违章指挥、违章操作的，应当立即制止。

38. 下列选项中，哪类安全生产教育培训不是必须的？（　　）
   A. 施工单位的主要负责人的考核
   B. 特种作业人员的专门培训
   C. 作业人员进入新岗位前的安全生产教育培训
   D. 监理人员的考核培训

【答案】D

【解析】《安全生产管理条例》第36条规定：施工单位的主要负责人、项目负责人、专职安全生产管理人员应当经建设行政主管部门或其他有关部门考核合格后方可任职。《安全生产管理条例》第36条规定：施工单位应当对管理人员和作业人员每年至少进行一次安全生产教育培训，其教育培训情况记入个人工作档案。安全生产教育培训考核不合格的人员，不得上岗。《安全生产管理条例》第37条对新岗位培训作了两方面规定。一是作业人员进入新的岗位或者新的施工现场前，应当接受安全生产教育培训。未经教育培训或

者教育培训考核不合格的人员，不得上岗作业；二是施工单位在采用新技术、新工艺、新设备、新材料时，应当对作业人员进行相应的安全生产教育培训。《安全生产管理条例》第 25 条规定：垂直运输机械作业人员、安装拆卸工、爆破作业人员、起重信号工、登高架设作业人员等特种作业人员，必须按照国家有关规定经过专门的安全作业培训，并取得特种作业操作资格证书后，方可上岗作业。

39. 建设工程施工前，施工单位负责该项目管理的（　　）应当对有关安全施工的技术要求向施工作业班组、作业人员做出详细说明，并由双方签字确认。

A. 项目经理　　　　　　　　B. 技术人员
C. 质量员　　　　　　　　　D. 安全员

【答案】B

【解析】施工前的安全施工技术交底的目的就是让所有的安全生产从业人员都对安全生产有所了解，最大限度避免安全事故的发生。《建设工程安全生产管理条例》第 27 条规定，建设工程施工前，施工单位负责该项目管理的技术人员应当对有关安全施工的技术要求向施工作业班组、作业人员做出详细说明，并由双方签字确认。

40. 对达到一定规模的危险性较大的分部分项工程编制专项施工方案，并附具安全验算结果，经（　　）签字后实施，由专职安全生产管理人员进行现场监督。

A. 施工单位技术负责人、总监理工程师
B. 建设单位负责人、总监理工程师
C. 施工单位技术负责人、监理工程师
D. 建设单位负责人、监理工程师

【答案】A

【解析】《建设工程安全生产管理条例》第 26 条规定，对达到一定规模的危险性较大的分部分项工程编制专项施工方案，并附具安全验算结果，经施工单位技术负责人、总监理工程师签字后实施，由专职安全生产管理人员进行现场监督。

41. 施工技术人员必须在施工（　　）编制施工技术交底文件。

A. 前　　　　　　　　　　　B. 后
C. 同时　　　　　　　　　　D. 均可

【答案】A

【解析】施工前的安全施工技术交底的目的就是让所有的安全生产从业人员都对安全生产有所了解，最大限度避免安全事故的发生。《建设工程安全生产管理条例》第 27 条规定，建设工程施工前，施工单位负责该项目管理的技术人员应当对有关安全施工的技术要求向施工作业班组、作业人员做出详细说明，并由双方签字确认。

42. 施工单位为施工现场从事危险作业的人员办理的意外伤害保险期限自建设工程开工之日起至（　　）为止。

A. 工程完工　　　　　　　　B. 交付使用
C. 竣工验收合格　　　　　　D. 该人员工作完成

【答案】C

【解析】《安全生产管理条例》第 38 条规定：施工单位应当为施工现场从事危险作业的人员办理意外伤害保险。意外伤害保险费由施工单位支付。实行施工总承包的，由总承包单位支付意外伤害保险费。意外伤害保险期限自建设工程开工之日起至竣工验收合格止。

43. 质量检测试样的取样应当严格执行有关工程建设标准和国家有关规定,在( )监督下现场取样。提供质量检测试样的单位和个人,应当对试样的真实性负责。

  A. 建设单位或工程监理单位　　　B. 建设单位或质量监督机构
  C. 施工单位或工程监理单位　　　D. 质量监督机构或工程监理单位

【答案】A

【解析】《质量管理条例》第31条规定:施工人员对涉及结构安全的试块、试件以及有关材料,应当在建设单位或者工程监理单位监督下现场取样,并送具有相应资质等级的质量检测单位进行检测。

44. 某项目分期开工建设,开发商二期工程3、4号楼仍然复制使用一期工程施工图纸。施工时施工单位发现该图纸使用的02标准图集现已废止,按照《质量管理条例》的规定,施工单位正确的做法是( )。

  A. 继续按图施工,因为按图施工是施工单位的本分
  B. 按现行图集套改后继续施工
  C. 及时向有关单位提出修改意见
  D. 由施工单位技术人员修改图纸

【答案】C

【解析】《质量管理条例》第28条规定:施工单位必须按照工程设计图纸和施工技术标准施工,不得擅自修改工程设计,不得偷工减料。施工单位在施工过程中发现设计文件和图纸有差错的,应当及时提出意见和建议。

45. 根据有关法律法规有关工程返修的规定,下列说法正确的是( )。

  A. 对施工过程中出现质量问题的建设工程,若非施工单位原因造成的,施工单位不负责返修
  B. 对施工过程中出现质量问题的建设工程,无论是否施工单位原因造成的,施工单位都应负责返修
  C. 对竣工验收不合格的建设工程,若非施工单位原因造成的,施工单位不负责返修
  D. 对竣工验收不合格的建设工程,若是施工单位原因造成的,施工单位负责有偿返修

【答案】B

【解析】《质量管理条例》第32条规定:施工单位对施工中出现质量问题的建设工程或者竣工验收不合格的建设工程,应当负责返修。在建设工程竣工验收合格前,施工单位应对质量问题履行返修义务;建设工程竣工验收合格后,施工单位应对保修期内出现的质量问题履行保修义务。《合同法》第281条对施工单位的返修义务也有相应规定:因施工人原因致使建设工程质量不符合约定的,发包人有权要求施工人在合理期限内无偿修理或者返工、改建。经过修理或者返工、改建后,造成逾期交付的,施工人应当承担违约责任。

46. 下列社会关系中,属于我国劳动法调整的劳动关系的是( )。

  A. 施工单位与某个体经营者之间的加工承揽关系

B. 劳动者与施工单位之间在劳动过程中发生的关系
C. 家庭雇佣劳动关系
D. 社会保险机构与劳动者之间的关系

【答案】B

【解析】劳动合同是劳动者与用工单位之间确立劳动关系,明确双方权利和义务的协议。这里的劳动关系,是指劳动者与用人单位(包括各类企业、个体工商户、事业单位等)在实现劳动过程中建立的社会经济关系。

47. 采用欺诈、威胁等手段订立的劳动合同为( )劳动合同。
    A. 有效   B. 无效
    C. 可变更   D. 可撤销

【答案】B

【解析】《劳动合同法》第19条规定:下列劳动合同无效或者部分无效:①以欺诈、胁迫的手段或者乘人之危,使对方在违背真实意思的情况下订立或者变更劳动合同的;②用人单位免除自己的法定责任、排除劳动者权利的;③违反法律、行政法规强制性规定的。对劳动合同的无效或者部分无效有争议的,由劳动争议仲裁机构或者人民法院确认。

48. 张某在甲施工单位公司连续工作满8年,李某与乙监理公司已经连续订立两次固定期限劳动合同,但因公负伤不能从事原先工作;王某来丙公司工作2年,并被董事会任命为总经理;赵某在丁公司累计工作了12年,但期间曾离开过丁公司。则应签订无固定期限劳动合同的是( )。
    A. 张某   B. 李某
    C. 王某   D. 赵某

【答案】B

【解析】有下列情形之一,劳动者提出或者同意续订、订立劳动合同的,除劳动者提出订立固定期限劳动合同外,应当订立无固定期限劳动合同:①劳动者在该用人单位连续工作满10年的;②用人单位初次实行劳动合同制度或者国有企业改制重新订立劳动合同时,劳动者在该用人单位连续工作满10年且距法定退休年龄不足10年的;③连续订立二次固定期限劳动合同,且劳动者没有本法第39条(即用人单位可以解除劳动合同的条件)和第40条第1项、第2项规定(及劳动者患病或非因公负伤,在规定的医疗期满后不能从事原工作,也不能从事由用人单位另行安排的工作的;劳动者不能胜任工作,经过培训或者调整工作岗位,仍不能胜任工作)的情形,续订劳动合同的。

49. 2005年2月1日小李经过面试合格后并与某建筑公司签订了为期5年的用工合同,并约定了试用期,则试用期最迟至( )。
    A. 2005年2月28日   B. 2005年5月31日
    C. 2005年8月1日   D. 2006年2月1日

【答案】C

【解析】《劳动合同法》第19条进一步明确:劳动合同期限3个月以上不满1年的,试用期不得超过1个月;劳动合同期限1年以上不满3年的,试用期不得超过2个月;3年以上固定期限和无固定期限的劳动合同,试用期不得超过6个月。

50. 甲建筑材料公司聘请王某担任推销员,双方签订劳动合同,约定劳动试用期6个月,

6个月后再根据王某工作情况，确定劳动合同期限，下列选项中表述正确的是（　　）。

  A. 甲建筑材料公司与王某订立的劳动合同属于无固定期限合同

  B. 王某的工作不满一年，试用期不得超过一个月

  C. 劳动合同的试用期不得超过6个月，所以王某的试用期是成立的

  D. 试用期是不成立的，6个月应为劳动合同期限

【答案】D

【解析】《劳动合同法》第19条进一步明确：劳动合同期限3个月以上不满1年的，试用期不得超过1个月；劳动合同期限1年以上不满3年的，试用期不得超过2个月；3年以上固定期限和无固定期限的劳动合同，试用期不得超过6个月。试用期包含在劳动合同期限内。劳动合同仅约定试用期的，试用期不成立，该期限为劳动合同期限。

51. 甲建筑材料公司聘请王某担任推销员，双方签订劳动合同，合同中约定如果王某完成承包标准，每月基本工资1000元，超额部分按40%提成，若不完成任务，可由公司扣减工资。下列选项中表述正确的是（　　）。

  A. 甲建筑材料公司不得扣减王某工资

  B. 由于在试用期内，所以甲建筑材料公司的做法是符合《劳动合同法》的

  C. 甲公司可以扣发王某的工资，但是不得低于用人单位所在地的最低工资标准

  D. 试用期内的工资不得低于本单位相同岗位的最低档工资

【答案】C

【解析】《劳动合同法》第20条规定：劳动者在试用期的工资不得低于本单位相同岗位最低档工资或者劳动合同约定工资的80%，并不得低于用人单位所在地的最低工资标准。

52. 根据《劳动合同法》规定，无固定期限劳动合同可以约定试用期，但试用期最长不得超过（　　）个月。

  A. 1   B. 2

  C. 3   D. 6

【答案】C

【解析】《劳动合同法》第19条进一步明确：劳动合同期限3个月以上不满1年的，试用期不得超过1个月；劳动合同期限1年以上不满3年的，试用期不得超过2个月；3年以上固定期限和无固定期限的劳动合同，试用期不得超过6个月。试用期包含在劳动合同期限内。劳动合同仅约定试用期的，试用期不成立，该期限为劳动合同期限。

53. 贾某与乙建筑公司签订了一份劳动合同，在合同尚未期满时，贾某拟解除劳动合同。根据规定，贾某应当提前（　　）日以书面形式通知用人单位。

  A. 3   B. 15

  C. 15   D. 30

【答案】D

【解析】劳动者提前30日以书面形式通知用人单位，可以解除劳动合同。劳动者在试用期内提前3日通知用人单位，可以解除劳动合同。

54. 根据《劳动合同法》，下列选项中，用人单位可以解除劳动合同的情形是（　　）。

  A. 职工患病，在规定的医疗期内 B. 职工非因工负伤，伤愈出院

  C. 女职工在孕期间   D. 女职工在哺乳期内

【答案】B

【解析】《劳动合同法》第39条规定：劳动者有下列情形之一的，用人单位可以解除劳动合同：A. 在试用期间被证明不符合录用条件的；B. 严重违反用人单位的规章制度的；C. 严重失职，营私舞弊，给用人单位造成重大损害的；D. 劳动者同时与其他用人单位建立劳动关系，对完成本单位的工作任务造成严重影响，或者经用人单位提出，拒不改正的；E. 因本法第二十六条第一款第一项规定的情形致使劳动合同无效的；F. 被依法追究刑事责任的。《劳动合同法》第40条规定：有下列情形之一的，用人单位提前30日以书面形式通知劳动者本人或者额外支付劳动者1个月工资后，可以解除劳动合同：A. 劳动者患病或者非因工负伤，在规定的医疗期满后不能从事原工作，也不能从事由用人单位另行安排的工作的；B. 劳动者不能胜任工作，经过培训或者调整工作岗位，仍不能胜任工作的；C. 劳动合同订立时所依据的客观情况发生重大变化，致使劳动合同无法履行，经用人单位与劳动者协商，未能就变更劳动合同内容达成协议的。

55. 在下列情形中，用人单位可以解除劳动合同，但应当提前30天以书面形式通知劳动者本人的是（　　）。

A. 小王在试用期内迟到早退，不符合录用条件

B. 小李因盗窃被判刑

C. 小张在外出执行任务时负伤，失去左腿

D. 小吴下班时间酗酒摔伤住院，出院后不能从事原工作也拒不从事单位另行安排的工作

【答案】D

【解析】《劳动合同法》第40条规定：有下列情形之一的，用人单位提前30日以书面形式通知劳动者本人或者额外支付劳动者1个月工资后，可以解除劳动合同：A. 劳动者患病或者非因工负伤，在规定的医疗期满后不能从事原工作，也不能从事由用人单位另行安排的工作的；B. 劳动者不能胜任工作，经过培训或者调整工作岗位，仍不能胜任工作的；C. 劳动合同订立时所依据的客观情况发生重大变化，致使劳动合同无法履行，经用人单位与劳动者协商，未能就变更劳动合同内容达成协议的。

56. 不属于随时解除劳动合同的情形的是（　　）。

A. 某单位司机李某因交通肇事罪被判处有期徒刑3年

B. 某单位发现王某在试用期间不符合录用条件

C. 石某在工作期间严重失职，给单位造成重大损失

D. 职工姚某无法胜任本岗位工作，经过培训仍然无法胜任工作的

【答案】D

【解析】《劳动合同法》第39条规定：劳动者有下列情形之一的，用人单位可以解除劳动合同：A. 在试用期间被证明不符合录用条件的；B. 严重违反用人单位的规章制度的；C. 严重失职，营私舞弊，给用人单位造成重大损害的；D. 劳动者同时与其他用人单位建立劳动关系，对完成本单位的工作任务造成严重影响，或者经用人单位提出，拒不改正的；E. 因本法第二十六条第一款第一项规定的情形致使劳动合同无效的；F. 被依法追究刑事责任的。

57. 王某应聘到某施工单位，双方于4月15日签订为期3年的劳动合同，其中约定试

用期3个月，次日合同开始履行。7月18日，王某拟解除劳动合同，则（   ）。

  A. 必须取得用人单位同意

  B. 口头通知用人单位即可

  C. 应提前30日以书面形式通知用人单位

  D. 应报请劳动行政主管部门同意后以书面形式通知用人单位

【答案】C

【解析】劳动者提前30日以书面形式通知用人单位，可以解除劳动合同。劳动者在试用期内提前3日通知用人单位，可以解除劳动合同。

58. 2013年1月，甲建筑材料公司聘请王某担任推销员，但2013年3月，由于王某怀孕，身体健康状况欠佳，未能完成任务，为此，公司按合同的约定扣减工资，只发生活费，其后，又有两个月均未能完成承包任务，因此，甲公司作出解除与王某的劳动合同。下列选项中表述正确的是（   ）。

  A. 由于在试用期内，甲公司可以随时解除劳动合同

  B. 由于王某不能胜任工作，甲公司应提前30日通知王某，解除劳动合同

  C. 甲公司可以支付王某一个月工资后解除劳动合同

  D. 由于王某在怀孕期间，所以甲公司不能解除劳动合同

【答案】D

【解析】《劳动合同法》第42条规定：劳动者有下列情形之一的，用人单位不得依照本法第四十条、第四十一条的规定解除劳动合同：①从事接触职业病危害作业的劳动者未进行离岗前职业健康检查，或者疑似职业病病人在诊断或者医学观察期间的；②在本单位患职业病或者因工负伤并被确认丧失或者部分丧失劳动能力的；③患病或者非因工负伤，在规定的医疗期内的；④女职工在孕期、产期、哺乳期的；⑤在本单位连续工作满十五年，且距法定退休年龄不足五年的；⑥法律、行政法规规定的其他情形。

59. 《劳动法》中关于劳动安全卫生的有关规定未对用人单位提出严格要求的是（   ）。

  A. 执行国家劳动卫生安全规程和标准

  B. 为劳动者办理意外伤害保险

  C. 对劳动者进行劳动安全卫生教育

  D. 对从事有职业危害作业的劳动者应当定期进行健康检查

【答案】B

【解析】根据《劳动法》的有关规定，用人单位和劳动者应当遵守如下有关劳动安全卫生的法律规定：1）用人单位必须建立、健全劳动安全卫生制度，严格执行国家劳动安全卫生规程和标准，对劳动者进行劳动安全卫生教育，防止劳动过程中的事故，减少职业危害。2）劳动安全卫生设施必须符合国家规定的标准。新建、改建、扩建工程的劳动安全卫生设施必须与主体工程同时设计、同时施工、同时投入生产和使用。3）用人单位必须为劳动者提供符合国家规定的劳动安全卫生条件和必要的劳动防护用品，对从事有职业危害作业的劳动者应当定期进行健康检查。4）从事特种作业的劳动者必须经过专门培训并取得特种作业资格。5）劳动者在劳动过程中必须严格遵守安全操作规程。劳动者对用人单位管理人员违章指挥、强令冒险作业，有权拒绝执行；对危害生命安全和身体健康的行为，有权提出批评、检举和控告。

60. 按照《劳动合同法》的规定，在下列选项中，用人单位提前 30 天以书面形式通知劳动者本人或额外支付 1 个月工资后可以解除劳动合同的情形是（　　）。
   A. 劳动者患病或非因公工伤在规定的医疗期满后不能胜任原工作的
   B. 劳动者试用期间被证明不符合录用条件的
   C. 劳动者被依法追究刑事责任的
   D. 劳动者不能胜任工作，经培训或调整岗位仍不能胜任工作的

【答案】D

【解析】《劳动合同法》第 40 条规定：有下列情形之一的，用人单位提前 30 日以书面形式通知劳动者本人或者额外支付劳动者 1 个月工资后，可以解除劳动合同：A. 劳动者患病或者非因工负伤，在规定的医疗期满后不能从事原工作，也不能从事由用人单位另行安排的工作的；B. 劳动者不能胜任工作，经过培训或者调整工作岗位，仍不能胜任工作的；C. 劳动合同订立时所依据的客观情况发生重大变化，致使劳动合同无法履行，经用人单位与劳动者协商，未能就变更劳动合同内容达成协议的。

三、多选题

1. 建设活动中的行政管理关系，是国家及其建设行政主管部门同（　　）及建设监理等中介服务单位之间的管理与被管理关系。
   A. 建设单位
   B. 劳务分包单位
   C. 施工单位
   D. 建筑材料和设备的生产供应单位
   E. 设计单位

【答案】ACDE

【解析】建设活动中的行政管理关系，是国家及其建设行政主管部门同建设单位、设计单位、施工单位、建筑材料和设备的生产供应单位及建设监理等中介服务单位之间的管理与被管理关系。

2. 以下法规属于建设法律的是（　　）。
   A.《中华人民共和国建筑法》
   B.《中华人民共和国招标投标法》
   C.《中华人民共和国城乡规划法》
   D.《建设工程质量管理条例》
   E.《建设工程安全生产管理条例》

【答案】ABC

【解析】建设法律是指由全国人民代表大会及其常务委员会制定通过，由国家主席以主席令的形式发布的属于国务院建设行政主管部门业务范围的各项法律，如《中华人民共和国建筑法》、《中华人民共和国招标投标法》、《中华人民共和国城乡规划法》等。建设行政法规的名称常以"条例"、"办法"、"规定"、"规章"等名称出现，如《建设工程质量管理条例》、《建设工程安全生产管理条例》等。

3. 以下关于地方的立法权相关问题，说法正确的是（　　）。
   A. 我国的地方人民政府分为省、地、市、县、乡五级
   B. 直辖市、自治区属于地方人民政府地级这一层次
   C. 省、自治区、直辖市以及省会城市、自治区首府有立法权
   D. 县、乡级没有立法权

E. 地级市中国务院批准的规模较大的市有立法权

【答案】CDE

【解析】关于地方的立法权问题，地方是与中央相对应的一个概念，我国的地方人民政府分为省、地、县、乡四级。其中省级中包括直辖市，县级中包括县级市即不设区的市。县、乡级没有立法权。省、自治区、直辖市以及省会城市、自治区首府有立法权。而地级市中只有国务院批准的规模较大的市有立法权，其他地级市没有立法权。

4. 以下专业承包企业资质等级分为一、二、三级的是（　　）。

A. 地基与基础工程　　　　　　B. 预拌商品混凝土
C. 古建筑工程　　　　　　　　D. 消防设施工程
E. 城市及道路照明工程

【答案】ACE

【解析】

部分专业承包企业资质等级

企业类别	等级分类	企业类别	等级分类
地基基础工程	一、二、三级	建筑幕墙工程	一、二级
建筑装修装饰工程	一、二级	钢结构工程	一、二级
预拌混凝土	不分等级	模板脚手架	一、二级
古建筑工程	一、二、三级	电子与智能化工程	一、二、三级
消防设施工程	一、二级	城市及道路照明工程	一、二、三级
防水防腐保温工程	一、二级	特种工程	不分等级

5. 以下关于房屋建筑工程施工总承包企业承包工程范围的说法，正确的是（　　）。

A. 特级可承担各类建筑工程的施工
B. 一级可承担单项合同额 3000 万元及以上的高度 200m 及以下的工业、民用建筑工程
C. 二级可承担单项合同额 3000 万元及以上的高度 240m 及以下的构筑物工程
D. 三级可承担高度 200m 及以下的工业、民用建筑工程
E. 三级可承担高度 50m 以内的建筑工程

【答案】ABD

【解析】房屋建筑工程施工总承包企业可以承包工程范围如下：特级：可承担各类建筑工程的施工；一级：可承担单项合同额 3000 万元及以上的下列建筑工程的施工：（1）高度 200m 及以下的工业、民用建筑工程；（2）高度 240m 及以下的构筑物工程；二级：可承担下列建筑工程的施工：（1）高度 200m 及以下的工业、民用建筑工程；（2）高度 120m 及以下的构筑物工程；（3）建筑面积 4 万 m^2 及以下的单体工业、民用建筑工程；（4）单跨跨度 39m 及以下的建筑工程。三级：可承担下列建筑工程的施工：（1）高度 50m 以内的建筑工程；（2）高度 70m 及以下的构筑物工程；（3）建筑面积 1.2 万 m^2 及以下的单体工业、民用建筑工程；（4）单跨跨度 27m 及以下的建筑工程。

6. 以下各类房屋建筑工程的施工中,三级企业可以承担的有( )。

A. 高度 70m 及以上的构筑物

B. 高度 70m 及以下的构筑物

C. 单跨跨度 27m 及以上的房屋建筑工程

D. 建筑面积 1.2 万 m² 及以下的单体工业、民用建筑工程

E. 建筑面积 1.5 万 m² 及以上的单体工业、民用建筑工程

【答案】BD

【解析】房屋建筑工程施工总承包三级企业可以承包工程范围如下:(1) 高度 50m 以内的建筑工程;(2) 高度 70m 及以下的构筑物工程;(3) 建筑面积 1.2 万 m² 及以下的单体工业、民用建筑工程;(4) 单跨跨度 27m 及以下的建筑工程。

7. 以下各类市政公用工程的施工中,二级企业可以承揽的有( )。

A. 各类城市道路;单跨 45m 及以下的城市桥梁

B. 15 万 t/d 及以下的供水工程;10 万 t/d 及以上的污水处理工程

C. 中压以下燃气管道、调压站;供热面积 150 万 m² 及以下热力工程和各类热力管道工程

D. 中压以下燃气管道、调压站;供热面积 150 万 m² 及以上热力工程和各类热力管道工程

E. 单项合同额 4000 万元以上的市政综合工程

【答案】ABC

【解析】市政公用工程施工总承包二级企业可以承包工程范围如下:(1) 各类城市道路;单跨 45m 及以下的城市桥梁;(2) 15 万 t/d 及以下的供水工程;10 万 t/d 及以下的污水处理工程;2 万 t/d 及以下的给水泵站、15 万 t/d 及以下的污水泵站、雨水泵站;各类给排水及中水管道工程;(3) 中压以下燃气管道、调压站;供热面积 150 万 m² 及以下热力工程和各类热力管道工程;(4) 各类城市生活垃圾处理工程;(5) 断面 25m² 及以下隧道工程和地下交通工程;(6) 各类城市广场、地面停车场硬质铺装;(7) 单项合同额 4000 万元及以下的市政综合工程。

8. 钢结构工程三级企业可承担( )。

A. 钢结构高度 60m 及以下

B. 钢结构单跨跨度 30m 及以下

C. 网壳、网架结构短边边跨跨度 35m 及以下

D. 单体钢结构工程钢结构总重量 3000t 及以下

E. 单体建筑面积 15000m² 以上

【答案】ABCD

【解析】钢结构三级企业可承担下列钢结构工程的施工:(1) 钢结构高度 60m 及以下;(2) 钢结构单跨跨度 30m 及以下;(3) 网壳、网架结构短边边跨跨度 35m 及以下;(4) 单体钢结构工程钢结构总重量 3000t 及以下;(5) 单体建筑面积 15000m² 及以下。

9. 地基与基础工程专业承包资质等级可以分为( )。

A. 一级 B. 二级
C. 特级 D. 三级

E. 四级

【答案】ABD

【解析】地基与基础工程专业承包资质等级可以分为一级、二级、三级。

10. 建设工程施工合同具有下列情形之一的，认定无效（　　）
   A. 施工总承包单位将劳务作业分包给具有相应资质等级的劳务分包企业的
   B. 建设工程必须进行招标而未进行招标或者中标无效的
   C. 承包人未取得建筑施工企业资质或者超越资质等级的
   D. 没有资质的实际施工人借用有资质的建筑施工企业名义的
   E. 特级房屋建筑工程施工总承包单位承担单项建安合同额超过企业注册资本金5倍的建筑面积20万 m² 以上的住宅小区建设的

【答案】BCD

【解析】2005年1月1日开始实行的《最高人民法院关于审理建设工程施工合同纠纷案件适用法律问题的解释》第1条规定：建设工程施工合同具有下列情形之一的，应当根据合同法第52条第（5）项的规定，认定无效：1）承包人未取得建筑施工企业资质或者超越资质等级的；2）没有资质的实际施工人借用有资质的建筑施工企业名义的；3）建设工程必须进行招标而未进行招标或者中标无效的。

11. 建设工程施工合同具有下列情形之一的，认定无效（　　）。
   A. 承包人未取得建筑施工企业资质或超越资质等级的
   B. 没有资质的实际施工企业借有资质的建筑施工企业名义的
   C. 建设工程必须进行招投标而未招标或中标无效的
   D. 建设单位组成联合体进行联合承包
   E. 施工总承包单位将工程中的劳务作业分包给有资质的劳务分包企业

【答案】ABC

【解析】2005年1月1日开始实行的《最高人民法院关于审理建设工程施工合同纠纷案件适用法律问题的解释》第1条规定：建设工程施工合同具有下列情形之一的，应当根据合同法第52条第（5）项的规定，认定无效：1）承包人未取得建筑施工企业资质或者超越资质等级的；2）没有资质的实际施工人借用有资质的建筑施工企业名义的；3）建设工程必须进行招标而未进行招标或者中标无效的。

12. 下列关于联合体承包工程的表述中，正确的有（　　）。
   A. 联合体只能按成员中资质等级低的单位的业务许可范围承包工程
   B. 联合体各方对承包合同的履行负连带责任
   C. 如果出现赔偿责任，建设单位只能向联合体索偿
   D. 联合体承包工程不利于规避承包风险
   E. 联合体成员结成非法人联合体承包工程

【答案】ABE

【解析】两个以上的承包单位组成联合体共同承包建设工程的行为称为联合承包。依据《建筑法》第27条，联合体作为投标人投标时，应当按照资质等级较低的单位的业务许可范围承揽工程。联合体的成员单位对承包合同的履行承担连带责任。《民法通则》第87条规定，负有连带义务的每个债务人，都有清偿全部债务的义务。因此，联合体的成

员单位都附有清偿全部债务的义务。

13. 下列属于违法分包的是（　　）。
   A. 总承包单位将建设工程分包给不具备相应资质条件的单位
   B. 建设工程总承包合同中未有约定，又未经建设单位认可，承包单位将其承包的部分建设工程交给其他单位完成
   C. 施工总承包单位将建设工程的主体结构的施工部分分包给其他单位
   D. 分包单位将其承包的建设工程再分包的
   E. 总承包单位将建设工程分包给具备相应资质条件的单位

【答案】ABCD

【解析】依据《建筑法》的规定，《建设工程质量管理条例》进一步将违法分包界定为如下几种情形：①总承包单位将建设工程分包给不具备相应资质条件的单位的；②建设工程总承包合同中未有约定，又未经建设单位认可，承包单位将其承包的部分建设工程交由其他单位完成的；③施工总承包单位将建设工程主体结构的施工分包给其他单位的；④分包单位将其承包的建设工程再分包的。

14. 建设工程安全生产基本制度包括：（　　）、（　　）、安全生产教育培训制度、（　　）、安全生产检查制度、（　　）等六个方面。
   A. 安全生产责任制　　　　　　B. 群防群治制度
   C. 伤亡事故处理报告制度　　　D. 防范监控制度
   E. 安全责任追究制度

【答案】ABCE

【解析】建设工程安全生产基本制度包括：安全生产责任制、群防群治制度、安全生产教育培训制度、伤亡事故处理报告制度、安全生产检查制度、安全责任追究制度等六个方面。

15. 《建筑法》规定，交付竣工验收的建筑工程必须符合（　　）。
   A. 必须符合规定的建筑工程质量标准
   B. 有完整的工程技术经济资料和经签署的工程保修书
   C. 具备国家规定的其他竣工条件
   D. 建筑工程竣工验收合格后，方可交付使用
   E. 未经验收或者验收不合格的，不得交付使用

【答案】ABCDE

【解析】《建筑法》第61条规定：交付竣工验收的建筑工程，必须符合规定的建筑工程质量标准，有完整的工程技术经济资料和经签署的工程保修书，并具备国家规定的其他竣工条件。建筑工程竣工经验收合格后，方可交付使用；未经验收或验收不合格的，不得交付使用。

建设工程项目的竣工验收，指在建筑工程已按照设计要求完成全部施工任务，准备交付给建设单位使用时，由建设单位或有关主管部门依照国家关于建筑工程竣工验收制度的规定，对该项工程是否符合设计要求和工程质量标准所进行的检查、考核工作。工程项目的竣工验收是施工全过程的最后一道工序，也是工程项目管理的最后一项工作。它是建设投资成果转入生产或使用的标志，也是全面考核投资效益、检验设计和施工质量的重要

环节。

16. 下列属于生产经营单位的安全生产管理人员职责的是（　　）。
   A. 对检查中发现的安全问题，应当立即处理；不能处理的，应当及时报告本单位有关负责人
   B. 及时、如实报告生产安全事故
   C. 检查及处理情况应当记录在案
   D. 督促、检查本单位的安全生产工作，及时消除生产安全事故隐患
   E. 根据本单位的生产经营特点，对安全生产状况进行经常性检查

【答案】ACE

【解析】《安全生产法》第38条规定：生产经营单位的安全生产管理人员应当根据本单位的生产经营特点，对安全生产状况进行经常性检查；对检查中发现的安全问题，应当立即处理；不能处理的，应当及时报告本单位有关负责人。检查及处理情况应当记录在案。

17. 下列岗位中，属于对安全设施、设备的质量负责的岗位是（　　）。
   A. 对安全设施的设计质量负责的岗位　　B. 对安全设施的竣工验收负责的岗位
   C. 对安全生产设备质量负责的岗位　　D. 对安全设施的进厂检验负责的岗位
   E. 对安全生产设备施工负责的岗位

【答案】ABCE

【解析】对安全设施、设备的质量负责的岗位：A. 对安全设施的设计质量负责的岗位；B. 对安全设施的施工负责的岗位；C. 对安全设施的竣工验收负责的岗位；D. 对安全生产设备质量负责的岗位。

18. 下列措施中，属于生产经营单位安全生产保障措施中技术保障措施的是（　　）。
   A. 物质资源管理由设备的日常管理
   B. 对废弃危险物品的管理
   C. 新工艺、新技术、新材料或者使用新设备的管理
   D. 生产经营项目、场所、设备的转让管理
   E. 对员工宿舍的管理

【答案】BCE

【解析】生产经营单位安全生产技术保障措施包含对新工艺、新技术、新材料或者使用新设备的管理，对安全条件论证和安全评价的管理，对废弃危险物品的管理，对重大危险源的管理，对员工宿舍的管理，对危险作业的管理，对安全生产操作规程的管理以及对施工现场的管理8个方面。

19. 根据《安全生产法》规定，安全生产中从业人员的义务不包括（　　）。
   A. 依法履行自律遵规　　B. 检举单位安全生产工作的违章作业
   C. 自觉学习安全生产知识　　D. 危险报告的义务
   E. 按规定佩戴、使用劳动防护用品

【答案】BE

【解析】生产经营单位的从业人员的义务有：自律遵规的义务、自觉学习安全生产知识的义务、危险报告义务。

20. 国务院《生产安全事故报告和调查处理条例》规定：根据生产安全事故造成的人员伤亡或者直接经济损失，以下事故等级分类正确的有（　　）。
   A. 造成 120 人急性工业中毒的事故为特别重大事故
   B. 造成 8000 万元直接经济损失的事故为重大事故
   C. 造成 3 人死亡 800 万元直接经济损失的事故为一般事故
   D. 造成 10 人死亡 35 人重伤的事故为较大事故
   E. 造成 10 人死亡 35 人重伤的事故为重大事故

【答案】ABE

【解析】国务院《生产安全事故报告和调查处理条例》规定：根据生产安全事故造成的人员伤亡或者直接经济损失，事故一般分为以下等级：1）特别重大事故，是指造成 30 人及以上死亡，或者 100 人及以上重伤（包括急性工业中毒，下同），或者 1 亿元及以上直接经济损失的事故；2）重大事故，是指造成 10 人及以上 30 人以下死亡，或者 50 人及以上 100 人以下重伤，或者 5000 万元及以上 1 亿元以下直接经济损失的事故；3）较大事故，是指造成 3 人及以上 10 人以下死亡，或者 10 人及以上 50 人以下重伤，或者 1000 万元及以上 5000 万元以下直接经济损失的事故；4）一般事故，是指造成 3 人以下死亡，或者 10 人以下重伤，或者 1000 万元以下直接经济损失的事故。

21. 下列选项中，施工单位的项目人应当履行的安全责任主要包括（　　）。
   A. 制定安全生产规章制度和操作规程　　B. 确保安全生产费用的有效使用
   C. 组织制定安全施工措施　　　　　　　D. 消除安全事故隐患
   E. 及时、如实报告生产安全事故

【答案】BCDE

【解析】根据《安全生产管理条例》第 21 条，项目负责人的安全责任主要包括：A. 落实安全生产责任制度，安全生产规章制度和操作规程；B. 确保安全生产费用的有效使用；C. 根据工程的特点组织制定安全施工措施，消除安全事故隐患；D. 及时、如实报告生产安全事故。

22. 以下关于总承包单位和分包单位的安全责任的说法中，正确的是（　　）。
   A. 总承包单位应当自行完成建设工程主体结构的施工
   B. 总承包单位对施工现场的安全生产负总责
   C. 经业主认可，分包单位可以不服从总承包单位的安全生产管理
   D. 分包单位不服从管理导致生产安全事故的，由总包单位承担主要责任
   E. 总承包单位和分包单位对分包工程的安全生产承担连带责任

【答案】ABE

【解析】《安全生产管理条例》第 24 条规定：建设工程实行施工总承包的，由总承包单位对施工现场的安全生产负总责。为了防止违法分包和转包等违法行为的发生，真正落实施工总承包单位的安全责任，该条进一步规定，总承包单位应当自行完成建设工程主体结构的施工。该条同时规定，总承包单位依法将建设工程分包给其他单位的，分包合同中应当明确各自的安全生产方面的权利、义务。总承包单位和分包单位对分包工程的安全生产承担连带责任。分包单位应当服从总承包单位的安全生产管理，分包单位不服从管理导致生产安全事故的，由分包单位承担主要责任。

23. 施工单位安全生产教育培训工作符合法律规定的有（　　）。
　　A. 施工单位应当对管理人员和作业人员每年至少进行一次安全生产教育培训
　　B. 安全生产教育培训考核不合格的人员，不得上岗
　　C. 采用新技术、新工艺时，应当对管理人员进行相应的安全生产教育培训
　　D. 登高架设作业人员，必须按照企业有关规定经过安全作业培训方可上岗
　　E. 作业人员进入新的施工现场前，应当接受安全生产教育培训

【答案】ABE

【解析】《安全生产管理条例》第36条规定：施工单位应当对管理人员和作业人员每年至少进行一次安全生产教育培训，其教育培训情况记入个人工作档案。安全生产教育培训考核不合格的人员，不得上岗。《安全生产管理条例》第37条对新岗位培训作了两方面规定。一是作业人员进入新的岗位或者新的施工现场前，应当接受安全生产教育培训。未经教育培训或者教育培训考核不合格的人员，不得上岗作业；二是施工单位在采用新技术、新工艺、新设备、新材料时，应当对作业人员进行相应的安全生产教育培训。《安全生产管理条例》第25条规定：垂直运输机械作业人员、安装拆卸工、爆破作业人员、起重信号工、登高架设作业人员等特种作业人员，必须按照国家有关规定经过专门的安全作业培训，并取得特种作业操作资格证书后，方可上岗作业。

24. 根据《建设工程安全生产管理条例》，应编制专项施工方案，并附具安全验算结果的分部分项工程包括（　　）。
　　A. 深基坑工程　　　　　　B. 起重吊装工程
　　C. 模板工程　　　　　　　D. 楼地面工程
　　E. 脚手架工程

【答案】ABCE

【解析】《建设工程安全生产管理条例》第26条规定，对达到一定规模的危险性较大的分部分项工程编制专项施工方案，并附具安全验算结果，经施工单位技术负责人、总监理工程师签字后实施，由专职安全生产管理人员进行现场监督：A. 基坑支护与降水工程；B. 土方开挖工程；C. 模板工程；D 起重吊装工程；E 脚手架工程；F 拆除、爆破工程；G. 国务院建设行政主管部门或其他有关部门规定的其他危险性较大的工程。

25. 以下各项中，属于施工单位的质量责任和义务的有（　　）。
　　A. 建立质量保证体系
　　B. 按图施工
　　C. 对建筑材料、构配件和设备进行检验的责任
　　D. 组织竣工验收
　　E. 见证取样

【答案】ABCE

【解析】《质量管理条例》关于施工单位的质量责任和义务的条文是第25~33条，即：依法承揽工程、建立质量保证体系、按图施工、对建筑材料、构配件和设备进行检验的责任、对施工质量进行检验的责任、见证取样、保修。

26. 以下属于建设质量管理条例规定的施工单位的质量责任和义务的是（　　）。
　　A. 依法承揽工程　　　　　B. 按图施工

C. 建立质量保证体系 D. 见证取样
E. 安全防护设备管理

【答案】ABCD

【解析】《质量管理条例》关于施工单位的质量责任和义务的条文是第 25~33 条，即：依法承揽工程、建立质量保证体系、按图施工、对建筑材料、构配件和设备进行检验的责任、对施工质量进行检验的责任、见证取样、保修。

27. 无效的劳动合同，从订立的时候起，就没有法律约束力。下列属于无效的劳动合同的有（　　）。
A. 报酬较低的劳动合同
B. 违反法律、行政法规强制性规定的劳动合同
C. 采用欺诈、威胁等手段订立的严重损害国家利益的劳动合同
D. 未规定明确合同期限的劳动合同
E. 劳动内容约定不明确的劳动合同

【答案】BC

【解析】《劳动合同法》第 26 条规定：下列劳动合同无效或者部分无效：1）以欺诈、胁迫的手段或者乘人之危，使对方在违背真实意思的情况下订立或者变更劳动合同的；2）用人单位免除自己的法定责任、排除劳动者权利的；3）违反法律、行政法规强制性规定的。

28. 关于劳动合同变更，下列表述中正确的有（　　）。
A. 用人单位与劳动者协商一致，可变更劳动合同的内容
B. 变更劳动合同只能在合同订立之后、尚未履行之前进行
C. 变更后的劳动合同文本由用人单位和劳动者各执一份
D. 变更劳动合同，应采用书面形式
E. 建筑公司可以单方变更劳动合同，变更后劳动合同有效

【答案】ACD

【解析】用人单位变更名称、法定代表人、主要负责人或者投资人等事项，不影响劳动合同的履行。用人单位发生合并或者分立等情况，原劳动合同继续有效，劳动合同由承继其权利和义务的用人单位继续履行。用人单位与劳动者协商一致，可以变更劳动合同约定的内容。变更劳动合同，应当采用书面形式。变更后的劳动合同文本由用人单位和劳动者各执一份。

29. 劳动合同应该具备的条款有（　　）。
A. 劳动报酬 B. 劳动合同期限
C. 社会保险 D. 最低工资保障
E. 每天工作时间

【答案】ABC

【解析】《劳动合同法》第 19 条规定：劳动合同应当具备以下条款：1）用人单位的名称、住所和法定代表人或者主要负责人；2）劳动者的姓名、住址和居民身份证或者其他有效身份证件号码；3）劳动合同的期限；4）工作内容和工作地点；5）工作时间和休息休假；6）劳动报酬；7）社会保险；8）劳动保护、劳动条件和职业危害防护；9）法

律、法规规定应当纳入劳动合同的其他事项。

30. 根据《劳动合同法》，劳动者有下列（　　）情形之一的，用人单位可随时解除劳动合同。

　　A. 在试用期间被证明不符合录用条件的

　　B. 严重失职，营私舞弊，给用人单位造成重大损害的

　　C. 劳动者不能胜任工作，经过培训或者调整工作岗位，仍不能胜任工作的

　　D. 劳动者患病，在规定的医疗期满后不能从事原工作，也不能从事由用人单位另行安排的工作的

　　E. 被依法追究刑事责任

【答案】ABE

【解析】《劳动合同法》第39条规定：劳动者有下列情形之一的，用人单位可以解除劳动合同：A. 在试用期间被证明不符合录用条件的；B. 严重违反用人单位的规章制度的；C. 严重失职，营私舞弊，给用人单位造成重大损害的；D. 劳动者同时与其他用人单位建立劳动关系，对完成本单位的工作任务造成严重影响，或者经用人单位提出，拒不改正的；E. 因本法第二十六条第一款第一项规定的情形致使劳动合同无效的；F. 被依法追究刑事责任的。

31. 某建筑公司发生以下事件：职工李某因工负伤而丧失劳动能力；职工王某因盗窃自行车一辆而被公安机关给予行政处罚；职工徐某因与他人同居而怀孕；职工陈某被派往境外逾期未归；职工张某因工程重大安全事故罪被判刑。对此，建筑公司可以随时解除劳动合同的有（　　）。

　　A. 李某　　　　　　　　　B. 王某
　　C. 徐某　　　　　　　　　D. 陈某
　　E. 张某

【答案】DE

【解析】《劳动合同法》第39条规定：劳动者有下列情形之一的，用人单位可以解除劳动合同：A. 在试用期间被证明不符合录用条件的；B. 严重违反用人单位的规章制度的；C. 严重失职，营私舞弊，给用人单位造成重大损害的；D. 劳动者同时与其他用人单位建立劳动关系，对完成本单位的工作任务造成严重影响，或者经用人单位提出，拒不改正的；E. 因本法第二十六条第一款第一项规定的情形致使劳动合同无效的；F. 被依法追究刑事责任的。

第二章 建筑材料

一、判断题

1. 气硬性胶凝材料只能在空气中凝结、硬化、保持和发展强度，一般只适用于干燥环境，不宜用于潮湿环境与水中；那么水硬性胶凝材料则只能适用于潮湿环境与水中。

【答案】错误

【解析】气硬性胶凝材料只能在空气中凝结、硬化、保持和发展强度，一般只适用于干燥环境，不宜用于潮湿环境与水中。水硬性胶凝材料既能在空气中硬化，也能在水中凝结、硬化、保持和发展强度，既适用于干燥环境，又适用于潮湿环境与水中工程。

2. 水硬性胶凝材料既能在空气中硬化，也能在水中凝结、硬化、保持和发展强度，而气硬性胶凝材料只能在空气中凝结、硬化、保持和发展强度。

【答案】正确

【解析】气硬性胶凝材料只能在空气中凝结、硬化、保持和发展强度，一般只适用于干燥环境，不宜用于潮湿环境与水中。水硬性胶凝材料既能在空气中硬化，也能在水中凝结、硬化、保持和发展强度，既适用于干燥环境，又适用于潮湿环境与水中工程。

3. 混合砂浆强度较高，耐久性较好，但流动性和保水性较差，可用于砌筑较干燥环境下的砌体。

【答案】错误

【解析】混合砂浆强度较高，且耐久性、流动性和保水性均较好，便于施工，易保证施工质量，是砌体结构房屋中常用的砂浆。

4. 水泥砂浆强度较高，且耐久性、流动性和保水性均较好，便于施工，容易保证施工质量，是砌体结构房屋中常用的砂浆。

【答案】错误

【解析】混合砂浆强度较高，且耐久性、流动性和保水性均较好，便于施工，易保证施工质量，是砌体结构房屋中常用的砂浆。

二、单选题

1. 建筑材料按化学成分分类方法中，下列哪项是错误的（　　）。
   A. 无机材料　　　　　　　B. 高分子合成材料
   C. 复合材料　　　　　　　D. 有机材料

【答案】B

【解析】建筑材料按化学成分分类分为无机材料、有机材料和复合材料。

2. 属于水硬性胶凝材料的是（　　）。
   A. 石灰　　　　　　　　　B. 石膏
   C. 水泥　　　　　　　　　D. 水玻璃

【答案】C

【解析】按照硬化条件的不同，无机胶凝材料分为气硬性胶凝材料和水硬性胶凝材料。前者如石灰、石膏、水玻璃等，后者如水泥。

3. 气硬性胶凝材料一般只适用于（　　）环境中。
   A. 干燥　　　　　　　　　　B. 干湿交替
   C. 潮湿　　　　　　　　　　D. 水中

【答案】A

【解析】气硬性胶凝材料只能在空气中凝结、硬化、保持和发展强度，一般只适用于干燥环境，不宜用于潮湿环境与水中。

4. 下列对于砂浆与水泥的说法中错误的是（　　）。
   A. 根据胶凝材料的不同，建筑砂浆可分为石灰砂浆、水泥砂浆和混合砂浆
   B. 水泥属于水硬性胶凝材料，因而只能在潮湿环境与水中凝结、硬化、保持和发展强度
   C. 水泥砂浆强度高、耐久性和耐火性好，常用于地下结构或经常受水侵蚀的砌体部位
   D. 用于一般土木建筑工程的水泥为通用水泥，系通用硅酸盐水泥的简称

【答案】B

【解析】根据所用胶凝材料的不同，建筑砂浆可分为石灰砂浆、水泥砂浆和混合砂浆。水硬性胶凝材料既能在空气中硬化，也能在水中凝结、硬化、保持和发展强度，既适用于干燥环境，又适用于潮湿环境与水中工程。水泥砂浆强度高、耐久性和耐火性好，但其流动性和保水性差，施工相对难，常用于地下结构或经常受水侵蚀的砌体部位。用于一般土木建筑工程的水泥为通用水泥，系通用硅酸盐水泥的简称，是硅酸盐水泥熟料和适量的石膏，以及规定的混合材料制成的水硬性胶凝材料。

5. 下列关于砌筑砂浆的组成材料及其技术要求的说法中，正确的是（　　）。
   A. M15及以下强度等级的砌筑砂浆宜选用42.5级通用硅酸盐水泥或砌筑水泥
   B. 砌筑砂浆常用的细骨料为普通砂。砂的含泥量不应超过5%
   C. 生石灰熟化成石灰膏时，应用孔径不大于3mm×3mm的网过滤，熟化时间不得少于7d；磨细生石灰粉的熟化时间不得少于3d
   D. 制作电石膏的电石渣应用孔径不大于3mm×3mm的网过滤，检验时应加热至70℃并保持60min，没有乙炔气味后，方可使用

【答案】B

【解析】M15及以下强度等级的砌筑砂浆宜选用32.5级通用硅酸盐水泥或砌筑水泥。砌筑砂浆常用的细骨料为普通砂。砂的含泥量不应超过5%。生石灰熟化成石灰膏时，应用孔径不大于3mm×3mm的网过滤，熟化时间不得少于7d；磨细生石灰粉的熟化时间不得少于2d。制作电石膏的电石渣应用孔径不大于3mm×3mm的网过滤，检验时应加热至70℃并保持20min，没有乙炔气味后，方可使用。

6. 砌筑砂浆的组成材料包括胶凝材料、细骨料、（　　）和水。
   A. 粗骨料　　　　　　　　　B. 石灰
   C. 掺加料　　　　　　　　　D. 石膏

【答案】C

【解析】砌筑砂浆的组成材料包括胶凝材料、细骨料、掺加料和水。

7. 下列关于烧结砖的分类、主要技术要求及应用的相关说法中,正确的是（　　）。

A. 强度、抗风化性能和放射性物质合格的烧结普通砖,根据尺寸偏差、外观质量、泛霜和石灰爆裂等指标,分为优等品、一等品、合格品三个等级

B. 强度和抗风化性能合格的烧结空心砖,根据尺寸偏差、外观质量、孔型及孔洞排列、泛霜、石灰爆裂分为优等品、一等品、合格品三个等级

C. 烧结多孔砖主要用作非承重墙,如多层建筑内隔墙或框架结构的填充墙

D. 烧结空心砖在对安全性要求低的建筑中,可以用于承重墙体

【答案】A

【解析】强度、抗风化性能和放射性物质合格的烧结普通砖,根据尺寸偏差、外观质量、泛霜和石灰爆裂等指标,分为优等品、一等品、合格品三个等级。强度和抗风化性能合格的烧结多孔砖,根据尺寸偏差、外观质量、孔型及孔洞排列、泛霜、石灰爆裂分为优等品、一等品、合格品三个等级。烧结多孔砖可以用于承重墙体。优等品可用于墙体装饰和清水墙砌筑,一等品和合格品可用于混水墙,中泛霜的砖不得用于潮湿部位。烧结空心砖主要用作非承重墙,如多层建筑内隔墙或框架结构的填充墙。

8. 烧结多孔砖是以黏土、页岩、煤矸石和粉煤灰为主要原料,经成型、焙烧而成的,空洞率（　　）的砖。

A. ≥35%
B. ≥15%
C. ≤35%
D. ≤15%

【答案】B

【解析】烧结多孔砖是以黏土、页岩、煤矸石和粉煤灰为主要原料,经成型、焙烧而成的,空洞率等于或大于15%的砖。

9. 下列关于砌块的分类、主要技术要求及应用的相关说法中,错误的是（　　）。

A. 目前国内推广应用较为普遍的砌块有蒸压加气混凝土砌块、普通混凝土小型空心砌块、石膏砌块等

B. 按尺寸偏差与外观质量、干密度、抗压强度和抗冻性,蒸压加气混凝土砌块的质量等级分为优等品、一等品、合格品三个等级

C. 混凝土小型空心砌块适用于多层建筑和高层建筑的隔离墙、填充墙及工业建筑物的围护墙体和绝热墙体

D. 混凝土小型空心砌块主规格尺寸为390mm×190mm×190mm、390mm×240mm×190mm,最小外壁厚不应小于30mm,最小肋厚不应小于25mm

【答案】B

【解析】目前国内推广应用较为普遍的砌块有蒸压加气混凝土砌块、普通混凝土小型空心砌块、石膏砌块等。按尺寸偏差与外观质量、干密度、抗压强度和抗冻性,蒸压加气混凝土砌块的质量等级分为优等品、合格品。蒸压加气混凝土砌块适用于低层建筑的承重墙,多层建筑和高层建筑的隔离墙、填充墙及工业建筑物的围护墙体和绝热墙体。混凝土小型空心砌块主规格尺寸为390mm×190mm×190mm、390mm×240mm×190mm,最小外壁厚不应小于30mm,最小肋厚不应小于25mm。混凝土小型空心砌块建筑体系比较灵活,砌筑方便,主要用于建筑的内外墙体。

10. 混凝土小型空心砌块建筑体系比较灵活，砌筑方便，主要用于建筑的（　　）。
   A. 基础　　　　　　　　　　　　B. 非承重墙
   C. 承重墙　　　　　　　　　　　D. 内外墙体

【答案】D

【解析】混凝土小型空心砌块建筑体系比较灵活，砌筑方便，主要用于建筑的内外墙体。

11. 下列关于钢材的分类的相关说法中，错误的是（　　）。
   A. 按化学成分合金钢分为低合金钢、中合金钢和高合金钢
   B. 按质量分为普通钢、优质钢和高级优质钢
   C. 含碳量为0.2%~0.5%的碳素钢为中碳钢
   D. 按脱氧程度分为沸腾钢、镇静钢和特殊镇静钢

【答案】C

【解析】按化学成分合金钢分为低合金钢、中合金钢和高合金钢。按脱氧程度分为沸腾钢、镇静钢和特殊镇静钢。按质量分为普通钢、优质钢和高级优质钢。碳素钢中中碳钢的含碳量为0.25%~0.6%。

12. 低碳钢的含碳量（　　）。
   A. <0.25%　　　　　　　　　　B. 0.25%~0.60%
   C. >0.60%　　　　　　　　　　D. >0.25%

【答案】A

【解析】碳素钢中低碳钢的含碳量为<0.25%。

13. 下列关于钢结构用钢材的相关说法中，正确的是（　　）。
   A. 工字钢主要用于承受轴向力的杆件、承受横向弯曲的梁以及联系杆件
   B. Q235A 代表屈服强度为235N/mm^2，A级，沸腾钢
   C. 低合金高强度结构钢均为镇静钢或特殊镇静钢
   D. 槽钢广泛应用于各种建筑结构和桥梁，主要用于承受横向弯曲的杆件，但不宜单独用作轴心受压构件或双向弯曲的构件

【答案】C

【解析】Q235A 代表屈服强度为235N/mm^2，A级，镇静钢。低合金高强度结构钢均为镇静钢或特殊镇静钢。工字钢广泛应用于各种建筑结构和桥梁，主要用于承受横向弯曲（腹板平面内受弯）的杆件，但不宜单独用作轴心受压构件或双向弯曲的构件。槽钢主要用于承受轴向力的杆件、承受横向弯曲的梁以及联系杆件。

14. 下列关于型钢的相关说法中，错误的是（　　）。
   A. 与工字钢相比，H型钢优化了截面的分布，具有翼缘宽，侧向刚度大，抗弯能力强，翼缘两表面相互平行，连接构造方便，重量轻、节省钢材等优点
   B. 钢结构所用钢材主要是型钢和钢板
   C. 不等边角钢的规格以"长边宽度×短边宽度×厚度"（mm）或"长边宽度/短边宽度"（cm）表示
   D. 在房屋建筑中，冷弯型钢可用做钢架、桁架、梁、柱等主要承重构件，但不可用作屋面檩条、墙架梁柱、龙骨、门窗、屋面板、墙面板、楼板等次要构件和围护结构

【答案】 D

【解析】 钢结构所用钢材主要是型钢和钢板。不等边角钢的规格以"长边宽度×短边宽度×厚度"（mm）或"长边宽度/短边宽度"（cm）表示。与工字钢相比，H型钢优化了截面的分布，具有翼缘宽，侧向刚度大，抗弯能力强，翼缘两表面相互平行、连接构造方便，重量轻、节省钢材等优点。在房屋建筑中，冷弯型钢可用做钢架、桁架、梁、柱等主要承重构件，也被用作屋面檩条、墙架梁柱、龙骨、门窗、屋面板、墙面板、楼板等次要构件和围护结构。

15. 钢材牌号Q345E代表（　　）为345N/mm² 的E级低合金高强度结构钢。
   A. 比例极限　　　　　　　　B. 屈服点
   C. 抗拉强度　　　　　　　　D. 抗压强度

【答案】 B

【解析】 低合金高强度结构钢均为镇静钢或特殊镇静钢。Q345E代表屈服点为345N/mm² 的E级低合金高强度结构钢。

16. 下列各项中，关于冷加工钢筋和热处理钢筋的说法错误的是（　　）。
   A. 冷轧带肋钢筋的牌号由CRB和钢筋的抗拉强度最大值构成
   B. 冷拔低碳钢丝不得做预应力钢筋使用，做箍筋使用时直径不宜小于5mm
   C. 冷拔低碳钢丝是用普通碳素钢热轧盘条钢筋在常温下冷拔加工而成，只有CDW550一个强度级别
   D. 热处理钢筋强度高，锚固性好，不易打滑，预应力值稳定；施工简便，开盘后钢筋自然伸直，不需调直及焊接

【答案】 A

【解析】 冷轧带肋钢筋的牌号由CRB和钢筋的抗拉强度最小值构成。冷拔低碳钢丝是用普通碳素钢热轧盘条钢筋在常温下冷拔加工而成，只有CDW550一个强度级别，其直径为3mm、4mm、5mm、6mm、7mm和8mm。冷拔低碳钢丝不得做预应力钢筋使用，做箍筋使用时直径不宜小于5mm。热处理钢筋强度高，锚固性好，不易打滑，预应力值稳定；施工简便，开盘后钢筋自然伸直，不需调直及焊接。

三、多选题

1. 下列关于通用水泥的特性及应用的基本规定中，表述正确的是（　　）。
   A. 复合硅酸盐水泥适用于早期强度要求高的工程及冬期施工的工程
   B. 矿渣硅酸盐水泥适用于大体积混凝土工程
   C. 粉煤灰硅酸盐水泥适用于有抗渗要求的工程
   D. 火山灰质硅酸盐水泥适用于抗裂性要求较高的构件
   E. 硅酸盐水泥适用于严寒地区遭受反复冻融循环作用的混凝土工程

【答案】 BE

【解析】 硅酸盐水泥适用于早期强度要求高的工程及冬期施工的工程；严寒地区遭受反复冻融循环作用的混凝土工程。矿渣硅酸盐水泥适用于大体积混凝土工程。火山灰质硅酸盐水泥适用于有抗渗要求的工程。粉煤灰硅酸盐水泥适用于抗裂性要求较高的构件。

2. 下列关于普通混凝土的组成材料及其主要技术要求的相关说法中，正确的是（　　）。

A. 一般情况下，中、低强度的混凝土，水泥强度等级为混凝土强度等级的1.0～1.5倍

B. 天然砂的坚固性用硫酸钠溶液法检验，砂样经5次循环后其质量损失应符合国家标准的规定

C. 和易性一定时，采用粗砂配制混凝土，可减少拌合用水量，节约水泥用量

D. 按水源不同分为饮用水、地表水、地下水、海水及工业废水

E. 混凝土用水应优先采用符合国家标准的饮用水

【答案】BCE

【解析】一般情况下，中、低强度的混凝土，水泥强度等级为混凝土强度等级的1.5～2.0倍。天然砂的坚固性用硫酸钠溶液法检验，砂样经5次循环后其质量损失应符合国家标准的规定。和易性一定时，采用粗砂配制混凝土，可减少拌合用水量，节约水泥用量。但砂过粗易使混凝土拌合物产生分层、离析和泌水等现象。按水源不同分为饮用水、地表水、地下水、海水及经处理过的工业废水。混凝土用水应优先采用符合国家标准的饮用水。

3. 下列各项，属于减水剂的是（　　）。
A. 高效减水剂　　　　　　　　B. 早强减水剂
C. 复合减水剂　　　　　　　　D. 缓凝减水剂
E. 泵送减水剂

【答案】ABD

【解析】减水剂是使用最广泛、品种最多的一种外加剂。按其用途不同，又可分为普通减水剂、高效减水剂、早强减水剂、缓凝减水剂、缓凝高效减水剂、引气减水剂等。

4. 混凝土缓凝剂主要用于（　　）的施工。
A. 高温季节混凝土　　　　　　B. 蒸养混凝土
C. 大体积混凝土　　　　　　　D. 滑模工艺混凝土
E. 商品混凝土

【答案】ACDE

【解析】缓凝剂适用于长时间运输的混凝土、高温季节施工的混凝土、泵送混凝土、滑模施工混凝土、大体积混凝土、分层浇筑的混凝土等。不适用于5℃以下施工的混凝土，也不适用于有早强要求的混凝土及蒸养混凝土。

5. 下列关于砌筑用石材的分类及应用的相关说法中，正确的是（　　）。
A. 装饰用石材主要为板材
B. 细料石通过细加工、外形规则，叠砌面凹入深度不应大于10mm，截面的宽度、高度不应小于200mm，且不应小于长度的1/4
C. 毛料石外形大致方正，一般不加工或稍加修整，高度不应小于200mm，叠砌面凹入深度不应大于20mm
D. 毛石指形状不规则，中部厚度不小于300mm的石材
E. 装饰用石材主要用于公共建筑或装饰等级要求较高的室内外装饰工程

【答案】ABDE

【解析】装饰用石材主要为板材。细料石通过细加工、外形规则，叠砌面凹入深度不

应大于10mm，截面的宽度、高度不应小于200mm，且不应小于长度的1/4。毛料石外形大致方正，一般不加工或稍加修整，高度不应小于200mm，叠砌面凹入深度不应大于25mm。毛石指形状不规则，中部厚度不小于300mm的石材。装饰用石材主要用于公共建筑或装饰等级要求较高的室内外装饰工程。

6. 下列关于非烧结砖的分类、主要技术要求及应用的相关说法中，错误的是（　　）。
A. 蒸压灰砂砖根据产品尺寸偏差和外观分为优等品、一等品、合格品三个等级
B. 蒸压灰砂砖可用于工业与民用建筑的基础和墙体，但在易受冻融和干湿交替的部位必须使用优等品或一等品砖
C. 炉渣砖的外形尺寸同普通黏土砖为240mm×115mm×53mm
D. 混凝土普通砖的规格与黏土空心砖相同，用于工业与民用建筑基础和承重墙体
E. 混凝土普通砖可用于一般工业与民用建筑的墙体和基础。但用于基础或易受冻融和干湿交替作用的建筑部位必须使用MU15及以上强度等级的砖

【答案】BE

【解析】蒸压灰砂砖根据产品尺寸偏差和外观分为优等品、一等品、合格品三个等级。蒸压灰砂砖主要用于工业与民用建筑的墙体和基础。蒸压粉煤灰砖可用于工业与民用建筑的基础和墙体，但在易受冻融和干湿交替的部位必须使用优等品或一等品砖。炉渣砖的外形尺寸同普通黏土砖为240mm×115mm×53mm。炉渣砖可用于一般工业与民用建筑的墙体和基础。但用于基础或易受冻融和干湿交替作用的建筑部位必须使用MU15及以上强度等级的砖。混凝土普通砖的规格与黏土空心砖相同，用于工业与民用建筑基础和承重墙体。

7. 下列关于钢筋混凝土结构用钢材的相关说法中，错误的是（　　）。
A. 根据表面特征不同，热轧钢筋分为光圆钢筋和带肋钢筋两大类
B. 热轧光圆钢筋的塑性及焊接性能很好，但强度较低，故广泛用于钢筋混凝土结构的构造筋
C. 钢丝按外形分为光圆钢丝、螺旋肋钢丝、刻痕钢丝三种
D. 预应力钢绞线主要用于桥梁、吊车梁、大跨度屋架和管桩等预应力钢筋混凝土构件中
E. 预应力钢丝主要用于大跨度、大负荷的桥梁、电杆、轨枕、屋架、大跨度吊车梁等结构的预应力筋

【答案】DE

【解析】根据表面特征不同，热轧钢筋分为光圆钢筋和带肋钢筋两大类。热轧光圆钢筋的塑性及焊接性能很好，但强度较低，故广泛用于钢筋混凝土结构的构造筋。钢丝按外形分为光圆钢丝、螺旋肋钢丝、刻痕钢丝三种。预应力钢丝主要用于桥梁、吊车梁、大跨度屋架和管桩等预应力钢筋混凝土构件中。预应力钢丝和钢绞线具有强度高、柔度好，质量稳定，与混凝土粘结力强，易于锚固，成盘供应不需接头等诸多优点。主要用于大跨度、大负荷的桥梁、电杆、轨枕、屋架、大跨度吊车梁等结构的预应力筋。

第三章　建筑工程识图

一、判断题

1. 房屋建筑施工图是工程设计阶段的最终成果，同时又是工程施工、监理和计算工程造价的主要依据。

【答案】正确

【解析】房屋建筑施工图是工程设计阶段的最终成果，同时又是工程施工、监理和计算工程造价的主要依据。

2. 结构平面布置图一般包括：基础平面布置图，楼层结构布置平面图，屋顶结构平面布置图。

【答案】正确

【解析】结构平面布置图是表示房屋中各承重构件总体平面布置的图样，一般包括：基础平面布置图，楼层结构布置平面图，屋顶结构平面布置图。

3. 常用建筑材料图例中饰面砖的图例可以用来表示铺地砖、陶瓷锦砖、人造大理石等。

【答案】正确

【解析】常用建筑材料图例中饰面砖的图例可以用来表示铺地砖、陶瓷锦砖、人造大理石等。

4. 图样上的尺寸，应包括尺寸界线、尺寸线、尺寸起止符号和尺寸数字四个要素。

【答案】正确

【解析】图样上的尺寸，应包括尺寸界线、尺寸线、尺寸起止符号和尺寸数字四个要素。

5. 建筑总平面图是将拟建工程四周一定范围内的新建、拟建、原有和将拆除的建筑物、构筑物连同其周围的地形地物状况，用正投影方法画出的图样。

【答案】错误

【解析】建筑总平面图是将拟建工程四周一定范围内的新建、拟建、原有和将拆除的建筑物、构筑物连同其周围的地形地物状况，用水平投影方法画出的图样。

6. 建筑平面图中凡是被剖切到的墙、柱断面轮廓线用粗实线画出，其余可见的轮廓线用中实线或细实线，尺寸标注和标高符号均用细实线，定位轴线用细单点长画线绘制。

【答案】正确

【解析】建筑平面图中凡是被剖切到的墙、柱断面轮廓线用粗实线画出，其余可见的轮廓线用中实线或细实线，尺寸标注和标高符号均用细实线，定位轴线用细单点长画线绘制。

7. 建筑立面图主要用来表达房屋的外部造型、门窗位置及形式、外墙面装修、阳台、雨篷等部分的材料和做法等。

【答案】错误

【解析】建筑立面图主要用来表达建筑物外貌形状、门窗和其他构配件的形状和位置，主要包括室外的地面线、房屋的勒脚、台阶、门窗、阳台、雨篷；室外的楼梯、墙和柱；外墙的预留孔洞、檐口、屋顶、雨水管、墙面修饰构件等。

8. 施工图识读方法包括总揽全局、循序渐进、相互对照、重点细读四个部分。

【答案】正确

【解析】施工图识读方法包括总揽全局、循序渐进、相互对照、重点细读四个部分。

9. 识读施工图的一般顺序为：阅读图纸目录→阅读设计总说明→通读图纸→精读图纸。

【答案】正确

【解析】识读施工图的一般顺序为：阅读图纸目录→阅读设计总说明→通读图纸→精读图纸。

二、单选题

1. 按照内容和作用不同，下列不属于房屋建筑施工图的是（   ）。
A. 建筑施工图
B. 结构施工图
C. 设备施工图
D. 系统施工图

【答案】D

【解析】按照内容和作用不同，房屋建筑施工图分为建筑施工图、结构施工图和设备施工图。通常，一套完整的施工图还包括图纸目录、设计总说明（即首页）。

2. 下列关于建筑施工图的作用的说法中，错误的是（   ）。
A. 建筑施工图是新建房屋及构筑物施工定位，规划设计水、暖、电等专业工程总平面图及施工总平面图设计的依据
B. 建筑平面图主要用来表达房屋平面布置的情况，是施工备料、放线、砌墙、安装门窗及编辑概预算的依据
C. 建造房屋时，建筑施工图主要作为定位放线、砌筑墙体、安装门窗、装修的依据
D. 建筑剖面图是施工、编制概预算及备料的重要依据

【答案】A

【解析】建造房屋时，建筑施工图主要作为定位放线、砌筑墙体、安装门窗、装修的依据。建筑总平面图是新建房屋及构筑物施工定位，规划设计水、暖、电等专业工程总平面图及施工总平面图设计的依据。建筑平面图主要用来表达房屋平面布置的情况，是施工备料、放线、砌墙、安装门窗及编辑概预算的依据。建筑剖面图是施工、编制概预算及备料的重要依据。

3. 下列关于结构施工图的作用的说法中，错误的是（   ）。
A. 结构施工图是施工放线、开挖基坑（槽），施工承重构件（如梁、板、柱、墙、基础、楼梯等）的主要依据
B. 结构立面布置图是表示房屋中各承重构件总体立面布置的图样
C. 结构设计说明是带全局性的文字说明
D. 结构详图一般包括：梁、柱、板及基础结构详图，楼梯结构详图，屋架结构详图，其他详图（如天沟、雨篷、过梁等）

【答案】B

【解析】施工放线、开挖基坑（槽），施工承重构件（如梁、板、柱、墙、基础、楼梯等）主要依据结构施工图。结构平面布置图是表示房屋中各承重构件总体平面布置的图样。结构设计说明是带全局性的文字说明。结构详图一般包括：梁、柱、板及基础结构详图，楼梯结构详图，屋架结构详图，其他详图（如天沟、雨篷、过梁等）。

4. 下列各项中，不属于设备施工图的是（　　）。
   A. 给水排水施工图　　　　　　B. 采暖通风与空调施工图
   C. 设备详图　　　　　　　　　D. 电气设备施工图

【答案】C

【解析】设备施工图可按工种不同再划分成给水排水施工图、采暖通风与空调施工图、电气设备施工图等。

5. 下列关于房屋建筑施工图的图示特点和制图有关规定的说法中，错误的是（　　）。
   A. 由于房屋形体较大，施工图一般都用较小比例绘制，但对于其中需要表达清楚的节点、剖面等部位，可以选择用原尺寸的详图来绘制
   B. 施工图中的各图样用正投影法绘制
   C. 房屋建筑的构、配件和材料种类繁多，为作图简便，国家标准采用一系列图例来代表建筑构配件、卫生设备、建筑材料等
   D. 普通砖使用的图例可以用来表示实心砖、多孔砖、砌块等砌体

【答案】A

【解析】施工图中的各图样用正投影法绘制。由于房屋形体较大，施工图一般都用较小比例绘制，但对于其中需要表达清楚的节点、剖面等部位，则用较大比例的详图表现。房屋建筑的构、配件和材料种类繁多，为作图简便，国家标准采用一系列图例来代表建筑构配件、卫生设备、建筑材料等。普通砖使用的图例可以用来表示实心砖、多孔砖、砌块等砌体。

6. 下图所示材料图例表示（　　）。

   A. 钢筋混凝土　　　　　　　　B. 混凝土
   C. 砂浆　　　　　　　　　　　D. 灰土

【答案】B

【解析】图示材料为混凝土。

7. 下图所示材料图例表示（　　）。

   A. 钢筋混凝土　　　　　　　　B. 混凝土
   C. 砂浆　　　　　　　　　　　D. 灰土

【答案】A

【解析】图示材料为钢筋混凝土。

8. 下图所示材料图例表示（　　）。

A. 钢筋混凝土　　　　　　　B. 混凝土
C. 夯实土壤　　　　　　　　D. 灰土

【答案】A

【解析】图示材料为夯实土壤。

9. 以下关于标高的表述正确的是（　　）。
A. 标高就是建筑物的高度
B. 一般以建筑物底层室内地面作为相对标高的零点
C. 我国把青岛市外的黄海海平面作为相对标高的零点
D. 一般以建筑物底层室内地面作为绝对标高的零点

【答案】B

【解析】标高是表示建筑的地面或某一部位的高度。在房屋建筑中，建筑物的高度用标高表示。标高分为相对标高和绝对标高两种。我国把青岛市外的黄海海平面作为零点所测定的高度尺寸称为绝对标高。

10. 下列关于建筑总平面图图示内容的说法中，正确的是（　　）。
A. 新建建筑物的定位一般采用两种方法，一是按原有建筑物或原有道路定位；二是按坐标定位
B. 在总平面图中，标高以米为单位，并保留至小数点后三位
C. 新建房屋所在地区风向情况的示意图即为风玫瑰图，风玫瑰图不可用于表明房屋和地物的朝向情况
D. 临时建筑物在设计和施工中可以超过建筑红线

【答案】A

【解析】新建建筑物的定位一般采用两种方法，一是按原有建筑物或原有道路定位；二是按坐标定位。采用坐标定位又分为采用测量坐标定位和建筑坐标定位两种。在总平面图中，标高以米为单位，并保留至小数点后两位。风向频率玫瑰图简称风玫瑰图，是新建房屋所在地区风向情况的示意图。风玫瑰图也能表明房屋和地物的朝向情况。各地方国土管理部门提供给建设单位的地形图为蓝图，在蓝图上用红色笔画定的土地使用范围的线称为建筑红线。任何建筑物在设计和施工中均不能超过此线。

11. 下图所示门图例中，（　　）表示空门洞。

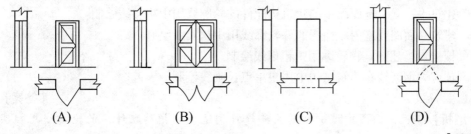

【答案】C

【解析】A. 表示单扇门、B. 表示双扇门、C. 表示空门洞、D. 表示单扇双面弹簧门。

12. 下列关于建筑立面图基本规定的说法中，正确的是（　　）。
A. 建筑立面图中通常用粗实线表示立面图的最外轮廓线和地平线
B. 立面图中用标高表示出各主要部位的相对高度，如室内外地面标高、各层楼面标高及檐口高度

C. 立面图中的尺寸是表示建筑物高度方向的尺寸，一般用两道尺寸线表示，即建筑物总高和层高

D. 外墙面的装饰材料和做法一般应附相关的做法说明表

【答案】B

【解析】为使建筑立面图轮廓清晰、层次分明，通常用粗实线表示立面图的最外轮廓线。地平线用标准粗度的1.2～1.4倍的加粗线画出。立面图中用标高表示出各主要部位的相对高度，如室内外地面标高、各层楼面标高及檐口高度。立面图中的尺寸是表示建筑物高度方向的尺寸，一般用三道尺寸线表示。最外面已到位建筑物的总高，中间一道尺寸线为层高，最里面一道为门窗洞口的高度及与楼地面的相对位置。标出各个部分的构造、装饰节点详图的索引符号，外墙面的装饰材料和做法。外墙面装修材料及颜色一般用索引符号表示具体做法。

13. 下列关于建筑剖面图和建筑详图基本规定的说法中，错误的是（　　）。

A. 剖面图一般表示房屋在高度方向的结构形式

B. 建筑剖面图中高度方向的尺寸包括总尺寸、内部尺寸和细部尺寸

C. 建筑剖面图中不能详细表示清楚的部位应引出索引符号，另用详图表示

D. 需要绘制详图或局部平面放大的位置一般包括内外墙节点、楼梯、电梯、厨房、卫生间、门窗、室内外装饰等

【答案】B

【解析】剖面图一般表示房屋在高度方向的结构形式。建筑剖面图中高度方向的尺寸包括外部尺寸和内部尺寸。外部尺寸包括门窗洞口的高度、层间高度和总高度三道尺寸。内部尺寸包括地坑深度、隔断、搁板、平台、室内门窗等的高度。建筑剖面图中不能详细表示清楚的部位应引出索引符号，另用详图表示。需要绘制详图或局部平面放大的位置一般包括内外墙节点、楼梯、电梯、厨房、卫生间、门窗、室内外装饰等。

三、多选题

1. 下列关于建筑制图的线型及其应用的说法中，正确的是（　　）。

A. 平、剖面图中被剖切的主要建筑构造（包括构配件）的轮廓线用粗实线绘制

B. 建筑平、立、剖面图中的建筑构配件的轮廓线用中粗实线绘制

C. 建筑立面图或室内立面图的外轮廓线用中粗实线绘制

D. 拟建、扩建建筑物轮廓用中粗虚线绘制

E. 预应力钢筋线在建筑结构中用粗单点长画线绘制

【答案】ABD

【解析】平、剖面图中被剖切的主要建筑构造（包括构配件）的轮廓线用粗实线绘制。建筑立面图或室内立面图的外轮廓线用粗实线绘制。建筑平、立、剖面图中的建筑构配件的轮廓线用中粗实线绘制。拟建、扩建建筑物轮廓用中粗虚线绘制。预应力钢筋线在建筑结构中用粗双点长画线绘制。

2. 下列尺寸标注形式的基本规定中，正确的是（　　）。

A. 半圆或小于半圆的圆弧应标注半径，圆及大于半圆的圆弧应标注直径

B. 在圆内标注的直径尺寸线可不通过圆心，只需两端画箭头指至圆弧，较小圆的直

径尺寸，可标注在圆外

C. 标注坡度时，在坡度数字下应加注坡度符号，坡度符号为单面尖头，一般指向下坡方向

D. 我国把青岛市外的黄海海平面作为零点所测定的高度尺寸成为绝对标高

E. 在施工图中一般注写到小数点后两位即可

【答案】ACD

【解析】半圆或小于半圆的圆弧应标注半径，圆及大于半圆的圆弧应标注直径。在圆内标注的直径尺寸线应通过圆心，只需两端画箭头指至圆弧，较小圆的直径尺寸，可标注在圆外。标注坡度时，在坡度数字下应加注坡度符号，坡度符号为单面尖头，一般指向下坡方向。我国把青岛市外的黄海海平面作为零点所测定的高度尺寸成为绝对标高。在施工图中一般注写到小数点后三位即可，在总平面图中则注写到小数点后二位。

3. 下列有关建筑平面图的图示内容的表述中，不正确的是（　　）。

A. 定位轴线的编号宜标注在图样的下方与右侧，横向编号应用阿拉伯数字，从左至右顺序编写，竖向编号应用大写拉丁字母，从上至下顺序编写

B. 对于隐蔽的或者在剖切面以上部位的内容，应以虚线表示

C. 建筑平面图上的外部尺寸在水平方向和竖直方向各标注三道尺寸

D. 在平面图上所标注的标高均应为绝对标高

E. 屋面平面图一般内容有：女儿墙、檐沟、屋面坡度、分水线与落水口、变形缝、楼梯间、水箱间、天窗、上人孔、消防梯以及其他构筑物、索引符号等

【答案】AD

【解析】定位轴线的编号宜标注在图样的下方与左侧，横向编号应用阿拉伯数字，从左至右顺序编写，竖向编号应用大写拉丁字母，从下至上顺序编写。建筑平面图中的尺寸有外部尺寸和内部尺寸两种。外部尺寸包括总尺寸、轴线尺寸和细部尺寸三类。在平面图上所标注的标高均应为相对标高。底层室内地面的标高一般用 ±0.000 表示。对于隐蔽的或者在剖切面以上部位的内容，应以虚线表示。屋面平面图一般内容有：女儿墙、檐沟、屋面坡度、分水线与落水口、变形缝、楼梯间、水箱间、天窗、上人孔、消防梯以及其他构筑物、索引符号等。

4. 下列关于建筑详图基本规定的说法中，正确的是（　　）。

A. 内外墙节点一般用平面图、立面图和剖面图表示

B. 楼梯平面图必须分层绘制，一般有底层平面图，标准层平面图和顶层平面图

C. 楼梯详图一般包括楼梯平面图、楼梯立面图、楼梯剖面图和节点详图

D. 楼梯间剖面图只需绘制出与楼梯相关的部分，相邻部分可用折断线断开

E. 楼梯节点详图一般采用较大的比例绘制，如 1:1、1:2、1:5、1:10、1:20 等

【答案】BDE

【解析】内外墙节点一般用平面和剖面表示。楼梯详图一般包括三部分内容，即楼梯平面图、楼梯剖面图和节点详图。楼梯平面图必须分层绘制，一般有底层平面图，标准层平面图和顶层平面图。楼梯间剖面图只需绘制出与楼梯相关的部分，相邻部分可用折断线断开。楼梯节点详图一般采用较大的比例绘制，如 1:1、1:2、1:5、1:10、1:20 等。

第四章 建筑施工技术

一、判断题

1. 普通土的现场鉴别方法为：用镐挖掘。

【答案】错误

【解析】普通土的现场鉴别方法为：用锄头挖掘。

2. 坚石和特坚石的现场鉴别方法都可以是用爆破方法。

【答案】正确

【解析】坚石和特坚石的现场鉴别方法都可以是用爆破方法。

3. 基坑（槽）开挖施工工艺流程：测量放线→切线分层开挖→排水、降水→修坡→留足预留土层→整平。

【答案】错误

【解析】基坑（槽）开挖施工工艺流程：测量放线→切线分层开挖→排水、降水→修坡→整平→留足预留土层。

4. 降水工作应持续到基础（包括地下水位下回填土）施工完成。

【答案】正确

【解析】降水工作应持续到基础（包括地下水位下回填土）施工完成。

5. 地下连续墙可用作建筑物的承重结构。

【答案】正确

【解析】工程开挖土方时，地下连续墙可用作支护结构，既挡土又挡水，地下连续墙还可同时用作建筑物的承重结构。

6. 砌体承重结构和框架结构在地基主要受力层范围内的压实系数≥0.97。

【答案】正确

【解析】砌体承重结构和框架结构在地基主要受力层范围内的压实系数≥0.97。

7. 皮数杆一般立于房屋的四大角、内外墙交接处、楼梯间以及洞口多的洞口。一般可每隔5~10m立一根。

【答案】错误

【解析】皮数杆一般立于房屋的四大角、内外墙交接处、楼梯间以及洞口多的洞口。一般可每隔10~15m立一根。

8. 混凝土空心砖砌体水平灰缝厚度一般为14mm。

【答案】正确

【解析】砌体水平灰缝厚度一般为14mm。

9. 混凝土空心砖砌体的灰缝的勒缝（原浆勾缝），深度一般为2~5mm。

【答案】错误

【解析】每砌一皮砖，就位校正后，用砂浆灌垂直缝，随后进行灰缝的勒缝（原浆勾缝），深度一般为3~5mm。

10. 砖块排列时尽可能采用主规格的砖块,主规格的砖砌块应占总量的75%~80%。

【答案】正确

【解析】砖块排列时尽可能采用主规格的砖块,主规格的砖砌块应占总量的75%~80%。

11. 爬升模板是综合大模板与滑动模板工艺和特点的一种模板工艺,具有大模板和滑动模板共同的优点。

【答案】正确

【解析】爬升模板是综合大模板与滑动模板工艺和特点的一种模板工艺,具有大模板和滑动模板共同的优点。

12. HPB300级钢筋末端应作180°弯钩,其弯弧内直径不应小于钢筋直径的3倍。

【答案】错误

【解析】HPB300级钢筋末端应作180°弯钩,其弯弧内直径不应小于钢筋直径的2.5倍。

13. 当受拉钢筋的直径 $d>22mm$ 及受压钢筋的直径 $d>25mm$ 时,不宜采用绑扎搭接接头。

【答案】错误

【解析】钢筋的连接可分为绑扎连接、焊接和机械连接三种。当受拉钢筋的直径 $d>25mm$ 及受压钢筋的直径 $d>28mm$ 时,不宜采用绑扎搭接接头。

14. 柱钢筋绑扎的施工工艺流程为:调整插筋位置,套入箍筋→立柱子四个角的主筋→立柱内其余主筋→绑扎钢筋接头→将主骨架钢筋绑扎成形。

【答案】错误

【解析】柱钢筋绑扎的施工工艺流程为:调整插筋位置,套入箍筋→立柱子四个角的主筋→绑扎插筋接头→立柱内其余主筋→将主骨架钢筋绑扎成形。

15. 混凝土必须养护至其强度达到1.2MPa以上,才准在上面行人和架设支架、安装模板。

【答案】正确

【解析】混凝土必须养护至其强度达到1.2MPa以上,才准在上面行人和架设支架、安装模板,且不得冲击混凝土,以免振动和破坏正在硬化过程中的混凝土的内部结构。

16. 高强度螺栓连接按受力机理分为:摩擦型高强度螺栓和承压型高强度螺栓。

【答案】正确

【解析】高强度螺栓连接按受力机理分为:摩擦型高强度螺栓和承压型高强度螺栓。

17. 钢结构吊点采用四点绑扎时,绑扎点应用软材料垫至其中以防钢构件受损。

【答案】正确

【解析】钢结构吊点采用四点绑扎时,绑扎点应用软材料垫至其中以防钢构件受损。

18. 防水砂浆防水层通常称为刚性防水层,是依靠增加防水层厚度和提高砂浆层的密实性来达到防水要求。

【答案】正确

【解析】防水砂浆防水层通常称为刚性防水层,是依靠增加防水层厚度和提高砂浆层的密实性来达到防水要求。

19. 细石混凝土保护层适宜顶板和底板使用。

【答案】 正确

【解析】 细石混凝土保护层适宜顶板和底板使用。

20. 卷材防水施工时地面防水层应做在面层以下,四周卷起,高出地面不小200mm。

【答案】 错误

【解析】 卷材防水施工时地面防水层应做在面层以下,四周卷起,高出地面不小100mm。

二、单选题

1. 下列土的工程分类,除( )之外,均为岩石。
   A. 软石 B. 砂砾坚土
   C. 坚石 D. 软石

【答案】 B

【解析】 在建筑施工中,按照施工开挖的难易程度,将土分为松软土、普通土、坚土、砂砾坚土、软石、次坚石、坚石和特坚石八类,其中,一至四类为土,五到八类为岩石。

2. 下列关于基坑(槽)开挖施工工艺的说法中,正确的是( )。
   A. 采用机械开挖基坑时,为避免破坏基底土,应在标高以上预留15~50cm 的土层由人工挖掘修整
   B. 在基坑(槽)四侧或两侧挖好临时排水沟和集水井,或采用井点降水,将水位降低至坑、槽底以下500mm,以利于土方开挖
   C. 雨期施工时,基坑(槽)需全段开挖,尽快完成
   D. 当基坑挖好后不能立即进行下道工序时,应预留30cm的土不挖,待下道工序开始再挖至设计标高

【答案】 B

【解析】 在基坑(槽)四侧或两侧挖好临时排水沟和集水井,或采用井点降水,将水位降低至坑、槽底以下500mm,以利于土方开挖。雨期施工时,基坑(槽)应分段开挖。当基坑挖好后不能立即进行下道工序时,应预留15~30cm的土不挖,待下道工序开始再挖至设计标高。采用机械开挖基坑时,为避免破坏基底土,应在标高以上预留15~30cm的土层由人工挖掘修整。

3. 下列关于基坑支护的表述中,错误的是( )。
   A. 钢板桩支护具有施工速度快,可重复使用的特点
   B. 工程开挖土方时,地下连续墙可用作支护结构,既挡土又挡水,地下连续墙还可同时用作建筑物的承重结构
   C. 深层搅拌水泥土桩墙,采用水泥作为固化剂
   D. 常用的钢板桩施工机械有自由落锤、气动锤、柴油锤、振动锤,使用较多的是柴油锤

【答案】 D

【解析】 钢板桩支护具有施工速度快,可重复使用的特点。常用的钢板桩施工机械有自由落锤、气动锤、柴油锤、振动锤,使用较多的是振动锤。深层搅拌水泥土桩墙,采用水泥作为固化剂。工程开挖土方时,地下连续墙可用作支护结构,既挡土又挡水,地下连续墙还可同时用作建筑物的承重结构。

4. 在填方工程中，以下说法正确的是（　　）。
   A. 必须采用同类土填筑　　　　B. 当天填土，应隔天压实
   C. 应由下至上分层铺填　　　　D. 基础墙两侧不宜同时填筑

   【答案】C

   【解析】填土应从场地最低部分开始，由一端向另一端自下而上分层铺填。墙基及管道回填应在两侧用细土同时均匀回填、夯实，防止墙基及管道中心线位移。填土应尽量采用同类土填筑。当天填土，应在当天压实。

5. 下列按砌筑主体不同分类的砌体工程中，不符合的是（　　）。
   A. 砖砌体工程　　　　　　　　B. 砌块砌体工程
   C. 石砌体工程　　　　　　　　D. 混凝土砌体工程

   【答案】D

   【解析】根据砌筑主体的不同，砌体工程可分为砖砌体工程、石砌体工程、砌块砌体工程、配筋砌体工程。

6. 以下关于混凝土空心砖砌体的施工工艺的基本规定中，正确的是（　　）。
   A. 根据试验提供的砂浆配合比进行配料称量，水泥配料精确度控制在±2%以内；砂、石灰膏等配料精确度控制在±5%以内
   B. 砂浆应随拌随用，水泥浆和水泥混合砂浆必须分别在拌成后2小时和3小时内使用完毕
   C. 砖块排列上、下皮应错缝搭砌，搭砌长度一般为砌块的1/2，不得小于砖块高的1/3，也不应小于140mm
   D. 砌体垂直缝与门窗洞口边线应避开同缝，且不得采用砖镶砌

   【答案】C

   【解析】根据试验提供的砂浆配合比进行配料称量，水泥配料精确度控制在±2%以内；砂、石灰膏等配料精确度控制在±5%以内。砂浆应随拌随用，水泥浆和水泥混合砂浆必须分别在拌成后3小时和4小时内使用完毕。砖块排列上、下皮应错缝搭砌，搭砌长度一般为砌块的1/2，不得小于砖块高的1/3，也不应小于140mm。砌体垂直缝与门窗洞口边线应避开同缝，且不得采用砖镶砌。

7. 砖砌体的施工工艺过程正确的是（　　）。
   A. 找平、放线、摆砖样、盘角、立皮数杆、砌筑、勾缝、清理、楼层标高控制、楼层轴线标引等
   B. 找平、放线、摆砖样、立皮数杆、盘角、砌筑、清理、勾缝、楼层轴线标引、楼层标高控制等
   C. 找平、放线、摆砖样、立皮数杆、盘角、砌筑、勾缝、清理、楼层轴线标引、楼层标高控制等
   D. 找平、放线、立皮数杆、摆砖样、盘角、挂线、砌筑、勾缝、清理、楼层标高控制、楼层轴线标引等

   【答案】B

   【解析】砖砌体施工工艺流程为：找平、放线、摆砖样、立皮数杆、盘角、砌筑、清理、勾缝、楼层轴线标引、楼层标高控制。

8. 混凝土空心砖砌体水平灰缝厚度一般为（ ）mm。
   A. 5　　　　　　　　　　　　　B. 7
   C. 10　　　　　　　　　　　　　D. 14

【答案】D

【解析】砌体水平灰缝厚度一般为14mm。

9. 下列关于砌块砌体施工工艺的基本规定中，正确的是（ ）。
   A. 灰缝厚度宜为10mm
   B. 灰缝要求横平竖直，水平灰缝应饱满，竖缝采用挤浆和加浆方法，允许用水冲洗清理灌缝
   C. 在墙体底部，在砌第一皮加气砖前，应用实心砖砌筑，其高度宜不小于200mm
   D. 与梁的接触处待加气砖砌完14d后采用灰砂砖斜砌顶紧

【答案】C

【解析】在墙体底部，在砌第一皮加气砖前，应用实心砖砌筑，其高度宜不小于200mm。灰缝厚度宜为15mm，灰缝要求横平竖直，水平灰缝应饱满，竖缝采用挤浆和加浆方法，不得出现透明缝，严禁用水冲洗灌缝。与梁的接触处待加气砖砌完一星期后采用灰砂砖斜砌顶紧。

10. 下列各项中，关于常见模板的种类、特性的基本规定错误的说法是（ ）。
    A. 常见模板的种类有组合式模板、工具式模板两大类
    B. 爬升模板适用于现浇钢筋混凝土竖向（或倾斜）结构
    C. 飞模适用于小开间、小柱网、小进深的钢筋混凝土楼盖施工
    D. 组合式模板可事先按设计要求组拼成梁、柱、墙、楼板的大型模板，整体吊装就位，也可采用散支散拆方法

【答案】C

【解析】常见模板的种类有组合式模板、工具式模板。组合式模板可事先按设计要求组拼成梁、柱、墙、楼板的大型模板，整体吊装就位，也可采用散支散拆方法。爬升模板，是一种适用于现浇钢筋混凝土竖向（或倾斜）结构的模板工艺。飞模适用于大开间、大柱网、大进深的钢筋混凝土楼盖施工，尤其适用于现浇板柱结构（无柱帽）楼盖的施工。

11. 下列各项中，关于钢筋连接的基本规定错误的说法是（ ）。
    A. 钢筋的连接可分为绑扎连接、焊接和机械连接三种
    B. 在任何情况下，纵向受拉钢筋绑扎搭接接头的搭设长度不应小于300mm，纵向受压钢筋的搭接长度不应小于200mm
    C. 钢筋机械连接有钢筋套筒挤压连接、钢筋锥螺纹套筒连接、钢筋镦粗直螺纹套筒连接、钢筋滚压直螺纹套筒连接
    D. 当受拉钢筋的直径 $d>22$ mm 及受压钢筋的直径 $d>25$ mm 时，不宜采用绑扎搭接接头

【答案】D

【解析】钢筋的连接可分为绑扎连接、焊接和机械连接三种。当受拉钢筋的直径 $d>25$ mm 及受压钢筋的直径 $d>28$ mm 时，不宜采用绑扎搭接接头。在任何情况下，纵向受拉

钢筋绑扎搭接接头的搭设长度不应小于300mm,纵向受压钢筋的搭接长度不应小于200mm。钢筋机械连接有钢筋套筒挤压连接、钢筋锥螺纹套筒连接、钢筋镦粗直螺纹套筒连接、钢筋滚压直螺纹套筒连接。

12. 下列各项中,关于钢筋安装的基本规定正确的说法是( )。
   A. 钢筋绑扎用的22号钢丝只用于绑扎直径14mm以下的钢筋
   B. 基础底板采用双层钢筋网时,在上层钢筋网下面每隔1.5m放置一个钢筋撑脚
   C. 基础钢筋绑扎的施工工艺流程为:清理垫层、画线→摆放下层钢筋,并固定绑扎→摆放钢筋撑脚(双层钢筋时)→绑扎柱墙预留钢筋→绑扎上层钢筋
   D. 控制混凝土保护层用的水泥砂浆垫块或塑料卡的厚度,应等于保护层厚度

【答案】D

【解析】钢筋绑扎用的钢丝,可采用20~22号钢丝,其中22号钢丝只用于绑扎直径12mm以下的钢筋。控制混凝土保护层用的水泥砂浆垫块或塑料卡的厚度,水泥砂浆垫块的厚度,应等于保护层厚度。基础钢筋绑扎的施工工艺流程为:清理垫层、画线→摆放下层钢筋,并固定绑扎→摆放钢筋撑脚(双层钢筋时)→绑扎上层钢筋→绑扎柱墙预留钢筋。基础底板采用双层钢筋网时,在上层钢筋网下面应设置钢筋撑脚或混凝土撑脚。钢筋撑脚每隔1m放置一个。

13. 下列关于钢筋加工说法错误的是( )。
   A. 同一构件中相邻纵向受力钢筋的绑扎搭接接头宜相互错开
   B. 梁类、板类及墙类构件,位于同一连接区段内的受拉钢筋搭接接头面积百分率不宜大于20%
   C. 钢筋作不大于90°的弯折时,弯折处的弯弧内直径不应小于钢筋直径的5倍
   D. 当受拉钢筋的直径$d>28$mm及受压钢筋的直径$d>32$mm时,不宜采用绑扎搭接接头

【答案】B

【解析】钢筋作不大于90°的弯折时,弯折处的弯弧内直径不应小于钢筋直径的5倍。当受拉钢筋的直径$d>28$mm及受压钢筋的直径$d>32$mm时,不宜采用绑扎搭接接头。同一构件中相邻纵向受力钢筋的绑扎搭接接头宜相互错开。位于同一连接区段内的受拉钢筋搭接接头面积百分率:对梁类、板类及墙类构件,不宜大于25%;对柱类构件,不宜大于50%。

14. 墙钢筋绑扎采用双层钢筋网时,撑铁长度等于两层网片的净距,间距约为( )m,相互错开排列。
   A. 0.5 B. 1
   C. 1.5 D. 2

【答案】B

【解析】墙钢筋绑扎采用双层钢筋网时,在两层钢筋间应设置撑铁,以固定钢筋间距。撑铁可用直径6~8mm的钢筋制成,长度等于两层网片的净距,间距约为1m,相互错开排列。

15. 下列各项中,不属于混凝土工程施工内容的是( )。
   A. 混凝土拌合料的制备   B. 混凝土拌合料的养护

C. 混凝土拌合料的强度测定　　　　D. 混凝土拌合料的振捣

【答案】C

【解析】混凝土工程施工包括混凝土拌合料的制备、运输、浇筑、振捣、养护等工艺流程。

16. 下列各项中，关于混凝土拌合料运输过程中一般要求错误的说法是（　　）。
    A. 保持其均匀性，不离析、不漏浆
    B. 保证混凝土浇筑能连续进行
    C. 运到浇筑地点时应具有设计配合比所规定的坍落度
    D. 应在混凝土终凝前浇入模板并捣实完毕

【答案】D

【解析】混凝土拌合料自商品混凝土厂装车后，应及时运至浇筑地点。混凝土拌合料运输过程中一般要求：保持其均匀性，不离析、不漏浆；运到浇筑地点时应具有设计配合比所规定的坍落度；应在混凝土初凝前浇入模板并捣实完毕；保证混凝土能浇筑连续进行。

17. 浇筑竖向结构混凝土前，应先在底部浇筑一层水泥砂浆，对砂浆的要求是（　　）。
    A. 与混凝土内砂浆成分相同且强度高一级
    B. 与混凝土内砂浆成分不同且强度高一级
    C. 与混凝土内砂浆成分不同
    D. 与混凝土内砂浆成分相同

【答案】D

【解析】混凝土浇筑的基本要求：①混凝土应分层浇筑，分层捣实，但两层混凝土浇捣时间间隔不超过规范规定；②浇筑应连续作业，在竖向结构中如浇筑高度超过3m时，应采用溜槽或串筒下料；③在浇筑竖向结构混凝土前，应先在浇筑处底部填入一层50~100mm与混凝土内砂浆成分相同的水泥浆或水泥砂浆（接浆处理）；④浇筑过程应经常观察模板及其支架、钢筋、埋设件和预留孔洞的情况，当发现有变形或位移时，应立即快速处理。

18. 施工缝一般应留在构件（　　）部位。
    A. 受压最小　　　　　　　　　　B. 受剪最小
    C. 受弯最小　　　　　　　　　　D. 受扭最小

【答案】B

【解析】留置施工缝的位置应事先确定，施工缝应留在结构受剪力较小且便于施工的部位。

19. 混凝土浇水养护的时间：对采用硅酸盐水泥、普通硅酸盐水泥或矿渣硅酸盐水泥拌制的混凝土，不得少于（　　）。
    A. 7d　　　　　　　　　　　　　B. 10d
    C. 5d　　　　　　　　　　　　　D. 14d

【答案】A

【解析】养护时间取决于水泥品种，硅酸盐水泥、普通硅酸盐水泥和矿渣硅酸盐水泥拌制的混凝土，不得少于7d；火山灰质硅酸盐水泥和粉煤灰硅酸盐水泥拌制的混凝土不少于14d；有抗渗要求的混凝土不少于14d。

20. 钢结构的连接方法不包括（　　）。
   A. 绑扎连接　B. 焊接　C. 螺栓连接　D. 铆钉连接

【答案】A

【解析】钢结构的连接方法有焊接、螺栓连接、自攻螺钉连接、铆钉连接四类。

21. 高强度螺栓的拧紧问题说法错误的是（　　）。
   A. 高强度螺栓连接的拧紧应分为初拧、终拧
   B. 对于大型节点应分为初拧、复拧、终拧
   C. 复拧扭矩应当大于初拧扭矩
   D. 扭剪型高强度螺栓拧紧时对螺母施加逆时针力矩

【答案】C

【解析】高强度螺栓按形状不同分为：大六角头型高强度螺栓和扭剪型高强度螺栓。大六角头型高强度螺栓一般采用指针式扭力（测力）扳手或预置式扭力（定力）扳手施加预应力，目前使用较多的是电动扭矩扳手，按拧紧力矩的50%进行初拧，然后按100%拧紧力矩进行终拧，大型节点初拧后，按初拧力矩进行复拧，最后终拧。扭剪型高强度螺栓的螺栓头为盘头，栓杆端部有一个承受拧紧反力矩的十二角体（梅花头），和一个能在规定力矩下剪断的断劲槽。扭剪型高强度螺栓通过特制的电动扳手，拧紧时对螺母施加顺时针力矩，对梅花头施加逆时针力矩，终拧至栓杆端部断劲拧掉梅花头为止。

22. 下列焊接方法中，不属于钢结构工程常用的是（　　）。
   A. 自动（半自动）埋弧焊　　　　B. 闪光对焊
   C. 药皮焊条手工电弧焊　　　　　D. 气体保护焊

【答案】B

【解析】钢结构工程常用的焊接方法有：药皮焊条手工电弧焊、自动（半自动）埋弧焊、气体保护焊。

23. 下列关于钢结构安装施工要点的说法中，正确的是（　　）。
   A. 钢构件拼装前应检查清除飞边、毛刺、焊接飞溅物，摩擦面应保持干燥、整洁，采取相应防护措施后，可在雨中作业
   B. 螺栓应能自由穿入孔内，不能自由穿入时，可采用气割扩孔
   C. 起吊事先将钢构件吊离地面50cm左右，使钢构件中心对准安装位置中心
   D. 高强度螺栓可兼作安装螺栓

【答案】C

【解析】起吊事先将钢构件吊离地面50cm左右，使钢构件中心对准安装位置中心，然后徐徐升钩，将钢构件吊至需连接位置即刹车对准预留螺栓孔，并将螺栓穿入孔内，初拧作临近固定，同时进行垂直度校正和最后固定，经校正后，并终拧螺栓作最后固定。钢构件拼装前应检查清除飞边、毛刺、焊接飞溅物，摩擦面应保持干燥、整洁，不得在雨中作业。螺栓应能自由穿入孔内，不得强行敲打，并不得气割扩孔。高强度螺栓不得兼作安装螺栓。

24. 下列关于防水工程的说法中，错误的是（　　）。
   A. 防水混凝土多采用较大的水灰比，降低水泥用量和砂率，选用较小的骨料直径

B. 根据所用材料不同，防水工程可分为柔性防水和刚性防水

C. 按工程部位和用途，防水工程又可分为屋面防水工程、地下防水工程、楼地面防水工程

D. 防水砂浆防水通过增加防水层厚度和提高砂浆层的密实性来达到防水要求

【答案】A

【解析】根据所用材料不同，防水工程可分为柔性防水和刚性防水两大类。防水砂浆防水通过增加防水层厚度和提高砂浆层的密实性来达到防水要求。防水混凝土是通过采用较小的水灰比，适当增加水泥用量和砂率，提高灰砂比，采用较小的骨料粒径，严格控制施工质量等措施，从材料和施工两方面抑制和减少混凝土内部孔隙的形成，特别是抑制孔隙间的连通，堵塞渗透水通道，靠混凝土本身的密实性和抗渗性来达到防水要求的混凝土。按工程部位和用途，防水工程又可分为屋面防水工程、地下防水工程、楼地面防水工程三大类。

25. 关于防水工程，下列说法错误的是（　　）。

A. 水泥砂浆防水层通常称为刚性防水层，它依靠增加防水层厚度和提高砂浆层的密实性来达到防水要求

B. 涂料防水层是用防水涂料涂刷于结构表面所形成的表面防水层，属于柔性防水层

C. 为了有效地保护钢筋和阻止钢筋的引水作用，迎水面防水混凝土的钢筋保护层厚度，不得小于40mm

D. 拆模后应及时进行填土，以避免混凝土因干缩和温差产生裂缝，也有利于混凝土后期强度的增长和抗渗性提高

【答案】C

【解析】柔性防水用的是各类卷材和沥青胶结料等柔性材料；刚性防水采用的主要是砂浆和混凝土类的刚性材料。防水砂浆防水通过增加防水层厚度和提高砂浆层的密实性来达到防水要求。为了有效地保护钢筋和阻止钢筋的引水作用，迎水面防水混凝土的钢筋保护层厚度，不得小于50mm。拆模后应及时进行填土，以避免混凝土因干缩和温差产生裂缝，也有利于混凝土后期强度的增长和抗渗性提高。涂料防水层是用防水涂料涂刷于结构表面所形成的表面防水层，属于柔性防水层。

26. 下列关于掺防水剂水泥砂浆防水施工的说法中，错误的是（　　）。

A. 施工工艺流程为：找平层施工→防水层施工→质量检查

B. 当施工采用抹压法时，先在基层涂刷一层1:0.4的水泥浆，随后分层铺抹防水砂浆，每层厚度为10~15mm，总厚度不小于30mm

C. 氯化铁防水砂浆施工时，底层防水砂浆抹完12h后，抹压面层防水砂浆，其厚13mm分两遍抹压

D. 防水层施工时的环境温度为5~35℃

【答案】B

【解析】掺防水剂水泥砂浆防水施工的施工工艺流程为：找平层施工→防水层施工→质量检查。防水层施工时的环境温度为5~35℃。当施工采用抹压法时，先在基层涂刷一层1:0.4的水泥浆，随后分层铺抹防水砂浆，每层厚度为5~10mm，总厚度不小于20mm。氯化铁防水砂浆施工时，底层防水砂浆抹完12h后，抹压面层防水砂浆，其厚13mm分两

遍抹压。

27. 浇筑防水混凝土的自由落下高度不得超过（　　）。
A. 1m
B. 1.5m
C. 2m
D. 2.5m

【答案】B

【解析】浇筑防水混凝土的自由落下高度不得超过1.5m。

28. 防水混凝土的自然养护时间不少于（　　）天。
A. 2
B. 7
C. 12
D. 14

【答案】D

【解析】在常温下，混凝土终凝后，就应在其表面覆盖草袋，并经常浇水养护，保持湿润，由于抗渗等级发展慢，养护时间比普通混凝土要长，故防水混凝土养护时间不少于14d。

29. 在浇筑过程中，应严格分层连续浇筑，每层厚度不宜超过（　　）mm，机械振捣密实。
A. 200~300
B. 250~350
C. 300~400
D. 350~450

【答案】C

【解析】在浇筑过程中，应严格分层连续浇筑，每层厚度不宜超过300~400mm，机械振捣密实。

30. 下列关于涂料防水中防水层施工的说法中，正确的是（　　）。
A. 湿铺法是在铺第三遍涂料涂刷时，边倒料、边涂刷、便铺贴的操作方法
B. 对于流动性差的涂料，为便于抹压，加快施工进度，可以采用分条间隔施工的方法，条带宽800~1000mm
C. 胎体增强材料混合使用时，一般下层采用玻璃纤维布，上层采用聚酯纤维布
D. 所有收头均应用密封材料压边，压扁宽度不得小于20mm

【答案】B

【解析】湿铺法是在铺第二遍涂料涂刷时，边倒料、边涂刷、便铺贴的操作方法。对于流动性差的涂料，为便于抹压，加快施工进度，可以采用分条间隔施工的方法，条带宽800~1000mm。胎体增强材料可以是单一品种的，也可以采用玻璃纤维布和聚酯纤维布混合使用。混合使用时，一般下层采用聚酯纤维布，上层采用玻璃纤维布。为了防止收头部位出现翘边现象，所有收头均应用密封材料压边，压扁宽度不得小于10mm。

31. 适宜顶板和底板使用的保护层是（　　）。
A. 细石混凝土保护层
B. 水泥砂浆保护层
C. 泡沫塑料保护层
D. 砖墙保护层

【答案】A

【解析】细石混凝土保护层适宜顶板和底板使用。

32. 细石混凝土找平层浇筑时混凝土的坍落度应控制在（　　）mm，浇捣密实。
A. 5
B. 10

C. 15 D. 20

【答案】B

【解析】细石混凝土找平层浇筑时混凝土的坍落度应控制在10mm，浇捣密实。

33. 下列关于卷材防水施工的说法中，错误的是（　　）。

A. 铺设防水卷材前应涂刷基层处理剂，基层处理剂应采用与卷材性能配套（相容）的材料，或采用同类涂料的底子油

B. 铺贴高分子防水卷材时，切忌拉伸过紧，以免使卷材长期处在受拉应力状态，易加速卷材老化

C. 施工工艺流程为：找平层施工→防水层施工→保护层施工→质量检查

D. 卷材搭接接缝口应采用宽度不小于20mm的密封材料封严，以确保防水层的整体防水性能

【答案】D

【解析】铺设防水卷材前应涂刷基层处理剂，基层处理剂应采用与卷材性能配套（相容）的材料，或采用同类涂料的底子油。铺贴高分子防水卷材时，切忌拉伸过紧，以免使卷材长期处在受拉应力状态，易加速卷材老化。施工工艺流程为：找平层施工→防水层施工→保护层施工→质量检查。卷材搭接接缝口应采用宽度不小于10mm的密封材料封严，以确保防水层的整体防水性能。

三、多选题

1. 下列关于土方回填压实的基本规定的各项中，正确的是（　　）。

A. 碎石类土、砂土和爆破石渣（粒径不大于每层铺土后2/3）可作各层填料

B. 人工填土每层虚铺厚度，用人工木夯夯实时不大于25cm，用打夯机械夯实时不大于30cm

C. 铺土应分层进行，每次铺土厚度不大于30~50cm（视所用压实机械的要求而定）

D. 当填方基底为耕植土或松土时，应将基底充分夯实和碾压密实

E. 机械填土时填土程序一般尽量采取横向或纵向分层卸土，以利行驶时初步压实

【答案】CDE

【解析】碎石类土、砂土和爆破石渣（粒径不大于每层铺土后2/3），可作为表层下的填料。当填方基底为耕植土或松土时，应将基底充分夯实和碾压密实。铺土应分层进行，每次铺土厚度不大于30~50cm（视所用压实机械的要求而定）。人工填土每层虚铺厚度，用人工木夯夯实时不大于20cm，用打夯机械夯实时不大于25cm。机械填土时填土程序一般尽量采取横向或纵向分层卸土，以利行驶时初步压实。

2. 以下关于混凝土空心砖砌体的施工工艺的基本规定中，错误的是（　　）。

A. 砌体水平灰缝厚度一般为14mm

B. 将搅拌好的砂浆，通过吊斗、灰车运至砌筑地点，在砌块就位前，用大铲、灰勺进行分块铺灰，但铺灰长度不得超过1200mm

C. 底部先用实心块砌筑，高度不低于200mm

D. 砖块排列时尽可能采用主规格的砖块，主规格的砖砌块应占总量的75%~80%

E. 每砌一皮砖，就位校正后，用砂浆灌垂直缝，随后进行灰缝的勒缝（原浆勾缝），

深度一般为 5~8mm

【答案】BE

【解析】砖块排列时尽可能采用主规格的砖块，主规格的砖砌块应占总量的 75%~80%。砌体水平灰缝厚度一般为 14mm。将搅拌好的砂浆，通过吊斗、灰车运至砌筑地点，在砌块就位前，用大铲、灰勺进行分块铺灰，但铺灰长度不得超过 1400mm。底部先用实心块砌筑，高度不低于 200mm。每砌一皮砖，就位校正后，用砂浆灌垂直缝，随后进行灰缝的勒缝（原浆勾缝），深度一般为 3~5mm。

3. 以下关于砖砌体的施工工艺的基本规定中，正确的是（　　）。

A. 皮数杆一般立于房屋的四大角、内外墙交接处、楼梯间以及洞口多的洞口。一般可每隔 5~10m 立一根

B. 一般在房屋外纵墙方向摆顺砖，在山墙方向摆丁砖，摆砖由一个大角摆到另一个大角，砖与砖留 10mm 缝隙

C. 盘角时主要大角不宜超过 5 皮砖，且应随起随盘，做到"三皮一吊，五皮一靠"

D. 各层标高除立皮数杆控制外，还可弹出室内水平线进行控制

E. 加浆勾缝系指再砌筑几皮砖以后，先在灰缝处划出 2cm 深的灰槽

【答案】BCD

【解析】一般在房屋外纵墙方向摆顺砖，在山墙方向摆丁砖，摆砖由一个大角摆到另一个大角，砖与砖留 10mm 缝隙。皮数杆一般立于房屋的四大角、内外墙交接处、楼梯间以及洞口多的洞口。一般可每隔 10~15m 立一根。盘角时主要大角不宜超过 5 皮砖，且应随起随盘，做到"三皮一吊，五皮一靠"。加浆勾缝系指再砌筑几皮砖以后，先在灰缝处划出 1cm 深的灰槽。各层标高除立皮数杆控制外，还可弹出室内水平线进行控制。

4. 下列关于毛石砌体和砌块砌体施工工艺的基本规定中错误的是（　　）。

A. 毛石墙砌筑时，墙角部分纵横宽度至少 0.8m

B. 对于中间毛石砌筑的料石挡土墙，丁砌料石应深入中间毛石部分的长度不应小于 200mm

C. 毛石墙必须设置拉结石，拉结石应均匀分布，相互错开，一般每 0.5m² 墙面至少设置一块，且同皮内的中距不大于 2m

D. 砌块砌体施工工艺流程为：基层处理→测量墙中线→弹墙边线→砌底部实心砖→立皮数杆→拉准线、铺灰、依准线砌筑→埋墙拉筋→梁下、墙顶斜砖砌筑

E. 砌块砌体的埋墙拉筋应与钢筋混凝土柱（墙）的连接，采取在混凝土柱（墙）上打入 2ϕ6@1000 的膨胀螺栓

【答案】CE

【解析】毛石墙砌筑时，墙角部分纵横宽度至少 0.8m。毛石墙必须设置拉结石，拉结石应均匀分布，相互错开，一般每 0.7m² 墙面至少设置一块，且同皮内的中距不大于 2m。对于中间毛石砌筑的料石挡土墙，丁砌料石应深入中间毛石部分的长度不应小于 200mm。砌块砌体施工工艺流程为：基层处理→测量墙中线→弹墙边线→砌底部实心砖→立皮数杆→拉准线、铺灰、依准线砌筑→埋墙拉筋→梁下、墙顶斜砖砌筑。砌块砌体的埋墙拉筋应与钢筋混凝土柱（墙）的连接，采取在混凝土柱（墙）上打入 2ϕ6@500 的膨胀螺栓。

5. 下列各项中，属于钢筋加工的是（　　）。

A. 钢筋除锈 B. 钢筋调直
C. 钢筋切断 D. 钢筋冷拉
E. 钢筋弯曲成型

【答案】ABCE

【解析】钢筋加工包括钢筋除锈、钢筋调直、钢筋切断、钢筋弯曲成型等。

6. 下列关于柱钢筋和板钢筋绑扎的施工工艺的规定中正确的是（　　）。

A. 柱钢筋绑扎中箍筋的接头应交错布置在四角纵向钢筋上，箍筋转角与纵向钢筋交叉点均应扎牢
B. 板钢筋绑扎中板、次梁与主梁交叉处，板的钢筋在上，次梁的钢筋居中。主梁的钢筋一直在下侧
C. 板钢筋绑扎的施工工艺流程为：清理垫层、划线→摆放下层钢筋，并固定绑扎→摆放钢筋撑脚（双层钢筋时）→安装管线→绑扎上层钢筋
D. 对于双向受力板，应先铺设平行于短边方向的受力钢筋，后铺设平行于长边方向的受力钢筋
E. 板上部的负筋、主筋与分布钢筋的交叉点应相隔交错扎牢，并垫上保护层垫块

【答案】ACD

【解析】柱钢筋绑扎中箍筋的接头应交错布置在四角纵向钢筋上，箍筋转角与纵向钢筋交叉点均应扎牢。板钢筋绑扎的施工工艺流程为：清理垫层、划线→摆放下层钢筋，并固定绑扎→摆放钢筋撑脚（双层钢筋时）→安装管线→绑扎上层钢筋。对于双向受力板，应先铺设平行于短边方向的受力钢筋，后铺设平行于长边方向的受力钢筋。且须特别注意，板上部的负筋、主筋与分布钢筋的交叉点必须全部绑扎，并垫上保护层垫块。板钢筋绑扎中板、次梁与主梁交叉处，板的钢筋在上，次梁的钢筋居中。主梁的钢筋在下；当有圈梁或垫梁时，主梁的钢筋在上。

7. 关于混凝土浇筑的说法中正确的是（　　）。

A. 混凝土的浇筑工作应连续进行
B. 混凝土应分层浇筑，分层捣实，但两层混凝土浇捣时间间隔不超过规范规定
C. 在竖向结构中如浇筑高度超过2m时，应采用溜槽或串筒下料
D. 浇筑竖向结构混凝土前，应先在底部填筑一层20～50mm厚、与混凝土内砂浆成分相同的水泥砂浆，然后再浇筑混凝土
E. 浇筑过程应经常观察模板及其支架、钢筋、埋设件和预留孔洞的情况，当发现有变形或位移时，应立即快速处理

【答案】ABE

【解析】混凝土浇筑的基本要求：①混凝土应分层浇筑，分层捣实，但两层混凝土浇捣时间间隔不超过规范规定；②浇筑应连续作业，在竖向结构中如浇筑高度超过3m时，应采用溜槽或串筒下料；③在浇筑竖向结构混凝土前，应先在浇筑处底部填入一层50～100mm与混凝土内砂浆成分相同的水泥浆或水泥砂浆（接浆处理）；④浇筑过程应经常观察模板及其支架、钢筋、埋设件和预留孔洞的情况，当发现有变形或位移时，应立即快速处理。

8. 用于振捣密实混凝土拌合物的机械，按其作业方式可分为（　　）。

A. 插入式振动器   B. 表面振动器
C. 振动台   D. 独立式振动器
E. 附着式振动器

【答案】ABCE

【解析】用于振捣密实混凝土拌合物的机械，按其作业方式可分为：插入式振动器、表面振动器、附着式振动器和振动台。

9. 下列关于钢结构安装施工要点的说法中，错误的是（ ）。
A. 起吊事先将钢构件吊离地面30cm左右，使钢构件中心对准安装位置中心
B. 高强度螺栓上、下接触面处加有1/15以上斜度时应采用垫圈垫平
C. 施焊前，焊工应检查焊接件的接头质量和焊接区域的坡口、间隙、钝边等的处理情况
D. 厚度大于12~20mm的板材，单面焊后，背面清根，再进行焊接
E. 焊道两端加引弧板和熄弧板，引弧和熄弧焊缝长度应大于或等于150mm

【答案】ABE

【解析】起吊事先将钢构件吊离地面50cm左右，使钢构件中心对准安装位置中心，然后徐徐升钩，将钢构件吊至需连接位置即刹车对准预留螺栓孔，并将螺栓穿入孔内，初拧作临近固定，同时进行垂直度校正和最后固定，经校正后，并终拧螺栓作最后固定。高强度螺栓上、下接触面处加有1/20以上斜度时应采用垫圈垫平。施焊前，焊工应检查焊接件的接头质量和焊接区域的坡口、间隙、钝边等的处理情况。厚度大于12~20mm的板材，单面焊后，背面清根，再进行焊接。焊道两端加引弧板和熄弧板，引弧和熄弧焊缝长度应大于或等于80mm。

10. 下列关于防水混凝土施工工艺的说法中，错误的是（ ）。
A. 水泥选用强度等级不低于32.5级
B. 在保证能振捣密实的前提下水灰比尽可能小，一般不大于0.6，坍落度不大于50mm
C. 为了有效起到保护钢筋和阻止钢筋的引水作用，迎水面防水混凝土的钢筋保护层厚度不得小于35mm
D. 在浇筑过程中，应严格分层连续浇筑，每层厚度不宜超过300~400mm，机械振捣密实
E. 墙体一般允许留水平施工缝和垂直施工缝

【答案】ACE

【解析】水泥选用强度等级不低于42.5级。在保证能振捣密实的前提下水灰比尽可能小，一般不大于0.6，坍落度不大于50mm，水泥用量为320~400kg/m^3，砂率取35%~40%。为了有效起到保护钢筋和阻止钢筋的引水作用，迎水面防水混凝土的钢筋保护层厚度不得小于50mm。在浇筑过程中，应严格分层连续浇筑，每层厚度不宜超过300~400mm，机械振捣密实。墙体一般只允许留水平施工缝，其位置一般宜留在高出底板上表面不小于500mm的墙身上，如必须留设垂直施工缝，则应留在结构的变形缝处。

11. 下列关于涂料防水中质量检查的说法中，正确的是（ ）。
A. 找平层表面平整度的允许偏差为5mm

B. 涂料防水层不得有渗漏或积水现象，其检验方法为：雨后或淋水、蓄水检验
C. 防水涂料和胎体增强材料必须符合设计要求，检验方法为检查出厂合格证和质量检验报告
D. 涂料防水层的平均厚度应符合设计要求，最小厚度不应小于设计厚度的80%
E. 找平层分格缝的位置和间距应符合设计要求，其检验方法为观察检查

【答案】ABD

【解析】找平层分格缝的位置和间距应符合设计要求，检验方法：观察和尺量检查。找平层表面平整度的允许偏差为5mm。防水涂料和胎体增强材料必须符合设计要求。检验方法：检查出厂合格证、质量检验报告和现场抽样复验报告。涂料防水层不得有渗漏或积水现象，其检验方法为：雨后或淋水、蓄水检验。涂料防水层的平均厚度应符合设计要求，最小厚度不应小于设计厚度的80%。

12. 防水工程按其按所用材料不同可分为（　　　）。
A. 卷材防水　　　　　　　　B. 涂料防水
C. 砂浆、混凝土防水　　　　D. 结构自防水
E. 防水层防水

【答案】ABC

【解析】防水工程按其按所用材料不同可分为砂浆、混凝土防水，涂料防水，卷材防水三类。

第五章 施工项目管理

一、判断题

1. 项目是指为达到符合规定要求的目标,按限定时间、限定资源和限定质量标准等约束条件完成的,由一系列相互协调的受控活动组成的特定过程。

【答案】正确

【解析】项目是指为达到符合规定要求的目标,按限定时间、限定资源和限定质量标准等约束条件完成的,由一系列相互协调的受控活动组成的特定过程。

2. 项目管理是指项目管理者为达到项目的目标,运用系统理论和方法对项目进行的策划、组织、控制、协调等活动过程的总称。

【答案】正确

【解析】项目管理是指项目管理者为达到项目的目标,运用系统理论和方法对项目进行的策划、组织、控制、协调等活动过程的总称。

3. 建设项目管理的对象是建设项目。

【答案】正确

【解析】建设项目管理的对象是建设项目。

4. 施工项目的生产要素主要包括劳动力、材料、技术和资金。

【答案】错误

【解析】施工项目的生产要素主要包括劳动力、材料、设备、技术和资金。

5. 某施工项目为 8000 m^2 的公共建筑工程施工,按照要求,须实行施工项目管理。

【答案】错误

【解析】当施工项目的规模达到以下要求时才实行施工项目管理:1 万 m^2 以上的公共建筑、工业建筑、住宅建设小区及其他工程项目投资在 500 万元以上的,均实行项目管理。

6. 项目经理部是工程的主管部门,主要负责工程项目在保修期间问题的处理,包括因质量问题造成的返修、工程剩余价款的结算以及回收等。

【答案】错误

【解析】企业工程管理部门是项目经理部解体善后工作的主管部门,主要负责项目经理部解体后工程项目在保修期间问题的处理,包括因质量问题造成的返(维)修、工程剩余价款的结算以及回收等。

7. 施工项目经理部应是一级固定性组织。

【答案】错误

【解析】项目经理部是一次性、具有弹性的施工现场生产组织机构。

8. 施工现场包括红线以内占用的建筑用地和施工用地以及临时施工用地。

【答案】错误

【解析】施工现场既包括红线以内占用的建筑用地和施工用地,又包括红线以外现场附近经批准占用的临时施工用地。

二、单选题

1. 下列选项中关于施工项目的基本规定说法错误的是（　　）。
A. 施工项目是建设项目或其中的单项工程、单位工程、分部工程、分项工程的施工活动过程
B. 建筑企业是施工项目的管理主体
C. 建筑产品具有多样性、固定性、体积庞大的特点
D. 施工项目的任务范围是由施工合同界定的

【答案】A

【解析】施工项目具有以下特征：施工项目是建设项目或其中的单项工程、单位工程的施工活动过程；建筑企业是施工项目的管理主体；施工项目的任务范围是由施工合同界定的；建筑产品具有多样性、固定性、体积庞大的特点。

2. 下列选项中关于施工项目管理的特点说法错误的是（　　）。
A. 对象是施工项目　　　　　　B. 主体是建设单位
C. 内容是按阶段变化的　　　　D. 要求强化组织协调工作

【答案】B

【解析】施工项目管理的特点：施工项目管理的主体是建筑企业；施工项目管理的对象是施工项目；施工项目管理的内容是按阶段变化的；施工项目管理要求强化组织协调工作。

3. 下列施工项目管理程序的排序正确的是（　　）。
A. 投标、签订合同→施工准备→施工→验收交工与结算→用后服务
B. 施工准备→投标、签订合同→施工→验收交工与结算→用后服务
C. 投标、签订合同→施工→施工准备→验收交工与结算→用后服务
D. 投标、签订合同→施工准备→施工→验收交工→用后服务与结算

【答案】A

【解析】施工项目管理程序为：投标、签订合同阶段；施工准备阶段；施工阶段；验收交工与结算阶段；用后服务阶段。

4. 以下不属于施工项目管理内容的是（　　）。
A. 施工项目的生产要素管理　　B. 组织协调
C. 施工现场的管理　　　　　　D. 项目的规划设计

【答案】D

【解析】施工项目管理包括以下八方面内容：建立施工项目管理组织、编制施工项目管理规划、施工项目的目标控制、施工项目的生产要素管理、施工项目的合同管理、施工项目的信息管理、施工现场的管理、组织协调等。

5. 下列选项中，不属于施工项目管理组织的主要形式的是（　　）。
A. 工作队式　　　　　　　　　B. 线性结构式
C. 矩阵式　　　　　　　　　　D. 事业部式

【答案】B

【解析】施工项目管理组织的形式是指在施工项目管理组织中处理管理层次、管理跨度、部门设置和上下级关系的组织结构的类型。主要的管理组织形式有工作队式、部门控制式、矩阵式、事业部式等。

6. 下列关于施工项目管理组织的形式的说法中,错误的是( )。

   A. 工作队式项目组织适用于大型项目,工期要求紧,要求多工种、多部门配合的项目

   B. 事业部式适用于大型经营型企业的工程承包

   C. 部门控制式项目组织一般适用于专业性强的大中型项目

   D. 矩阵制项目组织适用于同时承担多个需要进行项目管理工程的企业

【答案】C

【解析】工作队式项目组织适用于大型项目,工期要求紧,要求多工种、多部门配合的项目。部门控制式项目组织一般适用于小型的、专业性强、不需涉及众多部门的施工项目。矩阵制项目组织适用于同时承担多个需要进行项目管理工程的企业。事业部式适用于大型经营型企业的工程承包,特别是适用于远离公司本部的工程承包。

7. 以下关于施工项目管理组织形式的表述,错误的是( )。

   A. 施工项目管理组织的形式是指在施工项目管理组织中处理管理层次、管理跨度、部门设置和上下级关系的组织结构的类型

   B. 施工项目主要的管理组织形式有工作队式、部门控制式、矩阵式、事业部式等

   C. 工作队式项目组织是指主要由企业中有关部门抽出管理力量组成施工项目经理部的方式

   D. 在施工项目实施过程中,应进行组织协调、沟通和处理好内部及外部的各种关系,排除各种干扰和障碍

【答案】D

【解析】施工项目管理中的组织协调,在施工项目实施过程中,应进行组织协调、沟通和处理好内部及外部的各种关系,排除各种干扰和障碍。施工项目管理组织的形式是指在施工项目管理组织中处理管理层次、管理跨度、部门设置和上下级关系的组织结构的类型。主要的管理组织形式有工作队式、部门控制式、矩阵式、事业部式等。工作队式项目组织是指主要由企业中有关部门抽出管理力量组成施工项目经理部的方式,企业职能部门处于服务地位。

8. 下列选项中,不属于建立施工项目经理部的基本原则的是( )。

   A. 根据所设计的项目组织形式设置

   B. 适应现场施工的需要

   C. 满足建设单位关于施工项目目标控制的要求

   D. 根据施工工程任务需要调整

【答案】C

【解析】建立施工项目经理部的基本原则:根据所设计的项目组织形式设置;根据施工项目的规模、复杂程度和专业特点设置;根据施工工程任务需要调整;适应现场施工的需要。

9. 在竣工交付验收签字之日起( )日内,项目经理部要向企业工程管理部写出

项目经理部解体申请报告，同时提出善后留用和遣散人员的名单及时间，经有关部门审核批准后执行。

A. 7
B. 15
C. 21
D. 30

【答案】B

【解析】在竣工交付验收签字之日起 15 日内，项目经理部要向企业工程管理部写出项目经理部解体申请报告，同时提出善后留用和遣散人员的名单及时间，经有关部门审核批准后执行。

10. 以下关于施工项目经理部综合性的描述，错误的是（ ）。
A. 施工项目经理部是企业所属的经济组织，主要职责是管理施工项目的各种经济活动
B. 施工项目经理部的管理职能是综合的，包括计划、组织、控制、协调、指挥等多方面
C. 施工项目经理部的管理业务是综合的，从横向看包括人、财、物、生产和经营活动，从纵向看包括施工项目寿命周期的主要过程
D. 施工项目经理部受企业多个职能部门的领导

【答案】D

【解析】施工项目经理部的综合性主要表现在以下几方面：施工项目经理部是企业所属的经济组织，主要职责是管理施工项目的各种经济活动；施工项目经理部的管理职能是综合的，包括计划、组织、控制、协调、指挥等多方面；施工项目经理部的管理业务是综合的，从横向看包括人、财、物、生产和经营活动，从纵向看包括施工项目寿命周期的主要过程。

11. 下列选项中，不属于施工项目目标控制问题的要素的是（ ）。
A. 施工项目
B. 控制主体
C. 纠偏措施
D. 排除干扰

【答案】D

【解析】施工项目目标控制问题的要素包括：施工项目、控制目标、控制主体、实施计划、实施信息、偏差数据、纠偏措施、纠偏行为。

12. 以下关于施工项目目标控制的表述，错误的是（ ）。
A. 施工项目目标控制问题的要素包括施工项目、控制目标、控制主体、实施计划、实施信息、偏差数据、纠偏措施、纠偏行为
B. 施工项目控制的目的是排除干扰、实现合同目标
C. 施工项目目标控制是实现施工目标的手段
D. 施工项目目标控制包括进度控制、质量控制和成本控制三个方面

【答案】D

【解析】施工项目目标控制问题的要素包括施工项目、控制目标、控制主体、实施计划、实施信息、偏差数据、纠偏措施、纠偏行为。施工项目控制的目的是排除干扰、实现合同目标。因此，可以说施工项目目标控制是实现施工目标的手段。施工项目目标控制包括：施工项目进度控制、施工项目质量控制、施工项目成本控制、施工项目安全控制四个

方面。

13. 施工项目控制的任务是进行以项目进度控制、质量控制、成本控制和安全控制为主要内容的四大目标控制。其中下列不属于与施工项目成果相关的是（　　）。
   A. 进度控制　　　　　　　　B. 安全控制
   C. 质量控制　　　　　　　　D. 成本控制

【答案】B

【解析】施工项目控制的任务是进行以项目进度控制、质量控制、成本控制和安全控制为主要内容的四大目标控制。其中前三项目标是施工项目成果，而安全目标是指施工过程中人和物的状态。

14. 下列各项措施中，不属于施工项目质量控制的措施的是（　　）。
   A. 提高管理、施工及操作人员自身素质
   B. 提高施工的质量管理水平
   C. 尽可能采用先进的施工技术、方法和新材料、新工艺、新技术，保证进度目标实现
   D. 加强施工项目的过程控制

【答案】C

【解析】施工项目质量控制的措施：1）提高管理、施工及操作人员自身素质；2）建立完善的质量保证体系；3）加强原材料质量控制；4）提高施工的质量管理水平；5）确保施工工序的质量；6）加强施工项目的过程控制。

15. 施工项目过程控制中，加强专项检查，包括自检、（　　）、互检。
   A. 专检　　　　　　　　　　B. 全检
   C. 交接检　　　　　　　　　D. 质检

【答案】A

【解析】加强专项检查，包括自检、专检、互检，及时解决问题。

16. 施工项目成本控制的措施是（　　）。
   A. 组织措施、技术措施、经济措施
   B. 控制人工费用、控制材料费、控制机械费用、控制间接费及其他直接费
   C. 组织措施、制度措施、管理措施
   D. 管理措施、技术措施、人力措施

【答案】A

【解析】施工项目成本控制的措施包括组织措施、技术措施、经济措施。

17. 以下不属于施工资源管理任务的是（　　）。
   A. 规划及报批施工用地　　　B. 确定资源的分配计划
   C. 编制资源进度计划　　　　D. 施工资源进度计划的执行和动态调整

【答案】A

【解析】施工资源管理的任务：确定资源类型及数量；确定资源的分配计划；编制资源进度计划；施工资源进度计划的执行和动态调整。

18. 以下不属于施工项目现场管理内容的是（　　）。
   A. 建立施工现场管理组织

B. 建立文明施工现场

C. 及时清场转移

D. 根据施工工程任务需要及时调整项目经理部

【答案】D

【解析】施工项目现场管理的内容：1）规划及报批施工用地；2）设计施工现场平面图；3）建立施工现场管理组织；4）建立文明施工现场；5）及时清场转移。

三、多选题

1. 下列工作中，属于施工阶段的有（　　）。

A. 组建项目经理部

B. 严格履行合同，协调好与建设单位、监理单位、设计单位等相关单位的关系

C. 项目经理组织编制《施工项目管理实施规划》

D. 项目经理部编写开工报告

E. 管理施工现场，实现文明施工

【答案】BE

【解析】施工阶段的目标是完成合同规定的全部施工任务，达到交工验收条件。该阶段的主要工作由项目经理部实施。其主要工作包括：①做好动态控制工作，保证质量、进度、成本、安全目标的合理全面；②管理施工现场，实现文明施工；③严格履行合同，协调好与建设单位、监理单位、设计单位等相关单位的关系；④处理好合同变更及索赔；⑤做好记录、检查、分析和改进工作。

2. 施工项目管理具有（　　）特点。

A. 施工项目管理的主体是建筑企业　　B. 施工项目管理的主体是建设单位

C. 施工项目管理的对象是施工项目　　D. 施工项目管理的内容是按阶段变化的

E. 施工项目管理要求强化组织协调工作

【答案】ACDE

【解析】施工项目管理的特点：施工项目管理的主体是建筑企业；施工项目管理的对象是施工项目；施工项目管理的内容是按阶段变化的；施工项目管理要求强化组织协调工作。

3. 施工项目投标阶段主要工作包括（　　）。

A. 由企业决策层或企业管理层按企业的经营战略对项目做出是否投标的决策

B. 决定投标后收集掌握企业本身、相关单位、市场等诸多方面信息

C. 编制投标书

D. 做出工程造价

E. 缴纳投标保证金

【答案】ABC

【解析】施工项目投标阶段主要工作包括：由企业决策层或企业管理层按企业的经营战略，对工程项目做出是否投标的决策；决定投标后收集掌握企业本身、相关单位、市场等诸多方面信息；编制《施工项目管理规划大纲》；编制投标书，并在截止日期前发出投标函；如果中标，则与招标方谈判，依法签订工程承包合同。

4. 施工准备阶段的主要工作包括（　　）。
   A. 由项目经理部编制开工报告　　B. 项目经理部抓紧做好各项施工准备
   C. 企业管理层委派项目经理　　　D. 项目经理组织招聘劳务班组
   E. 项目经理组织购买大宗材料

【答案】ABC

【解析】施工准备阶段的目标是是工程具备开工和连续施工的基本条件。该阶段的主要工作包括：①企业管理层委派项目经理，有项目经理组建项目经理部，根据工程项目管理需要建立健全管理机构，配备管理人员；②企业管理层与项目经理协商签订《施工项目管理目标责任书》，明确项目经理应承担的责任目标及各项管理任务；③由项目经理组织编制《施工项目管理实施规划》；④项目经理部抓紧做好施工各项准备工作，达到开工要求；⑤由项目经理部编写开工报告，上报，获得批准后开工。

5. 施工项目生产活动具有（　　）。
   A. 独特性　　　　　　　　B. 流动性
   C. 施工的特殊性　　　　　D. 工期长
   E. 施工条件复杂

【答案】ABD

【解析】施工项目生产活动具有独特性（单件性）、流动性、露天作业、工期长、需要资源多，且施工活动涉及的经济关系、技术关系、法律关系、行政关系和人际关系复杂等特点。

6. 下列各项中，不属于施工项目管理的内容的是（　　）。
   A. 建立施工项目管理组织　　B. 编制《施工项目管理目标责任书》
   C. 施工项目的生产要素管理　D. 施工项目的施工情况的评估
   E. 施工项目的信息管理

【答案】BD

【解析】施工项目管理包括以下八方面内容：建立施工项目管理组织、编制施工项目管理规划、施工项目的目标控制、施工项目的生产要素管理、施工项目的合同管理、施工项目的信息管理、施工现场的管理、组织协调等。

7. 下列各部门中，不属于项目经理部可设置的是（　　）。
   A. 经营核算部门　　　　　B. 物资设备供应部门
   C. 设备检查检测部门　　　D. 测试计量部门
   E. 企业工程管理部门

【答案】CE

【解析】一般项目经理部可设置经营核算部门、技术管理部门、物资设备供应部门、质量安全监控管理部门、测试计量部门等5个部门。

8. 下列各类技术人员中，主要工作职责说法正确的是（　　）。
   A. 施工员主要从事项目施工组织、进度控制和成本控制
   B. 安全员主要从事项目施工安全管理
   C. 材料员主要从事项目施工材料管理
   D. 标准员主要从事项目工程建设标准管理

E. 劳务员主要从事项目人力管理

【答案】BCD

【解析】施工员主要从事项目施工组织和进度控制；安全员主要从事项目施工安全管理；材料员主要从事项目施工材料管理；标准员主要从事项目工程建设标准管理；劳务员主要从事项目劳务管理。

9. 下列属于项目经理部的主要管理制度的是（　　）。
   A. 项目技术管理制度　　　　　　　B. 项目质量管理制度
   C. 项目人力管理制度　　　　　　　D. 项目成本核算制度
   E. 项目信息管理制度

【答案】ABDE

【解析】项目经理部的主要管理制度通常包括：项目管理人员的岗位责任制度；项目技术管理制度；项目质量管理制度；项目安全管理制度；项目计划、统计与进度管理制度；项目成本核算制度；项目材料、机械设备管理制度；项目现场管理制度；项目分配与奖励制度；项目例会、施工日志与档案管理制度；项目分包与劳务管理制度；项目组织协调制度；项目信息管理制度。

10. 施工项目应从以下方面进行组织和管理（　　）。
    A. 劳动力组织　　　　　　　　　　B. 劳务班组组织
    C. 劳务输入　　　　　　　　　　　D. 劳务输出
    E. 项目经理部对劳务队伍的管理

【答案】ACE

【解析】施工项目的劳动组织应从劳务输入、劳动力组织、项目经理部对劳务队伍的管理三方面进行。

11. 项目经理部的技术管理部门的主要工作有（　　）。
    A. 负责生产调度　　　　　　　　　B. 负责文明施工
    C. 负责技术管理　　　　　　　　　D. 负责工程质量
    E. 负责合同与索赔

【答案】ABC

【解析】技术管理部门主要负责生产调度、文明施工、劳动管理、技术管理、施工组织设计、计划统计等工作。

12. 项目施工的质量特性表现在（　　）。
    A. 适用性　　　　　　　　　　　　B. 耐久性
    C. 安全性　　　　　　　　　　　　D. 可靠性
    E. 固定性

【答案】ABCD

【解析】施工项目质量的质量特性主要表现在以下六个方面：适用性、耐久性、安全性、可靠性、经济性、环境的协调性。

13. 施工项目目标控制的任务包括（　　）。
    A. 进度控制　　　　　　　　　　　B. 质量控制
    C. 成本控制　　　　　　　　　　　D. 材料消耗控制

E. 盈利目标控制

【答案】ABC

【解析】施工项目控制的任务是进行以项目进度控制、质量控制、成本控制和安全控制为主要内容的四大控制。其中前三项目标是施工项目成果，而安全目标是指施工过程中人和物的状态。

14. 下列关于施工项目目标控制的措施说法错误的是（　　）。
    A. 建立完善的工程统计管理体系和统计制度属于信息管理措施
    B. 主要有组织措施、技术措施、合同措施、经济措施和管理措施
    C. 落实施工方案，在发生问题时，能适时调整工作之间的逻辑关系，加快实施进度属于技术措施
    D. 签订并实施关于工期和进度的经济承包责任制属于合同措施
    E. 落实各级进度控制的人员及其具体任务和工作责任属于组织措施

【答案】BD

【解析】施工项目进度控制的措施主要有组织措施、技术措施、合同措施、经济措施和信息管理措施等。组织措施主要是指落实各层次的进度控制的人员及其具体任务和工作责任，建立进度控制的组织系统；按着施工项目的结构、进展的阶段或合同结构等进行项目分解，确定其进度目标，建立控制目标体系；建立进度控制工作制度，如定期检查时间、方法，召开协调会议时间、参加人员等，并对影响实际施工进度的主要因素分析和预测，制订调整施工实际进度的组织措施。技术措施主要是指应尽可能采用先进的施工技术、方法和新材料、新工艺、新技术，保证进度目标实现；落实施工方案，在发生问题时，能适时调整工作之间的逻辑关系，加快实施进度。合同措施是指以合同形式保证工期进度的实现，即保持总进度控制目标与合同总工期相一致；分包合同的工期与总包合同的工期相一致；供货、供电、运输、构件加工等合同规定的提供服务时间与有关的进度控制目标相一致。经济措施是指要制订切实可行的实现进度计划进度所必需的资金保证措施，包括落实实现进度目标的保证资金；签订并实施关于工期和进度的经济承包责任制；建立并实施关于工期和进度的奖惩制度。信息管理措施是指建立完善的工程统计管理体系和统计制度，详细、准确、定时地收集有关工程实际进度情况的资料和信息，并进行整理统计，得出工程施工实际进度完成情况的各项指标，将其与施工计划进度的各项指标比较，定期地向建设单位提供比较报告。

15. 以下属于施工项目资源管理的内容的是（　　）。
    A. 劳动力　　　　　　　　B. 材料
    C. 技术　　　　　　　　　D. 机械设备
    E. 施工现场

【答案】ABCD

【解析】施工项目资源管理的内容：劳动力、材料、机械设备、技术、资金。

16. 以下各项中不属于施工资源管理的任务的是（　　）。
    A. 规划及报批施工用地　　B. 确定资源类型及数量
    C. 确定资源的分配计划　　D. 建立施工现场管理组织
    E. 施工资源进度计划的执行和动态调整

【答案】AD

【解析】施工资源管理的任务：确定资源类型及数量；确定资源的分配计划；编制资源进度计划；施工资源进度计划的执行和动态调整。

17. 以下各项中属于施工现场管理的内容的是（　　）。
   A. 落实资源进度计划　　　　　　B. 设计施工现场平面图
   C. 建立文明施工现场　　　　　　D. 施工资源进度计划的动态调整
   E. 及时清场转移

【答案】BCE

【解析】施工项目现场管理的内容：1）规划及报批施工用地；2）设计施工现场平面图；3）建立施工现场管理组织；4）建立文明施工现场；5）及时清场转移。

第六章 劳动保护的相关规定

一、判断题

1. 劳动者标准工作日的工作时间是每天工作 8 小时，每周工作 48 小时。

【答案】错误

【解析】标准工作日是指由国家法律统一规定的，在一般情况下，劳动者从事工作或劳动的时间。《国务院关于〈修改国务院关于职工工作时间的规定〉的决定》第三条规定："职工每日工作日 8 小时，每周工作 40 小时。"

2. 夜班工作时间是指从本日的 22 时到次日的 7 日从事工作或劳动时间。

【答案】错误

【解析】夜班工作的时间是指从本日的 22 时到次日的 6 时从事工作或劳动时间。

3. 我国将最低就业年龄定为 18 周岁。

【答案】错误

【解析】根据我国的实际情况和《中华人民共和国义务教育法》的规定，我国将最低就业年龄定为 16 周岁。

4. 女职工生育享受不少于九十天的产假。

【答案】正确

【解析】《劳动法》第六十二条规定：女职工生育享受不少于九十天的产假。

5. 生产经营单位按照保障安全生产要求，用于排查治理，配备劳动防护用品进行安全生产教育培训和应急演练等费用可以不作为生产成本。

【答案】错误

【解析】根据国家有关规定，生产经营单位按照保障安全生产要求，用于隐患排查治理，配备劳动防护用品进行安全生产教育培训和应急演练等费用，在生产成本中据实列支。

6. 劳动保护宣传费用属于广义的劳动保护费支出。

【答案】正确

【解析】广义的劳动保护费支出还包括劳动保护宣传费用。

7. 调解是劳动争议的必经程序。

【答案】错误

【解析】发生劳动争议，当事人不愿协商、协商不成或者达成和解协议后不履行的，可以向调解组织申请调解。

8. 仲裁是劳动争议案件处理必经的法律程序。

【答案】正确

【解析】仲裁是劳动争议案件处理必经的法律程序；发生劳动争议，当事人不愿调解、调解不成或者达成调解协议不履行的，可以向劳动争议仲裁委员会申请仲裁。

9. 劳动争议申请仲裁的时效期间为 2 年。

【答案】 错误

【解析】 劳动争议申请仲裁的时效期间为1年。

10. 用人单位无理阻挠劳动行政部门及其劳动监察人员行使监督检查权，或者打击报复举报人员的，处以一万元以上罚款。

【答案】 错误

【解析】 用人单位无理阻挠劳动行政部门及其劳动监察人员行使监督检查权，或者打击报复举报人员的，处以一万元以下罚款。

二、单选题

1. 煤矿井下作业实行（　　）工作制。
   A. 三班8小时　　　　　　　B. 四班6小时
   C. 二班12小时　　　　　　 D. 标准工作日

【答案】 B

【解析】 煤矿井下作业实行四班6小时工作制。

2. 实行三班制的企业，从事夜班工作的劳动者，其日工作时间比标准工作日缩短（　　）小时。
   A. 1小时　　　　　　　　　B. 2小时
   C. 0.5小时　　　　　　　　D. 1.5小时

【答案】 A

【解析】 实行三班制的企业，从事夜班工作的劳动者，其日工作时间比标准工作日缩短1小时。

3. 休息日安排劳动者工作又不能安排补休的，支付不低于工资（　　）的工资报酬。
   A. 100%　　　　　　　　　 B. 150%
   C. 200%　　　　　　　　　 D. 300%

【答案】 C

【解析】 休息日安排劳动者工作又不能安排补休的，支付不低于工资百分之二百的工资报酬。

4. 用人单位在下列哪一个节日期间可以不安排劳动者休假（　　）。
   A. 元旦　　　　　　　　　　B. 春节
   C. 劳动节　　　　　　　　　D. 元宵节

【答案】 D

【解析】 我国《劳动法》第四十条规定："用人单位在下列节日期间应当依法安排劳动者休假：（1）元旦；（2）春节；（3）国际劳动节；（4）国庆节；（5）法律、法规规定的其他休假节日。"

5. 下列选项中，说法错误的是（　　）。
   A. 安排劳动者延长工作时间的，支付不低于工资的150%的工资报酬
   B. 法定休假日安排劳动者工作的，支付不低于工资的300%的工资报酬
   C. 休息日安排劳动者工作又不能安排补休的，支付不低于工资的200%的工资报酬
   D. 休息日安排劳动者工作又不能安排补休的，支付不低于工资的150%的工资报酬

【解析】有下列情形之一的，用人单位应当按照下列标准支付高于劳动者正常工作时间工资的工资报酬：(1) 安排劳动者延长工作时间的，支付不低于工资的150%的工资报酬；(2) 休息日安排劳动者工作又不能安排补休的，支付不低于工资的200%的工资报酬；(3) 法定休假日安排劳动者工作的，支付不低于工资的300%的工资报酬。

6. 缩短工作日不适用于（　　）工作。
  A. 有毒有害　　　　　　　　B. 矿山
  C. 高山　　　　　　　　　　D. 突击性

【答案】D

【解析】从事矿山、高山、有毒有害、特别繁重体力劳动的劳动者。

7. 室内工作地点温度高于摄氏（　　）的，应当采取降温措施；低于（　　）的，应当设置取暖设备。
  A. 30℃；5℃　　　　　　　B. 32℃；10℃
  C. 35℃；15℃　　　　　　D. 40℃；0℃

【答案】B

【解析】室内工作地点温度高于32℃的，应当采取降温措施；低于10℃的，应当设置取暖设备。

8. （　　）应当组织有关部门制定甲县行政区域内特大生产安全事故应急救援预案，建立应急救援体系。
  A. 甲县劳动局　　　　　　　B. 甲县安监局
  C. 甲县人民政府　　　　　　D. 甲县公安局

【答案】C

【解析】县级以上地方各级人民政府应当组织有关部门制定甲县行政区域内特大生产安全事故应急救援预案，建立应急救援体系。

9. 根据劳动法规定，禁止招用不满16周岁未成年人的用人单位是（　　）。
  A. 某大型歌舞团　　　　　　B. 北京某小型杂技团
  C. 某劳动强度较低的企业　　D. 国家体操队

【答案】C

【解析】我国劳动法第十五条规定：禁止用人单位招用未满十六周岁的未成年人，文艺、体育和特种工艺单位招用未满十六周岁的未成年人，必须依照国家有关规定，履行审批手续，并保障其接受义务教育的权利。

10. 下列关于对女职工在哺乳期期的保护说法错误的是（　　）。
  A. 不得安排其延长工作时间
  B. 每月从事夜班工作不得超过三次
  C. 用人单位应当在每班劳动时间内给予其两次哺乳时间
  D. 哺乳时间算作劳动时间

【答案】B

【解析】不得安排女职工在哺乳未满一周岁的婴儿期间从事国家规定的第三级体力劳动强度的劳动和哺乳期禁忌从事的其他劳动，不得安排期延长工作时间和夜班劳动。用人单位应当在每班劳动时间内给予其两次哺乳时间。哺乳时间和在本单位内哺乳往返途中的时间，算作劳动时间。

11. 下列关于职业病环境下的劳动保护措施，说法错误的是（　　）。
   A. 用人单位应为劳动者提供个人使用的职业病防护用品
   B. 用人单位应当在控制生产成本的前提下，优先采用有利于防治职业病和保护劳动者健康的新技术
   C. 用人单位对产生严重职业病危害的作业岗位，应当在其醒目位置设置标识和中文警示说明
   D. 用人单位应安排专人对职业病危害因素进行日常监测

【答案】B

【解析】职业病环境下的劳动保护措施包括：用人单位应为劳动者提供个人使用的职业病防护用品，用人单位应优先采用有利于防治职业病和保护劳动者健康的新技术，用人单位对产生严重职业病危害的作业岗位，应当在其醒目位置设置标识和中文警示说明，用人单位应安排专人对职业病危害因素进行日常监测。

12. 下列属于劳动保护费用支出的是（　　）。
   A. 企业购置新设备   B. 企业引进一条高科技生产线
   C. 企业为职工购买端午节礼品   D. 企业在高温天气为职工免费提供清凉饮料

【答案】D

【解析】劳动保护费支出系指确因工作需要在规定范围和标准内的劳动保护用品、安全防护用品支出，清凉饮料、解毒剂等防暑降温用品及应由劳动保护费开支的保健食品、特殊工种保健津贴待遇等费用，职业病预防检查费等。

13. 劳动者对下列费用申请支付令，人民法院可以不发出支付令的是（　　）。
   A. 劳动报酬   B. 工伤医疗费
   C. 经济补偿金   D. 上下班交通费

【答案】D

【解析】劳动者可以申请支付令：因支付拖欠劳动报酬、工伤医疗费、经济补偿或者赔偿金事项达成调解协议，用人单位在协议约定期限内不履行的，劳动者可以持调解协议书依法向人民法院申请支付令。人民法院应当依法发出支付令。

14. 甲在A县某企业工作，后与企业因劳动报酬发生纠纷，甲与企业均不愿调解，甲可以向（　　）申请仲裁。
   A. 甲县劳动局   B. 甲县仲裁委
   C. 甲县劳动争议仲裁委员会   D. 甲县司法局

【答案】C

【解析】提出仲裁要求的一方应当自劳动争议发生之日起1年内向劳动争议仲裁委员会提出书面申请。

15. 甲与A企业于2010年3月1日建立劳动关系，从2010年8月1日起，A企业在甲不知情的情况下停止为其交纳社保费用。甲在2010年10月1日才得知该事，并2010年10月8日向A企业进行交涉，后双方协商调解不成，甲向劳动仲裁委员会申请仲裁的时效截止日期为（　　）。

A. 2011年3月1日　　　　　　B. 2011年8月1日
C. 2011年10月1日　　　　　 D. 2011年10月8日

【答案】C

【解析】劳动争议申请仲裁的时效期间为1年。仲裁时效期间从当事人知道或者应当知道其权利被侵害之日起计算。

16. 下列不属于仲裁时效中断的法定情形是（　　）。
   A. 当事人一方向对方当事人主张权利　　B. 当事人向有关部门请求权利救济
   C. 一方当事人下落不明　　　　　　　　D. 对方当事人同意履行义务

【答案】C

【解析】仲裁时效的中断，因当事人一方向对方当事人主张权利，或者向有关部门请求权利救济，或者对方当事人同意履行义务。

17. 下列不属于用人单位违反对女职工及未成年保护规定的法律责任是（　　）。
   A. 责令改正　　　　　　　　B. 罚款
   C. 经济赔偿　　　　　　　　D. 吊销营业执照

【答案】D

【解析】用人单位违反对女职工及未成年工的保护规定，侵害其合法权益的，由劳动行政部门责令改正，处以罚款；对女职工或者未成年工造成损害的，应当承担赔偿责任。

18. 下列不属于劳动争议解决的必经程序的是（　　）。
   A. 协商　　　　　　　　　　B. 调解
   C. 仲裁　　　　　　　　　　D. 诉讼

【答案】B

【解析】调解不是劳动争议解决的必经程序，不愿调解、调解不成或者达成调解协议后不履行的，可以向劳动争议仲裁委员会申请仲裁。

三、多选题

1. 缩短工作日主要适用于（　　）工作。
   A. 有毒有害　　　　　　　　B. 矿山
   C. 高山　　　　　　　　　　D. 特别繁重体力劳动
   E. 突击性

【答案】ABCD

【解析】从事矿山、高山、有毒有害、特别繁重体力劳动的劳动者。

2. 下列选项中，说法正确的是（　　）。
   A. 安排劳动者延长工作时间的，支付不低于工资的200%的工资报酬
   B. 安排劳动者延长工作时间的，支付不低于工资的150%的工资报酬
   C. 休息日安排劳动者工作又不能安排补休的，支付不低于工资的200%的工资报酬
   D. 休息日安排劳动者工作又不能安排补休的，支付不低于工资的150%的工资报酬
   E. 法定休假日安排劳动者工作的，支付不低于工资的300%的工资报酬

【答案】BCE

【解析】有下列情形之一的，用人单位应当按照下列标准支付高于劳动者正常工作时

间工资的工资报酬：（1）安排劳动者延长工作时间的，支付不低于工资的150%的工资报酬；（2）休息日安排劳动者工作又不能安排补休的，支付不低于工资的200%的工资报酬；（3）法定休假日安排劳动者工作的，支付不低于工资的300%的工资报酬。

3. 劳动卫生规程的主要内容包括（　　）。
   A. 防止粉尘危害　　　　　　B. 防止有毒物质危害
   C. 防噪声和强光危害　　　　D. 防止电磁辐射危害
   E. 防暑降温、防冻取暖和防潮湿

【答案】ABCDE

【解析】劳动卫生规程的主要内容包括：防止粉尘危害；防止有毒物质危害；防噪声和强光危害；防止电磁辐射危害；防暑降温、防冻取暖和防潮湿；通风和照明；卫生保健。

4. 假设甲已经怀孕8个月，请问下列说法正确的是（　　）。
   A. 单位应当对甲应定期进行健康检查　　B. 单位不得对甲延长工作时间
   C. 单位不得要求甲进行夜班劳动　　　　D. 甲生育应享受不少于90天的产假
   E. 单位应对甲多支付一倍工资

【答案】BCD

【解析】对怀孕七个月以上的女职工，不得安排其延长工作时间和夜班劳动。女职工生育享受不少于九十天的产假。

5. 《劳动法》规定，新建、改建、扩建工程的劳动安全卫生设施必须与主体工程（　　）。
   A. 同时施工　　　　　　　　B. 同时审批
   C. 同时设计　　　　　　　　D. 同时投产
   E. 同时使用

【答案】ACDE

【解析】生产经营单位新建、改建、扩建工程项目（以下统称建设项目）的安全设施，必须与主体工程同时设计、同时施工、同时投入生产和使用。

6. 根据《建设工程安全生产管理条例》的要求，施工单位必须要强化劳动保护措施的是（　　）。
   A. 土木工程　　　　　　　　B. 高山绿化工程
   C. 装修工程　　　　　　　　D. 建筑工程
   E. 设备安装工程

【答案】ACDE

【解析】根据国务院颁布的《建设工程安全生产管理条例》的要求，在土木工程、建筑工程、线路管道和设备安装工程及装修工程的施工过程中，施工单位必须要强化劳动保护措施。

7. 下列关于职业病环境下的劳动保护措施，说法正确的是（　　）。
   A. 用人单位对可能发生急性职业损伤的有毒、有害工作场所，应当设置报警装置
   B. 用人单位应为劳动者提供个人使用的职业病防护用品
   C. 用人单位应当在控制生产成本的前提下，优先采用有利于防治职业病和保护劳动

者健康的新技术

D. 用人单位对产生严重职业病危害的作业岗位，应当在其醒目位置设置标识和中文警示说明

E. 用人单位应安排专人对职业病危害因素进行日常监测

【答案】ABDE

【解析】职业病环境下的劳动保护措施包括：用人单位对可能发生急性职业损伤的有毒、有害工作场所，应当设置报警装置；用人单位应为劳动者提供个人使用的职业病防护用品；用人单位应优先采用有利于防治职业病和保护劳动者健康的新技术；用人单位对产生严重职业病危害的作业岗位，应当在其醒目位置设置标识和中文警示说明；用人单位应安排专人对职业病危害因素进行日常监测。

8. 判断劳动费是否能够税前扣除的关键是（　　）。

A. 劳动保护费是物品而不是现金

B. 劳动保护用品是因工作需要而配备的，而不是生活用品

C. 从数量上看，能够满足工作需要即可

D. 从效果上，职工是否满意

E. 发放时间是否及时

【答案】ABC

【解析】判断劳动费是否能够税前扣除的关键是：（1）劳动保护费是物品而不是现金；（2）劳动保护用品是因工作需要而配备的，而不是生活用品；（3）从数量上看，能够满足工作需要即可。

9. 劳动争议案件的案件管辖法院有（　　）。

A. 职工住所地　　　　　　　　B. 用人单位所在地

C. 劳动合同履行地　　　　　　D. 仲裁委所在地

E. 被告所在地

【答案】BC

【解析】劳动争议案件由用人单位所在地或者劳动合同履行地的基层人民法院管辖。

10. 劳动争议的解决方式有（　　）。

A. 协商　　　　　　　　　　　B. 调解

C. 仲裁　　　　　　　　　　　D. 诉讼

E. 投诉

【答案】ABCD

【解析】劳动争议的解决方式有：协商、调解、仲裁、诉讼。

11. 甲与有关单位发生争议，甲想利用法律手段保护自己的权利，请问下列说法正确的是？（　　）。

A. 甲与地方劳动保障行政部门的工伤认定机关因工伤认定结论而发生的争议，不属于劳动争议

B. 甲与单位就工资支付问题发生争议，甲可以直接向人民法院提起诉讼

C. 甲与单位发生的劳动争议，必须先经劳动争议调解委员会调解

D. 甲与单位发生的劳动争议，必须先经仲裁，对裁决不服的，可以向法院提起诉讼

E. 甲与单位发生劳动争议，可以先行与用人单位进行协商

【答案】ADE

【解析】当事人对可诉的仲裁裁决不服的，可自收到仲裁裁决书之日起15日内向人民法院提起诉讼。发生劳动争议，当事人不愿协商、协商不成或者达成和解协议后不履行的，可以向调解组织申请调解。

第七章 流动人口管理的相关规定

一、判断题

1. 在流入地，流动人口享有子女平等接受高等教育的权利。

【答案】错误

【解析】流动人口享有子女平等接受义务教育的权利。

2. 农民合同制工人应该参加失业保险，用工单位按照规定为农民工缴纳社会保险费，农民合同制工人本人不缴纳失业保险费。

【答案】正确

【解析】我国1999年颁布的《失业保险条例》规定，城镇企业事业单位招用的农民合同制工人应该参加失业保险，用工单位按照规定为农民工缴纳社会保险费，农民合同制工人本人不缴纳失业保险费。

3. 农民工的养老保险费由用人单位缴纳。

【答案】错误

【解析】养老保险费由用人单位和农民工共同缴纳。

4. 《行政许可法》规定，地方立法设定的行政许可，可以限制其他地区的个人或企业到本地区从事生产经营和服务活动。

【答案】错误

【解析】2003年十届全国人大常委会通过的《中华人民共和国行政许可法》，明确地方立法设定的行政许可，不得限制其他地区的个人或企业到本地区从事生产经营和服务活动。

5. 民政部门负责流动人口的收容遣返工作。

【答案】正确

【解析】民政部门负责流动人口的收容遣返工作。

6. 工商行政管理部门对用人单位和职业介绍机构遵守有关法律法规的情况进行劳动监察，维护劳动力市场秩序。

【答案】错误

【解析】劳动部门对用人单位和职业介绍机构遵守有关法律法规的情况进行劳动监察，维护劳动力市场秩序。

7. 公安机关主管流动儿童保护教育中心的管理工作。

【答案】错误

【解析】民政部门主管流动儿童保护教育中心的管理工作。

8. 卫生部门为流动人口提供节育技术服务。

【答案】正确

【解析】卫生部门为流动人口提供节育技术服务。

9. 公安部门负责疏导"民工潮"。

【答案】错误

【解析】劳动部门负责疏导"民工潮"。

二、单选题

1. 以下不属于中央社会治安综合治理委员会《意见》体现的流动人口的主要权益有（　　）。
   A. 子女平等接受义务教育　　　B. 子女平等接受高等教育
   C. 社会保障　　　　　　　　　D. 参与政治活动

【答案】B

【解析】结合中央社会治安综合治理委员会《意见》的精神和各地区实施的相应政策内容来看，流动人口享有的权益主要体现在子女平等接受义务教育、社会保障、参与政治活动、计划生育服务等。

2. 我国已经初步形成了包括（　　）、社会救助、社会福利、优抚安置及住房保障等多层次的社会保障体系框架。
   A. 工伤保险　　　　　　　　　B. 失业保险
   C. 社会保险　　　　　　　　　D. 医疗保险

【答案】C

【解析】经过多年改革，我国已经初步形成了包括社会保险、社会救助、社会福利、优抚安置及住房保障等多层次的社会保障体系框架。

3. 《北京市实施〈工伤保险条例〉办法》规定外地注册的用人单位，应当在（　　）的区县劳动保障行政部门、劳动能力鉴定机构、社会保险经办机构，申请工伤认定、劳动能力鉴定、核定工伤待遇。
   A. 注册地　　　　　　　　　　B. 事故发生地
   C. 职工户籍地　　　　　　　　D. 生产经营地

【答案】D

【解析】《北京市实施〈工伤保险条例〉办法》规定外地注册的用人单位，应当在生产经营地的区县劳动保障行政部门、劳动能力鉴定机构、社会保险经办机构，申请工伤认定、劳动能力鉴定、核定工伤待遇。

4. 对跨省流动的农民工，（　　）级伤残的长期待遇的支付，可以实行一次性支付和长期支付两种方式。
   A. 1~4　　　　　　　　　　　B. 1~3
   C. 1~5　　　　　　　　　　　D. 1~2

【答案】A

【解析】对跨省流动的农民工，1~4级伤残的长期待遇的支付，可以实行一次性支付和长期支付两种方式，供农民工选择。

5. 用人单位在注册地和生产经营地均未参加工伤保险的，农民工受到事故伤害或者患职业病后，在生产经营地进行工伤认定劳动能力认定的，按（　　）的规定依法由用人单位支付工伤保险待遇。
   A. 用人单位注册地　　　　　　B. 生产经营地

C. 农民工户籍所在地　　　　　　D. 农民工住所地

【答案】B

【解析】用人单位在注册地和生产经营地均未参加工伤保险的，农民工受到事故伤害或者患职业病后，在生产经营地进行工伤认定劳动能力认定的，按生产经营地的规定依法由用人单位支付工伤保险待遇。

6. （　　）长期待遇的，需由农民工本人提出申请，与用人单位解除或者终止劳动关系，与统筹地区社会保险经办机构签订协议。
   A. 一次性享受工伤保险　　　　B. 一次性享受医疗保险
   C. 一次性享受失业保险　　　　D. 一次性享受养老保险

【答案】A

【解析】一次性享受工伤保险长期待遇的，需由农民工本人提出申请，与用人单位解除或者终止劳动关系，与统筹地区社会保险经办机构签订协议，终止工伤保险关系。

7. （　　）伤残农民工一次性享受工伤保险长期待遇的具体办法和标准由（　　）制定。
   A. 1~4级，省（自治区、直辖市）劳动保障行政部门
   B. 1~4级，省（自治区、直辖市）人民政府
   C. 1~5级，省（自治区、直辖市）劳动保障行政部门
   D. 1~5级，省（自治区、直辖市）人民政府

【答案】A

【解析】1~4级伤残农民工一次性享受工伤保险长期待遇的具体办法和标准由省（自治区、直辖市）劳动保障行政部门制定。

8. 《就业促进法》规定劳动者依法享有（　　）的权利的保护和管理。
   A. 平等社会保险和保障　　　　B. 平等的就业机会
   C. 平等的医疗保障　　　　　　D. 平等的就业和自主择业

【答案】D

【解析】《就业促进法》规定劳动者依法享有平等的就业和自主择业的权利的保护和管理。

9. 《就业失业登记证》中的记载信息在（　　）范围内有效，享受统一的相关就业扶持政策。
   A. 全国　　　　　　　　　　　B. 省、自治区、直辖市
   C. 地级市　　　　　　　　　　D. 县级

【答案】A

【解析】为全面落实就业政策，满足劳动者跨地区享受相关就业扶持政策的需要，从2011年1月1日起，实行全国统一样式的《就业失业登记证》。

10. （　　）负责为流动人口提供节育技术。
    A. 计划生育部门　　　　　　　B. 卫生部门
    C. 乡镇人民政府或街道办事处　D. 民政部门

【答案】B

【解析】卫生部门负责为流动人口提供节育技术。

11. （　　）办理"外出就业登记卡"和"外来人员就业证"。
A. 劳动部门　B. 工商行政管理部门　C. 公安部门　D. 民政部门

【答案】A

【解析】劳动部门办理"外出就业登记卡"和"外来人员就业证"。

12. 公安机关在流动人口管理工作中的主要职责有（　　）。
A. 负责对成建制施工队伍和工地的管理以及流动人口聚集地的规划管理，协助有关部门落实流动人口管理的各项措施
B. 负责疏导"民工潮"
C. 办理暂住户口登记，签发和查验"暂住证"
D. 负责对房屋出租的管理和市容环境卫生监察

【答案】C

【解析】公安机关在流动人口管理工作中的主要职责有：办理暂住户口登记，签发和查验"暂住证"；对流动人口中三年内有犯罪记录和有违法犯罪嫌疑的人员进行重点控制；对出租房屋、施工工地、路边店、集贸市场、文化娱乐场所等流动人口的落脚点和活动场所进行治安整顿和治安管理；依法严厉打击流窜犯罪活动，建立健全社会治安防范网络；协助民政部门开展收容遣送工作；与有关部门一起疏导"民工潮"。

13. 出租人违反《租赁房屋治安管理规定》，将房屋出租给无合法证件承租人的，公安机关给予警告、月租金（　　）倍以下罚款。
A. 五
B. 三
C. 二
D. 一

【答案】B

【解析】依照公安部《租赁房屋治安管理规定》第九条第2项的规定，对将房屋出租给无合法证件承租人的，公安机关给予警告、月租金三倍以下罚款。

14. 《暂住证申领办法》规定，对雇佣无暂住证人员的法定代表人或直接责任人，处以（　　）元以下罚款或者警告。
A. 二百
B. 五百
C. 一千
D. 二千

【答案】C

【解析】依照公安部《暂住证申领办法》第十四条第3项的规定，对雇佣无暂住证人员的法定代表人或直接责任人，处以一千元以下罚款或者警告。

15. 房屋租赁中介机构、出租（借）人和物业服务企业等组织或个人未如实提供流动人口信息的由所在地（　　）责令改正，予以批评教育。
A. 县级公安机关或派出所
B. 县级人民政府
C. 居民委员会或者村民委员会
D. 乡镇人民政府或街道办事处

【答案】D

【解析】房屋租赁中介机构、出租（借）人和物业服务企业等组织或个人未如实提供流动人口信息的由所在地乡（镇）人民政府或街道办事处责令改正，予以批评教育。

16. 流动人口未按照规定办理婚育证明，现居住地的乡镇人民政府或者街道办事处应当通知其在（　　）个月内补办。

A. 一 B. 二
C. 三 D. 六

【答案】C

【解析】根据《流动人口计划生育工作条例规定》第二十三条规定，流动人口未按照规定办理婚育证明，现居住地的乡镇人民政府或者街道办事处应当通知其在3个月内补办。

17. 用人单位违反《流动人口计划生育工作条例规定》第十五条的规定，由所在地（　　）责令改正，通报批评。

A. 县级人民政府 B. 县级政府卫生部门
C. 乡镇人民政府 D. 县级人民政府人口和计划生育部门

【答案】D

【解析】根据《流动人口计划生育工作条例规定》第二十四条规定，用人单位违反《流动人口计划生育工作条例规定》第十五条的规定，由所在地县级人民政府人口和计划生育部门责令改正，通报批评。

18. 流动人口现居住地的县级人民政府公安、民政、人力资源社会保障、卫生等部门和县级工商行政管理部门违反《流动人口计划生育工作条例规定》第九条的规定，由（　　）责令改正，通报批评。

A. 上级人民政府或相应主管部门
B. 上级人民政府
C. 本级人民政府或者上级人民政府主管部门
D. 本级人大及其常委会

【答案】C

【解析】根据《流动人口计划生育工作条例规定》第二十二条规定，流动人口现居住地的县级人民政府公安、民政、人力资源社会保障、卫生等部门和县级工商行政管理部门违反《流动人口计划生育工作条例规定》第九条的规定，由本级人民政府或者上级人民政府主管部门责令改正，通报批评。

三、多选题

1. 以下属于中央社会治安综合治理委员会《意见》体现的流动人口的主要权益有（　　）。

A. 平等接受高等教育 B. 子女平等接受义务教育
C. 社会保障 D. 参与政治活动
E. 计划生育服务

【答案】BCDE

【解析】结合中央社会治安综合治理委员会《意见》的精神和各地区实施的相应政策内容来看，流动人口享有的权益主要体现在子女平等接受义务教育、社会保障、参与政治活动、计划生育服务等。

2. 全面提升流动人口服务和管理工作的（　　）建设水平。

A. 规范化 B. 平等化

C. 法制化　　　　　　　　　　D. 社会化
E. 信息化

【答案】ACDE

【解析】全面提升流动人口服务和管理工作的法制化、规范化、信息化、社会化建设水平。

3. 国家已经立法提出农民工强制工伤保险的要求，即规定用人单位必须（　　）承担对工伤职工的全部赔偿责任，并承担（　　）保险费缴纳的义务。

A. 投商业保险的方式；80%　　　B. 投办保险或兼用投办保险的方式；全部
C. 直接支付的方式；全部　　　　D. 投办保险或兼用投办保险的方式；80%
E. 直接支付的方式；80%

【答案】BC

【解析】国家已经立法提出农民工强制工伤保险的要求，即规定用人单位必须投办保险或兼用投办保险和直接支付的方式承担对工伤职工的全部赔偿责任，并承担全部保险费缴纳的义务。

4. 《就业失业登记证》是记载（　　）等基本情况的基本载体，是劳动者按规定享受相关就业扶持政策的重要凭证。

A. 个体经营税收优惠　　　　　　B. 劳动者就业与失业状况
C. 企业吸纳税收优惠政策　　　　D. 享受相关就业扶持政策
E. 接受公共就业人才服务

【答案】BDE

【解析】《就业失业登记证》是记载劳动者就业与失业状况、享受相关就业扶持政策、接受公共就业人才服务等基本情况的基本载体，是劳动者按规定享受相关就业扶持政策的重要凭证。

5. 我国法律法规规定劳动者平等的就业权，不因（　　）等不同而受歧视。

A. 行业　　　　　　　　　　　　B. 民族
C. 种族　　　　　　　　　　　　D. 性别
E. 宗教信仰

【答案】BCDE

【解析】劳动者就业，不因民族、种族、性别、宗教信仰等不同而受歧视。

6. 我国加强流动人口管理工作的主要任务有（　　），采取更加有力的措施，对流动人口问题进行综合治理。

A. 进一步统一思想认识　　　　　B. 各有关地区和部门树立全国一盘棋的观念
C. 加强合作　　　　　　　　　　D. 齐抓共管
E. 各地因地制宜

【答案】ABCD

【解析】我国加强流动人口管理工作的主要任务是：进一步统一思想认识，各有关地区和部门树立全国一盘棋的观念，加强合作，齐抓共管，采取更加有力的措施，对流动人口问题进行综合治理。

7. 建设部门在流动人口管理工作中的主要职责有（　　）。

A. 负责对成建制施工队伍和工地的管理以及流动人口聚集地的规划管理，协助有关部门落实流动人口管理的各项措施

B. 负责疏导民工潮

C. 负责小城镇的开发建设，促进农村剩余劳动力的就地就近转移

D. 负责对房屋出租的管理和市容、环境卫生监察

E. 负责劳动监察

【答案】ACD

【解析】建设部门在流动人口管理工作中的主要职责有：负责对成建制施工队伍和工地的管理以及流动人口聚集地的规划管理，协助有关部门落实流动人口管理的各项措施；负责小城镇的开发建设，促进农村剩余劳动力的就地就近转移；负责对房屋出租的管理和市容、环境卫生监察。

8. 流动人口现居住地的乡（镇）人民政府或者街道办事处在流动人口计划生育工作中有下列（　　）情形之一的，分别由乡（镇）人民政府的上级人民政府或者设立街道办事处的人民政府责令改正，通报批评；情节严重的，对主要负责人、直接负责的主管人员和其他直接责任人员依法给予处分。

A. 未依照本条例规定向育龄夫妻免费提供国家规定的基本项目的计划生育技术服务，或者未依法落实流动人口计划生育奖励、优待的

B. 未依法落实流动人口计划生育奖励、优待的

C. 未依照本条例规定为育龄夫妻办理生育服务登记，或者出具虚假计划生育证明材料，或者出具计划生育证明材料收取费用的

D. 未依照本条例规定向流动人口户籍所在地的乡（镇）人民政府、街道办事处通报流动人口计划生育信息的

E. 未依照本条例规定为流动人口出具计划生育证明材料，出具虚假计划生育证明材料，或者出具计划生育证明材料收取费用的

【答案】ACD

【解析】未依照本条例规定向育龄夫妻免费提供国家规定的基本项目的计划生育技术服务，或者未依法落实流动人口计划生育奖励、优待的，未依照本条例规定为育龄夫妻办理生育服务登记，或者出具虚假计划生育证明材料，或者出具计划生育证明材料收取费用的，未依照本条例规定向流动人口户籍所在地的乡（镇）人民政府、街道办事处通报流动人口计划生育信息的。

第八章 信访工作的基本知识

一、判断题

1. 对重大、复杂、疑难的信访事项，可以举行听证。

【答案】正确

【解析】对重大、复杂、疑难的信访事项，可以举行听证。

2. 对于一般的信访调查，信访调查人员可以只有1名。

【答案】错误

【解析】对于一般的信访调查，信访调查人员不得少于2人。

3. 信访人对复查意见不服的，可以自收到书面答复之日起15日内向复查机关的上一级行政机关请求复核。

【答案】错误

【解析】信访人对复查意见不服的，可以自收到书面答复之日起30日内向复查机关的上一级行政机关请求复核。

4. 下访制度是指信访人可以在公布的接待日和接待地点向有关行政机关负责人当面反映信访事项。

【答案】错误

【解析】下访制度是指县级以上地方人民政府及其工作部门负责人或者指定的人员，可以就信访人反映突出的问题到信访人居住地与信访人面谈。

5. 信访人提出信访事项，一般应当采用书信、电子邮件、传真等书面形式；信访人提出投诉请求的，可以采取匿名形式，不载明信访人的姓名（名称）、住址和请求、事实、理由等。

【答案】错误

【解析】信访人提出信访事项，一般应当采用书信、电子邮件、传真等书面形式；信访人提出投诉请求的，还应载明信访人的姓名（名称）、住址和请求、事实、理由等。

6. 对公安机关不予立案决定不服的申诉，属于各级人民法院职权范围内的信访事项。

【答案】错误

【解析】对公安机关不予立案决定不服的申诉，属于各级人民检察院范围内的信访事项。

7. 信访人对各级人民代表大会以及县级以上各级人民代表大会常务委员会、人民法院、人民检察院职权范围内的信访事项，应当向当地人民政府的信访工作机构提出。

【答案】错误

【解析】信访人对各级人民代表大会以及县级以上各级人民代表大会常务委员会、人民法院、人民检察院职权范围内的信访事项，应当告知信访人分别向有关的人民代表大会及其常务委员会、人民法院、人民检察院提出。

二、单选题

1. 根据《信访条例》规定，（　　）级以上人民政府应当设立信访工作机构。
   A. 市
   B. 县
   C. 乡
   D. 省

   【答案】B

   【解析】县级以上人民政府应当设立信访工作机构。

2. 以下不属于各级人民法院职权范围内的信访事项的是（　　）。
   A. 对人民法院工作的建议、批评和意见
   B. 对人民法院工作人员的违法失职行为的报案、申诉、控告或者检举
   C. 对人民法院生效判决、裁定、调解和决定不服的申诉
   D. 对人民法院审判活动中的违法行为的控告或者检举

   【答案】D

   【解析】属于各级人民法院职权范围内的信访事项的是：对人民法院工作的建议、批评和意见；对人民法院工作人员的违法失职行为的报案、申诉、控告或者检举；对人民法院生效判决、裁定、调解和决定不服的申诉；依法应由有人民法院处理的其他事项。

3. 多人采用走访形式提出共同的信访事项的，应当推选代表，代表人数不得超过（　　）。
   A. 3人
   B. 5人
   C. 8人
   D. 10人

   【答案】B

   【解析】根据《信访条例》第十六条、第十八条规定多人采用走访形式提出共同的信访事项的，应当推选代表，代表人数不得超过5人。

4. 信访人对提供公共服务的企业、事业单位及其工作人员的（　　）不服，可以向有关行政机关提出信访事项。
   A. 行政行为
   B. 其他行为
   C. 职务行为
   D. 职业行为

   【答案】C

   【解析】信访人对提供公共服务的企业、事业单位及其工作人员的职务行为不服，可以向有关行政机关提出信访事项。

5. 下列哪项不属于各级人民检察院管辖范围内的信访事项（　　）。
   A. 对人民检察院工作的建议、批评和意见
   B. 对人民法院工作的建议、批评和意见
   C. 对人民检察院生效决定不服的申诉
   D. 对公安机关不予立案决定不服的申诉

   【答案】B

   【解析】各级人民检察院管辖范围内的信访事项为：对人民检察院工作的建议、批评和意见，对人民检察院生效决定不服的申诉，对公安机关不予立案决定不服的申诉。

6. 县级以上人民政府信访工作机构收到信访事项，应当予以登记，并区分情况，在

（　　）日内分别按规定要求，以不同的方式处理。
A. 30　　　　　　　　　　　　B. 20
C. 15　　　　　　　　　　　　D. 10

【答案】C

【解析】县级以上人民政府信访工作机构收到信访事项，应当予以登记，并区分情况，在15日内分别按规定要求，以不同的方式处理。

7. 信访事项的受理程序一般分为四个步骤，不包括（　　）。
A. 登记　　　　　　　　　　　B. 初步审查
C. 作出决定　　　　　　　　　D. 复查或复核

【答案】D

【解析】信访事项的受理程序一般分为登记、初步审查、作出决定、受理四个步骤。

8. 根据《信访条例》规定，涉及两个或者两个以上行政机关的信访事项，由所涉及的行政机关协商受理；受理有争议的，由（　　）决定受理机关。
A. 其主管机关　　　　　　　　B. 其共同的上一级行政机关
C. 其上级政府　　　　　　　　D. 同级信访机构

【答案】B

【解析】根据《信访条例》规定，涉及两个或者两个以上行政机关的信访事项，由所涉及的行政机关协商受理；受理有争议的，由其共同的上一级行政机关决定受理机关。

9. 在进行信访调查时，相关工作人员应当表明自己的身份，并且，对于一般的信访调查，信访调查人员不得少于（　　）人。
A. 2　　　　　　　　　　　　B. 3
C. 4　　　　　　　　　　　　D. 5

【答案】A

【解析】进行信访调查时，相关工作人员应当表明自己的身份，并且，对于一般的信访调查，信访调查人员不得少于2人。

10. 信访调查的步骤正确的是（　　）。
①事前通知　②说明理由　③表明身份　④实施调查　⑤制作笔录
A. ①②③⑤④　　　　　　　　B. ①②③④⑤
C. ①③②④⑤　　　　　　　　D. ①③②⑤④

【答案】C

【解析】信访调查的步骤是：事前通知、表明身份、说明理由、实施调查、制作笔录。

11. 情况复杂的信访事项，可以适当延长办理期限，但延长期限不得超过（　　）日。
A. 20　　　　　　　　　　　　B. 25
C. 30　　　　　　　　　　　　D. 40

【答案】C

【解析】情况复杂的，经本行政机关负责人批准，可以适当延长办理期限，但延长其不得超过30日。

12. 信访人对复核意见不服，仍然以同一事实和理由提出投诉请求的，各级人民政府信访工作机构和其他行政机关（　　）。

A. 不再受理 B. 不再复核
C. 不予登记 D. 不再答复

【答案】A

【解析】信访人对复核意见不服，仍然以同一事实和理由提出投诉请求的，各级人民政府信访工作机构和其他行政机关不再受理。

13. 信访事项应当自受理之日起（　　）日内办结；情况复杂的，经本行政机关负责人批准，可以适当延长办理期限，但延长期限不得超过30日，并告知信访人延期理由。

A. 15 B. 30
C. 45 D. 60

【答案】D

【解析】信访事项应当自受理之日起60日内办结；情况复杂的，经本行政机关负责人批准，可以适当延长办理期限，但延长期限不得超过30日，并告知信访人延期理由。

14. 信访人对复查意见不服的，可以自收到书面答复之日起（　　）日内向复查机关的上一级行政机关请求复核。

A. 15 B. 30
C. 45 D. 60

【答案】B

【解析】信访人对复查意见不服的，可以自收到书面答复之日起30日内向复查机关的上一级行政机关请求复核。

15. 若信访人对行政机关作出的信访事项处理意见不服，可以申请复查。复查的程序不包括（　　）。

A. 申请 B. 举证
C. 审查 D. 做出复查意见

【答案】B

【解析】复查的程序分为申请、审查和做出复查意见三步。

三、多选题

1. 信访工作机制主要包括（　　）。

A. 信访接待受理 B. 信访处理回复
C. 信访工作回访 D. 检查信访事项
E. 分析信访情况

【答案】ABC

【解析】信访工作机制主要包括信访接待受理、信访处理回复及信访工作回访等过程。

2. 县级以上人民政府信访工作机构是本级人民政府负责信访工作的行政机构，履行以下职责（　　）。

A. 受理、交办、转送信访人提出的信访事项
B. 承办下级人民政府交由处理的信访事项
C. 协调处理重要信访事项
D. 督促检查信访事项的处理

E. 对本级人民政府其他工作部门和下级人民政府信访工作机构的信访工作进行指导

【答案】ABCDE

【解析】县级以上人民政府信访工作机构是本级人民政府负责信访工作的行政机构，承办上级和本级人民政府交由处理的信访事项。

3. 因（　　）情形之一导致信访事项发生，造成严重后果的，构成犯罪的，依法追究刑事责任。

A. 超越职权，侵害信访人合法权益的
B. 滥用职权，侵害信访人合法权益的
C. 行政机关应当作为而不作为，侵害信访人合法权益的
D. 办理信访事项推诿、敷衍、拖延的
E. 适用法律、法规错误或者违反法定程序，侵害信访人合法权益的

【答案】ABCE

【解析】可能构成信访事项引发责任的事项：(1) 超越或滥用职权，侵害信访人合法权益的；(2) 行政机关应当作为而不作为，侵害信访人合法权益的；(3) 适用法律、法规错误或者违反法定程序，侵害信访人合法权益的；(4) 拒不执行有权处理的行政机关作出的支持信访请求意见的。

4. 信访人可以在（　　）向有关行政机关负责人当面反映信访事项。

A. 有关行政机关的工作日
B. 接待地点
C. 公布的接待日
D. 有关行政机关负责人办公室
E. 特殊时期

【答案】BC

【解析】信访接待日制度即领导接待日制度，是指信访人可以在公布的接待日和接待地点向有关行政机关负责人当面反映信访事项。

5. 下列属于各级人民代表大会以及县级以上各级人民代表大会常务委员会职权范围内的信访事项有（　　）。

A. 对人民法院、人民检察院违法失职行为的申诉、控告或者检举
B. 对人民法院、人民检察院的生效判决、裁定、调解和决定不服的申诉
C. 对人民政府及其工作部门制定的规范性文件的意见和建议
D. 人民代表大会及其常务委员会颁布的法律法规，通过的决议、决定的意见和建议
E. 对人民代表大会代表、人民代表大会常务委员会组成人员及其人民代表大会常务委员会工作人员的建议、批评、意见和违法失职行为的申诉、控告或者检举

【答案】ABCDE

【解析】属于各级人民代表大会以及县级以上各级人民代表大会常务委员会职权范围内的信访事项有：(1) 人民代表大会及其常务委员会颁布的法律法规，通过的决议、决定的意见和建议；(2) 对人民法院、人民检察院的生效判决、裁定、调解和决定不服的申诉；(3) 对人民代表大会代表、人民代表大会常务委员会组成人员及其人民代表大会常务委员会工作人员的建议、批评、意见和违法失职行为的申诉、控告或者检举；(4) 对人民法院、人民检察院的生效判决、裁定、调解和决定不服的申诉；(5) 对人民政府及其工作部门制定的规范性文件的意见和建议；(6) 对本级人民代表大会及其常务委员会选举、决

定任命、批准任命的国家机关工作人员违法失职行为的申诉、控告或检举；(7) 属于全国人民代表大会及其常务委员会职权范围内的其他事项。

6. 信访人提出投诉请求的，应当载明信访人的（   ）等信息。
A. 姓名（名称）　　　　　　　B. 住址和请求
C. 事实　　　　　　　　　　　D. 理由
E. 家庭情况

【答案】ABCD

【解析】信访人提出投诉请求的，应当载明信访人的姓名（名称）、住址和请求、事实、理由。

7. 各级人民政府信访工作机构有权受理以下信访事项（   ）。
A. 对本级、下级人民政府及其工作部门职权范围内的工作提出建设性建议
B. 信访事项的处理需要本级人民政府协调的
C. 要求改变或者撤销本级人民政府所属工作部门不适当的措施、指示和下级人民政府不适当的措施、决定
D. 要求上级人民政府及其工作部门按照信访结果处理信访事件
E. 对本级、下级信访工作机构工作人员履行职务的行为不满的

【答案】ABCE

【解析】各级人民政府信访工作机构有权受理以下信访事项：对本级、下级人民政府及其工作部门职权范围内的工作提出建设性建议；信访事项的处理需要本级人民政府协调的；要求改变或者撤销本级人民政府所属工作部门不适当的措施、指示和下级人民政府不适当的措施、决定；对本级、下级信访工作机构工作人员履行职务的行为不满的；其他需要由本级人民政府信访工作机构受理的事项。

8. 对信访事项提出复查申请必须满足的条件有（   ）。
A. 必须由不服办理意见的信访人提出属于信访复查的范围
B. 有具体的复查请求和事实依据
C. 属于该接受申请机关的职权范围
D. 该复查请求必须自收到办理机关的书面答复之日起30日内提出
E. 属于信访复查的范围

【答案】ABCDE

【解析】提出复查必须满足以下条件：(1) 必须由不服办理意见的信访人提出属于信访复查的范围；(2) 有具体的复查请求和事实依据；(3) 属于该接受申请机关的职权范围；(4) 该复查请求必须自收到办理机关的书面答复之日起30日内提出；(5) 属于信访复查的范围。

第九章 人力资源开发及管理的基本知识

一、判断题

1. 在近现代人力资源管理理论中,威廉·大内把对人的基本假设作了区分,即 X 理论和 Y 理论。

【答案】错误

【解析】在近现代人力资源管理理论中,道格拉斯·麦格雷戈把对人的基本假设作了区分,即 X 理论和 Y 理论。

2. 人力资源是指能够推动整个社会和经济发展的,且具有智力劳动和体力劳动能力的劳动者的总和。人力资源包括人的体力、知识和技能。

【答案】错误

【解析】人力资源是指能够推动整个社会和经济发展的,且具有智力劳动和体力劳动能力的劳动者的总和。人力资源包括人的智力、体力、知识和技能。

3. 就人力资源本身来说,人力资源管理的两重性:是生产者也是消费者。

【答案】正确

【解析】人力资源管理的两重性:是生产者也是消费者。

4. 人力资源计划只有充分地考虑了内、外部环境的变化,才能适应需要,真正地做到为企业发展目标服务。

【答案】正确

【解析】人力资源计划只有充分地考虑了内、外部环境的变化,才能适应需要,真正地做到为企业发展目标服务。

5. 组织规划是人力资源总规划目标实现的重要保证。

【答案】错误

【解析】制度规划是人力资源总规划目标实现的重要保证,包括人力资源管理制度体系建设的程序,制度化管理等内容。

6. 继续教育,包括建立以"三总师"为主的技术、业务人员继续教育体系、采取按系统、分层次、多形式的方法,对具有高中以上学历的初级以上职称的管理人员进行继续教育。

【答案】错误

【解析】继续教育,包括建立以"三总师"为主的技术、业务人员继续教育体系、采取按系统、分层次、多形式的方法,对具有中专以上学历的初级以上职称的管理人员进行继续教育。

7. 我国从 20 世纪 80 年代开始对绩效考核的研究,将"德、能、勤、绩"四个方面确定为人员的考核项目内容。

【答案】正确

【解析】我国从 20 世纪 80 年代开始对绩效考核的研究,将"德、能、勤、绩"四个方面确定为人员的考核项目内容。

8. 公平目标是企业薪酬管理的最基本前提，要求企业实施的薪酬制度符合国家、省、自治区的法律法规、政策条例要求。

【答案】错误

【解析】合法目标是企业薪酬管理的最基本前提，要求企业实施的薪酬制度符合国家、省、自治区的法律法规、政策条例要求。

9. 机会公平是指组织在进行人事决策、决定各种奖励措施时，应符合公平的要求。

【答案】错误

【解析】机会公平是指组织赋予所有员工同样的发展机会，包括组织在决策前与员工互相沟通，组织决策考虑员工的意见，主管考虑员工的立场，建立员工申诉机制等。

二、单选题

1. 在20世纪80年代，（　　）通过大量的企业调研在其著作中提出了"Z型组织"的理论。
   A. 道格拉斯·麦格雷戈　　　　B. 威廉·大内
   C. 威廉姆斯　　　　　　　　　D. 道琼斯

【答案】B

【解析】在20世纪80年代具有重大影响的《Z理论》的作者威廉·大内，通过大量的企业调研在其著作中提出了"Z型组织"的理论。

2. 就人力资源本身来说，经济发展水平不同的人力资源的质量也会不同，属于人力资源管理的（　　）特性。
   A. 时效性　　　　　　　　　　B. 能动性
   C. 社会性　　　　　　　　　　D. 时代性

【答案】D

【解析】时代性：经济发展水平不同的人力资源的质量也会不同。

3. 人力资源不包括人的（　　）。
   A. 智力　　　　　　　　　　　B. 体力
   C. 思想　　　　　　　　　　　D. 知识

【答案】C

【解析】人力资源包括人的智力、体力、知识和技能。

4. 人力资源计划中应解决的核心问题是（　　）。
   A. 充分考虑内外部环境变化　　B. 企业的人力资源保障问题
   C. 企业总体发展战略目标　　　D. 人力资源规划

【答案】B

【解析】企业的人力资源保障问题是人力资源计划中应解决的核心问题。

5. 以下人员招聘的程序排序正确的是（　　）。
①确立招聘渠道　②工作评估　③组建招聘小组　④制定招聘计划　⑤甄别录用
   A. ①②③④⑤　　　　　　　　B. ①④③②⑤
   C. ④③①⑤②　　　　　　　　D. ④①③⑤②

【答案】 C

【解析】 人员招聘的程序排序是制定招聘计划、组建招聘小组、确立招聘渠道、甄别录用、工作评估。

6. 以下招聘方法中不属于外部招聘的是（ ）。
   A. 员工推荐   B. 猎头公司
   C. 职位转换   D. 就业机构介绍

【答案】 C

【解析】 外部招聘的方法主要有以下几种：员工推荐、顾客中挖掘、刊登广告、人才招聘会、校园招聘、就业机构介绍、猎头公司、网络招聘。

7. 是否做到（ ），是人员招聘成败的关键。
   A. 公开招聘   B. 择优录用
   C. 公平公正   D. 效率优先

【答案】 B

【解析】 根据应聘者的考核成绩，从中选择优秀者录用。择优录用的依据是对应聘者的全面考核的结论和录用标准。是否做到择优录用，是人员招聘成败的关键。

8. 企业人员管理，属于员工流出管理的是（ ）。
   A. 平级调动   B. 岗位轮换
   C. 解雇   D. 降职

【答案】 C

【解析】 企业人员管理，员工流出管理包括：解雇（辞退）、开除、提前退休、自愿流出。

9. 员工培训的形式按（ ）划分，可以分为学历培训、文化补课、岗位职务培训等。
   A. 培训的目的   B. 培训对象的不同
   C. 培训的组织形式   D. 培训的层次

【答案】 A

【解析】 从培训的目的来分，有学历培训、文化补课、岗位职务培训等。

10. 以下属于工人培训的有（ ）。
    A. 岗位培训   B. 继续教育
    C. 学历教育   D. 班组长培训

【答案】 D

【解析】 工人培训包括：班组长培训、技术工人等级培训、特种作业人员的培训、对外埠施工队伍的培训。

11. 职务工资制体系建立在职务评价基础上，决定基本工资差别的最主要因素是（ ）。
    A. 职工所执行职务的差别   B. 职工技术等级的差别
    C. 职工工作环境的差异   D. 职工工作性质的差别

【答案】 A

【解析】 职务工资制体系建立在职务评价基础上，决定基本工资差别的最主要因素是职工所执行职务的差别。

12. 绩效工资占总体工资的比例在（　　）以上，浮动部分比较大。
   A. 40%　　　　　　　　　　　　B. 50%
   C. 60%　　　　　　　　　　　　D. 65%

【答案】B

【解析】绩效工资占总体工资的比例在50%以上，浮动部分比较大。

13. （　　）是指在决定任何奖惩政策时，组织所依据的决策标准或方法符合公正性原则，程序公平一致、标准明确、过程公开等。
   A. 分配公平　　　　　　　　　　B. 结果公开
   C. 过程公平　　　　　　　　　　D. 机会公平

【答案】C

【解析】过程公平是指在决定任何奖惩政策时，组织所依据的决策标准或方法符合公正性原则，程序公平一致、标准明确、过程公开等。

14. （　　）是企业薪酬管理的最基本前提，要求企业实施的薪酬制度符合国家、省、自治区的法律法规、政策条例要求。
   A. 效率目标　　　　　　　　　　B. 合法目标
   C. 公平目标　　　　　　　　　　D. 平等目标

【答案】B

【解析】合法目标是企业薪酬管理的最基本前提，要求企业实施的薪酬制度符合国家、省、自治区的法律法规、政策条例要求。

15. 薪酬管理的公平目标不包括（　　）。
   A. 分配公平　　　　　　　　　　B. 过程公平
   C. 机会公平　　　　　　　　　　D. 效率公平

【答案】D

【解析】公平目标包括三个层次：分配公平、过程公平、机会公平。

16. 薪酬模式类型不包括（　　）。
   A. 时效工资制　　　　　　　　　B. 职务工作制
   C. 职能工作制　　　　　　　　　D. 绩效工作制

【答案】A

【解析】薪酬模式类型包括：职务工作制、职能工作制、绩效工作制。

三、多选题

1. 人力资源规划的内容包括（　　）。
   A. 人员规划　　　　　　　　　　B. 制度规划
   C. 战略规划　　　　　　　　　　D. 技术规划
   E. 费用规划

【答案】ABCE

【解析】人力资源规划的内容包括：战略规划、组织规划、制度规划、人员规划、费用规划。

2. 人力资源规划的原则包括（　　）。

A. 充分考虑内部、外部环境的变化　　B. 提供企业的人力资源保障
C. 使企业和员工都得到长期的利益　　D. 设计企业整体框架
E. 确定企业总体发展目标

【答案】ABC

【解析】人力资源规划的原则包括：充分考虑内部、外部环境的变化；提供企业的人力资源保障；使企业和员工都得到长期的利益。

3. 企业人员管理，员工内部流动管理一般包括（　　）。
A. 员工职位调整　　　　　　　B. 岗位轮换
C. 解雇　　　　　　　　　　　D. 晋升
E. 降职

【答案】ABDE

【解析】企业人员管理，员工内部流动管理一般包括：员工职位调整（调到）、职务（岗位）轮换、晋升、降职。

4. 企业人员管理，员工流出管理包括（　　）。
A. 平级调动　　　　　　　　　B. 提前退休
C. 解雇　　　　　　　　　　　D. 降职
E. 开除

【答案】BCE

【解析】企业人员管理，员工流出管理包括：解雇（辞退）、开除、提前退休、资源流出。

5. 以下属于管理人员培训的有（　　）。
A. 岗位培训　　　　　　　　　B. 技术工人等级培训
C. 继续教育　　　　　　　　　D. 学历教育
E. 班组长培训

【答案】ACD

【解析】管理人员培训包括：岗位培训、继续教育、学历教育。

6. 以下属于工人培训的有（　　）。
A. 岗位培训　　　　　　　　　B. 技术工人等级培训
C. 继续教育　　　　　　　　　D. 学历教育
E. 班组长培训

【答案】BE

【解析】工人培训包括：班组长培训、技术工人等级培训、特种作业人员的培训、对外埠施工队伍的培训。

7. 绩效管理的方法包括（　　）。
A. 简单排序法　　　　　　　　B. 强制分配法
C. 360度考核法　　　　　　　 D. 工作记录法
E. 目标管理法

【答案】ABCDE

【解析】绩效管理的方法包括：简单排序法、强制分配法、要素评定法、工作记录法、

目标管理法、360 度考核法、平衡计分卡法。

8. 薪酬要发挥应有的作用，薪酬管理应达到以下三个目标是（　　）。
   A. 公开 B. 公平
   C. 效率 D. 平等
   E. 合法

【答案】BCE

【解析】薪酬要发挥应有的作用，薪酬管理应达到以下三个目标：效率、公平、合法。

9. 以下情形中，属于职务工资制特点的有（　　）。
   A. 严格的职务分析，比较客观公正
   B. 有利于雇员工资与可量化的业绩挂钩
   C. 雇员薪酬收入与个人业绩挂钩
   D. 绩效工资占总体工资的比例在 50% 以上，浮动比重小
   E. 严格的职等职级，并对应严格的工资等级

【答案】AE

【解析】职务工资制的特点是：严格的职务分析，比较客观公正；职务工资比重较大，职务津贴高；严格的职等职级，并对应严格的工资等级；容易形成管理独木桥，职员晋升机会比较小。

第十章 财务管理的基本知识

一、判断题

1. 成本是指企业为生产产品、提供劳务而发生的各种耗费。因此，广义的成本是指产品成本。

【答案】错误

【解析】成本是指企业为生产产品、提供劳务而发生的各种耗费。因此，狭义的成本是指产品成本。

2. 费用可能表现为资产的减少，或负债的增加，或者兼而有之。

【答案】正确

【解析】费用可能表现为资产的减少，或负债的增加，或者兼而有之。费用本质上是一种企业资源的流出，它与资源流入企业所形成的收入相反，它也可理解为资产的耗费，其目的是为了取得收入，从而获得更多资产。

3. 企业的水电费、机物料消耗属于直接费用。

【答案】错误

【解析】生产经营单位管理人员的工资和福利费、办公费、水电费、机物料消耗、劳动保护费、机器设备的折旧费、修理费、低值易耗品摊销等，都属于间接费用。

4. 施工企业的汇兑损失属于财务费用。

【答案】正确

【解析】财务费用包括利息支出、汇兑损失、相关手续费、其他财务费用。

5. 狭义上的收入是指在销售商品、提供劳务及让渡资产使用权等日常活动中形成的经济利益的总流入，即营业收入，包括主营业收入、其他业务收入和为第三方或客户代收的款项。

【答案】错误

【解析】狭义上的收入是指在销售商品、提供劳务及让渡资产使用权等日常活动中形成的经济利益的总流入，即营业收入，包括主营业收入、其他业务收入，不包括为第三方或客户代收的款项。

6. 固定造价合同和成本加成合同的最大区别在于成本不同。

【答案】错误

【解析】固定造价合同和成本加成合同的最大区别在于合同风险的承担者不同。

7. 资产减值损失是指企业计提各项资产减值准备所形成的损失。

【答案】正确

【解析】资产减值损失是指企业计提各项资产减值准备所形成的损失。

8. 公司的法定公积金不足以弥补以前年度亏损的，在依照规定提取法定公积金之前，应当先增加公司注册资本。

【答案】错误

【解析】弥补公司以前年度亏损。公司的法定公积金不足以弥补以前年度亏损的,在依照规定提取法定公积金之前,应当先用当年利润弥补亏损。

二、单选题

1. 期间费用不包括( )。
   A. 营业费用　　　　　　　　B. 管理费用
   C. 生产费用　　　　　　　　D. 财务费用

【答案】C

【解析】期间费用一般包括营业费用、管理费用和财务费用三类。

2. ( )经对象化后进入生产成本,但期末应将当期已销产品的成本结转进入当期的费用。
   A. 营业费用　　　　　　　　B. 管理费用
   C. 生产费用　　　　　　　　D. 财务费用

【答案】C

【解析】生产费用经对象化后进入生产成本,但期末应将当期已销产品的成本结转进入当期的费用。

3. 关于费用的特点,以下说法错误的是( )。
   A. 费用是企业日常活动中发生的经济利益的流出
   B. 费用将引起所有者权益的减少
   C. 费用可能表现为资产的减少
   D. 费用除了包括本企业经济利益的流出,还包括为第三方或客户代付的款项及偿还债务支出

【答案】D

【解析】费用具有以下特点:费用是企业日常活动中发生的经济利益的流出;费用将引起所有者权益的减少;费用可能表现为资产的减少,或负债的增加,或者兼而有之;费用只包括本企业经济利益的流出,而不包括为第三方或客户代付的款项及偿还债务支出。

4. 以下不属于工程成本间接费用的是( )。
   A. 劳动保护费　　　　　　　B. 辅助材料
   C. 机器设备的折旧费　　　　D. 机物料消耗

【答案】B

【解析】间接费用是指企业内部的生产经营单位为组织和管理生产经营活动而发生的共同费用和不能直接计入产品成本的各项费用。例如生产经营单位管理人员的工资和福利费、办公费、水电费、机物料消耗、劳动保护费、机器设备的折旧费、修理费、低值易耗品摊销等。

5. 以下不属于施工企业期间费用中的管理费用的是( )。
   A. 办公费　　　　　　　　　B. 劳动保险费
   C. 相关手续费　　　　　　　D. 职工教育经费

【答案】C

【解析】管理费用包括:管理人员费、职工教育经费、劳动保险费、办公费、财产保

险费等。

6. 以下不属于财务费用范围的是（　　）。
   A. 利息支出　　　　　　　　B. 办公费
   C. 汇兑损失　　　　　　　　D. 相关手续费

【答案】B

【解析】属于财务费用范围的是：利息支出、汇率损失、相关手续费和其他财务费用。

7. （　　）是构成企业利润的主要来源。
   A. 营业收入　　　　　　　　B. 投资收益
   C. 补贴收入　　　　　　　　D. 营业外收入

【答案】A

【解析】营业收入是构成企业利润的主要来源。

8. 建筑业企业为设计和建造房屋、道路等建筑物签订的合同也叫作（　　）。
   A. 施工合同　　　　　　　　B. 施工合同收入
   C. 建筑合同　　　　　　　　D. 劳务合同

【答案】A

【解析】建筑业企业为设计和建造房、道路等建筑物签订的合同也叫作施工合同。

9. 关于收入的特点，以下说法错误的是（　　）。
   A. 收入也可以从偶发的交易或事项中产生
   B. 收入可能表现为企业资产的增加
   C. 收入可能表现为企业负债的较少
   D. 收入能导致企业所有者权益的增加

【答案】A

【解析】收入有以下几方面的特点：收入从企业的日常生活中产生，而不是从偶发的交易或事项中产生；收入可能表现为企业资产的增加，也可能表现为企业负债的较少，或二者兼而有之；收入能导致企业所有者权益的增加；收入只包括本企业经济利益的流入，不包括为第三方或客户代收的款项。

10. 固定造价合同和成本加成合同的最大区别在于（　　）。
    A. 合同风险的承担者不同　　B. 成本不同
    C. 合同单价不同　　　　　　D. 定价原则不同

【答案】A

【解析】固定造价合同和成本加成合同的最大区别在于合同风险的承担者不同。

11. 法定公积金转为资本时，所留存的该项公积金不得少于转增前公司注册资本的（　　）。
    A. 50%　　　　　　　　　　B. 25%
    C. 40%　　　　　　　　　　D. 65%

【答案】B

【解析】法定公积金转为资本时，所留存的该项公积金不得少于转增前公司注册资本的百分之二十五。

12. 企业当期利润总额减去所得税费用后的金额，即企业的（　　）。

A. 投资收益 B. 净利润
C. 营业收入 D. 营业利润

【答案】B

【解析】企业当期利润总额减去所得税费用后的金额,即企业的税后利润,或净利润。

13. (　　)强调的是公司向股东分配股利的前提条件,目的是为了维护公司的财产基础及其信用能力。

A. 按法定顺序分配的原则 B. 非有盈余不得分配原则
C. 同股同权、同股同利原则 D. 公司持有的本公司股份不得分配利润原则

【答案】B

【解析】非有盈余不得分配原则强调的是公司向股东分配股利的前提条件,目的是为了维护公司的财产基础及其信用能力。

14. (　　)既是公司税后利润分配的基本原则,也是公司税后利润分配的基本出发点。

A. 非有盈余不得分配原则 B. 按法定顺序分配的原则
C. 同股同权、同股同利原则 D. 公司持有的本公司股份不得分配利润

【答案】B

【解析】按法定顺序分配的原则既是公司税后利润分配的基本原则,也是公司税后利润分配的基本出发点。

15. 公司的法定公积金不足以弥补以前年度亏损的,在依照规定提取法定公积金之前,应当先(　　)。

A. 弥补亏损 B. 提取法定公积金
C. 扩大公司生产经营 D. 增加公司注册资本

【答案】A

【解析】弥补公司以前年度亏损。公司的法定公积金不足以弥补以前年度亏损的,在依照规定提取法定公积金之前,应当先弥补亏损。

16. 按照我国《公司法》,公司税后利润的分配顺序为(　　)。
①提取法定公积金;②弥补公司以前年度亏损;③未分配利润;④向投资者分配的利润或股利;⑤经股东会或者股东大会决议提取任意公积金

A. ②①⑤④③ B. ②⑤①④③
C. ②①⑤③④ D. ②⑤①③④

【答案】A

【解析】按照我国《公司法》,公司税后利润的分配顺序为:弥补公司以前年度亏损;提取法定公积金;经股东会或者股东大会决议提取任意公积金;向投资者分配的利润或股利;未分配利润。

三、多选题

1. 费用按不同的分类标准,可以有多种不同的费用分类方法。费用按经济用途可分为(　　)和(　　)。

A. 营业费用 B. 管理费用

C. 生产费用　　　　　　　　D. 财务费用
E. 期间费用

【答案】CE

【解析】费用按经济用途可分为生产费用和期间费用。

2. 关于费用的特点，以下说法正确的是（　　）。
   A. 费用是企业日常活动中发生的经济利益的流出
   B. 费用将引起所有者权益的减少
   C. 费用除了包括本企业经济利益的流出，还包括为第三方或客户代付的款项及偿还债务支出
   D. 费用可能表现为资产的减少
   E. 费用可能表现为负债的增加

【答案】ABDE

【解析】费用具有以下特点：费用是企业日常活动中发生的经济利益的流出；费用将引起所有者权益的减少；费用可能表现为资产的减少，或负债的增加，或者兼而有之；费用只包括本企业经济利益的流出，而不包括为第三方或客户代付的款项及偿还债务支出。

3. 施工企业的期间费用主要包括（　　）。
   A. 管理费用　　　　　　　　B. 直接费用
   C. 财务费用　　　　　　　　D. 间接费用
   E. 生产费用

【答案】AC

【解析】施工企业的期间费用主要包括管理费用和财务费用。

4. 根据《企业会计准则》，提供劳务交易的结果能够可靠估计，是指同时满足下列条件（　　）。
   A. 收入的金额能够可靠地计量
   B. 相关的经济利益很可能流入企业
   C. 交易的完工进度能够可靠地确定
   D. 企业已将商品所有权上的主要风险和报酬转移给购货方
   E. 交易中已发生和将发生的成本能够可靠地计量

【答案】ABCE

【解析】根据《企业会计准则》，提供劳务交易的结果能够可靠估计，是指同时满足下列条件：收入的金额能够可靠地计量；相关的经济利益很可能流入企业；交易的完工进度能够可靠地确定；交易中已发生和将发生的成本能够可靠地计量。

5. 关于收入的特点，以下说法正确的是（　　）。
   A. 收入也可以从偶发的交易或事项中产生　　B. 收入可能表现为企业资产的增加
   C. 收入可能表现为企业负债的减少　　　　　D. 收入包括为第三方或客户代收的款项
   E. 收入能导致企业所有者权益的增加

【答案】BCE

【解析】收入有以下几方面的特点：收入从企业的日常生活中产生，而不是从偶发的交易或事项中产生；收入可能表现为企业资产的增加，也可能表现为企业负债的减少，或

二者兼而有之；收入能导致企业所有者权益的增加；收入只包括本企业经济利益的流入，不包括为第三方或客户代收的款项。

6. 建造（施工）合同的特征表现为（   ）。
   A. 针对性强
   B. 建设周期较短
   C. 建造的资产体积大
   D. 造价高
   E. 一般不可撤销

【答案】ACDE

【解析】建造（施工）合同的特征表现在针对性强、建造的资产体积大、造价高、一般不可撤销。

7. 税后利润的分配原则可以概括为（   ）。
   A. 按法定顺序分配的原则
   B. 同股同权、同股同利原则
   C. 公司持有的本公司股份不得分配利润
   D. 向投资者分配的利润或股利
   E. 非有盈余不得分配原则

【答案】ABCE

【解析】税后利润的分配原则可以概括为：按法定顺序分配的原则，同股同权、同股同利原则，公司持有的本公司股份不得分配利润，非有盈余不得分配原则。

第十一章 劳务分包合同的相关知识

一、判断题

1. 诚实信用原则是民事法律的基本原则,是区别于行政法律、刑事法律的重要特征,也是合同法其他原则赖以存在的基础。

【答案】错误

【解析】平等原则是民事法律的基本原则,是区别于行政法律、刑事法律的重要特征,也是合同法其他原则赖以存在的基础。

2. 合同无效的原因在于欠缺能力或欠缺权利。

【答案】错误

【解析】无效合同是指虽经当事人协商成立,但因不符合法律要求而不予承认和保护的合同。

3. 甲听说炒股能赚钱,将5万元用于炒股,结果血本无归。这属于重大误解。

【答案】错误

【解析】行为人的过错是对事实的错误而非对法律的错误,也不是对动机的误解。此情况不属于重大误解。

4. 超过诉讼时效后,当事人所有的权利即告终结。

【答案】错误

【解析】权利人因有正当理由,向人民法院提出请求的,人民法院可以把法定时效期间予以延长。

5. 身体受到伤害要求赔偿的,诉讼时效期间为2年。

【答案】错误

【解析】身体受到伤害要求赔偿的,属于特殊诉讼时效期间,诉讼时效期间为1年。

二、单选题

1. 《合同法》规定的遵守法律原则是指（　　）。
   A. 法律　　　　　　　　　B. 行政法规
   C. 法律的强制性规定　　　D. 合同法

【答案】C

【解析】《合同法》规定的遵守法律原则是指法律的强制性规定。

2. 履行后契约义务的基本依据是（　　）。
   A. 公平原则　　　　　　　B. 诚实信用原则
   C. 遵守法律原则　　　　　D. 情势变更原则

【答案】B

【解析】履行后契约义务的基本依据是诚实信用原则。

3. 已满（　　）周岁,不满（　　）周岁,能够以自己的劳动收入作为其主要生活来源的，即被视为完全民事行为能力人。

A. 14；18
B. 16；18
C. 14；16
D. 15；16

【答案】B

【解析】已满16周岁，不满18周岁，能够以自己的劳动收入作为其主要生活来源的，即被视为完全民事行为能力人。

4. 需要追认的合同，相对人可以催告相知行为能力人的法定代理人在（　　）内追认。

A. 3个月
B. 2个月
C. 1个月
D. 15日

【答案】C

【解析】需要追认的合同，相对人可以催告限制行为能力人的法定代理人在1个月内追认。

5. 认定合同效力的依据是法律中的强制性规定和（　　）。

A. 行政法规中的强制性规定
B. 地方政府规章中的强制性规定
C. 部门规章中的强制性规定
D. 地方性法规的中的强制性规定

【答案】A

【解析】全国人大和全国人大常委会颁布的法律中的强制性规范、国务院颁布的行政法规中的强制性规范，是确认合同效力的依据，不能以地方法规和规章作为否定合同效力的依据。

6. 欺诈指一方订立合同时，（　　），致使对方陷入错误而订立的合同。

A. 利用对方没有经验
B. 利用对方重大误解
C. 故意制造假象或者掩盖真相
D. 故意胁迫对方

【答案】C

【解析】欺诈指一方订立合同时，故意制造假象或者掩盖真相，致使对方陷入错误而订立的合同。

7. 无民事行为能力人只能通过（　　）订立合同。

A. 委托代理人
B. 长辈
C. 亲属
D. 法定代理人

【答案】D

【解析】无民事行为能力人只能通过法定代理人订立合同，不能独立订立合同，否则，在法律上是无效的。

8. 限制行为能力人的（　　）或与其年龄、智力、精神健康状况相适应而订立的合同，不必经法定代理人追认。

A. 小标的额合同
B. 纯获益合同
C. 不承担义务的合同
D. 可获得重大利益的合同

【答案】B

【解析】限制行为能力人的纯获益合同或与其年龄、智力、精神健康状况相适应而订立的合同，不必经法定代理人追认。

9. 下列情形中,属于效力待定合同的有（　　）。
   A. 成年人甲误将复制品的油画当成真品购买
   B. 14 周岁的儿童因发明创造而接受奖金
   C. 14 周岁的少年出售劳力士金表给 20 岁的李某
   D. 药店借抢救重病人急需将药价提高 10 倍

【答案】C

【解析】效力待定合同包括：无行为能力人所订立的合同。故选择 C 项。

10. 我国法律.行政法规规定订立合同时应采用（　　）。
    A. 口头形式　　　　　　　　B. 电文形式
    C. 书面形式　　　　　　　　D. 推定形式

【答案】C

【解析】法律、行政法规规定订立合同时应采用书面形式。

11. 诉讼时效届满当事人丧失的是（　　）。
    A. 胜诉权　　　　　　　　　B. 任何权利
    C. 诉权　　　　　　　　　　D. 受领权

【答案】A

【解析】我国《民法通则》实际上主张诉讼时效届满以后,权利人仅丧失请求法院通过强制力来使自己的权利得以实现的权力。

12. 在诉讼时效的最后（　　）内,因不可抗力或其他障碍不能行使请求权的,诉讼时效终止。
    A. 三个月　　　　　　　　　B. 一年
    C. 二个月　　　　　　　　　D. 六个月

【答案】D

【解析】在诉讼时效的最后 6 个月内,因不可抗力或其他障碍不能行使请求权的,诉讼时效终止。

13. 从权利被侵害之日起超过（　　）年,人民法院不予保护。
    A. 10
    B. 15
    C. 20
    D. 25

【答案】C

【解析】从权利被侵害之日起超过 20 年,人民法院不予保护。

14. 未定履行期限的债权,诉讼时效从（　　）开始计算。
    A. 权利成立之日　　　　　　B. 履行期限届满
    C. 要求对方履行义务　　　　D. 开始履行合同义务

【答案】A

【解析】未定履行期限的债权,诉讼时效从权利成立之日开始计算。

15. 普通诉讼时效和特别诉讼时效的期间从（　　）计算。
    A. 合同履行期限届满之日起　　B. 权利成立之日起
    C. 对方违约之日起　　　　　　D. 知道或应当知道权利被侵害之日起

【答案】D

【解析】普通诉讼时效和特别诉讼时效的期间从知道或应当知道权利被侵害之日起计算。

16. 未授权给公民、法人经营管理的国家财产受到侵害的，其诉讼时效为（　　）。
    A. 2 年   B. 4 年
    C. 20 年 D. 不受限制

【答案】D

【解析】我国《关于贯彻执行若干问题的意见》第一百七十条规定："未授权给公民、法人经营管理的国家财产受到侵害的，不受诉讼时效期间的限制。"

17. 下列事项中，属于诉讼时效的法律依据有（　　）。
    A. 债权人不可以提起诉讼   B. 法院不再对债务人采取强制措施
    C. 债权人丧失受领权   D. 债务人任何情况下都不得履行债务

【答案】B

【解析】诉讼时效的法律依据有：债务人可以拒绝履行债务；法院不再对债务人采取强制措施。

三、多选题

1. 合同无效或被撤销的法律后果（　　）。
   A. 返还财产   B. 赔偿损失
   C. 折价补偿   D. 返还原物
   E. 恢复原状

【答案】ABC

【解析】合同无效或被撤销的法律后果为：返还财产、折价补偿、赔偿损失、收归国库所有。

2. 显失公平是一方当事人利用了（　　），致使权利义务不对等。
   A. 对方的误解   B. 优势
   C. 假象   D. 对方无经验
   E. 危难之机

【答案】BD

【解析】显失公平，是指自始（合同订立时）显失公平，是一方当事人利用优势或者利用对方没有经验，致使双方的权利义务明显不对等（对价不充分）。

3. 因欺诈而订立的合同的条件有（　　）。
   A. 主观上故意   B. 客观上对订立合同事实的虚假介绍或隐瞒
   C. 一方当事人欺诈另一方当事人 D. 因对方欺诈陷入错误
   E. 因第三人欺诈陷入错误

【答案】ABCD

【解析】因欺诈而订立的合同的条件有：欺诈一方在主观上是故意；欺诈行为的客观表现是对订立合同的有关事实的虚假介绍或隐瞒；欺诈是一方当事人对另一方当事人的欺诈，第三人的欺诈不足以构成导致合同撤销的欺诈；被欺诈一方因对方的欺诈陷入错误。

4. 下列事项中，属于诉讼时效的法律依据有（　　）。

A. 债权人不可以提起诉讼 B. 债务人可以拒绝履行债务
C. 法院不再对债务人采取强制措施 D. 债权人丧失受领权
E. 债务人任何情况下都不得履行债务

【答案】BC

【解析】诉讼时效的法律依据有：债务人可以拒绝履行债务，法院不再对债务人采取强制措施。

5. 特别诉讼时效期间为1年，下列（　　）属于特别诉讼时效期间。
A. 身体受到伤害要求赔偿的 B. 出售质量不合格的商品未声明的
C. 延付或拒付租金的 D. 工资遭到拖欠的
E. 寄存财物被丢失或损毁的

【答案】ABCE

【解析】下列诉讼时效期间为1年：身体受到伤害要求赔偿的、出售质量不合格的商品未声明的、延付或拒付租金的、寄存财物被丢失或损毁的。

劳务员通用与基础知识试卷

一、判断题（共20题，每题1分）

1. 在建设工程竣工验收后，在规定的保修期限内，因勘察、设计、施工、材料等原因造成的质量缺陷，应当由责任单位负责维修、返工或更换。

【答案】（   ）

2. 生产经营单位临时聘用的钢结构焊接工人不属于生产经营单位的从业人员，所以不享有相应的从业人员应享有的权利。

【答案】（   ）

3. 气硬性胶凝材料只能在空气中凝结、硬化、保持和发展强度，一般只适用于干燥环境，不宜用于潮湿环境与水中；那么水硬性胶凝材料则只能适用于潮湿环境与水中。

【答案】（   ）

4. 混凝土外加剂的常用品种有减水剂、早强剂、缓凝剂、引气剂、膨胀剂、防冻剂、泵送剂和速凝剂共八类。

【答案】（   ）

5. 结构平面布置图一般包括：基础平面布置图，楼层结构布置平面图，屋顶结构平面布置图。

【答案】（   ）

6. 建筑平面图中凡是被剖切到的墙、柱断面轮廓线用粗实线画出，其余可见的轮廓线用中实线或细实线，尺寸标注和标高符号均用细实线，定位轴线用细单点长画线绘制。

【答案】（   ）

7. 钢结构吊点采用四点绑扎时，绑扎点应用软材料垫至其中以防钢构件受损。

【答案】（   ）

8. 卷材防水施工时地面防水层应做在面层以下，四周卷起，高出地面不小于200mm。

【答案】（   ）

9. 项目管理是指项目管理者为达到项目的目标，运用系统理论和方法对项目进行的策划、组织、控制、协调等活动过程的总称。

【答案】（   ）

10. 项目经理部是工程的主管部门，主要负责工程项目在保修期间问题的处理，包括因质量问题造成的返修、工程剩余价款的结算以及回收等。

【答案】（   ）

11. 夜班工作时间是指从本日的22时到次日的7时从事工作或劳动时间。

【答案】（   ）

12. 仲裁是劳动争议案件处理必经的法律程序。

【答案】（   ）

13. 公安部门负责疏导"民工潮"。

【答案】（   ）

14. 信访人对各级人民代表大会以及县级以上各级人民代表大会常务委员会、人民法院、人民检察院职权范围内的信访事项，应当向当地人民政府的信访工作机构提出。

【答案】（　　）

15. 人力资源是指能够推动整个社会和经济发展的，且具有智力劳动和体力劳动能力的劳动者的综合。人力资源包括人的体力、知识和技能。

【答案】（　　）

16. 我国从20世纪80年代开始对绩效考核的研究，将"德、能、勤、绩"四个方面确定为人员的考核项目内容。

【答案】（　　）

17. 营业收入是构成企业利润的主要来源。

【答案】（　　）

18. 甲听说炒股能赚钱，将5万元用于炒股，结果血本无归。这属于重大误解。

【答案】（　　）

19. 在诉讼时效的最后六个月内，因不可抗力或其他障碍不能行使请求权的，诉讼时效终止。

【答案】（　　）

20. 劳务合同如果不进行备案就不生效。

【答案】（　　）

二、单选题（共40题，每题1分）

21. 建设法规体系是国家法律体系的重要组成部分，是由国家制定或认可，并由（　　）保证实施。
 A. 国家公安机关　　　　　　B. 国家建设行政主管部门
 C. 国家最高法院　　　　　　D. 国家强制力

【答案】（　　）

22. 在我国，施工总承包资质分为（　　）个类别。
 A. 12个　　　　　　　　　　B. 36个
 C. 60个　　　　　　　　　　D. 13个

【答案】（　　）

23. 根据《安全生产法》规定，安全生产中从业人员的义务不包括（　　）。
 A. 遵章守法　　　　　　　　B. 接受安全生产教育和培训
 C. 安全隐患及时报告　　　　D. 紧急处理安全事故

【答案】（　　）

24. 下列选项中，哪类安全生产教育培训不是必需的？（　　）
 A. 施工单位的主要负责人的考核
 B. 特种作业人员的专门培训
 C. 作业人员进入新岗位前的安全生产教育培训
 D. 监理人员的考核培训

【答案】（　　）

25. 采用欺诈、威胁等手段订立的劳动合同为（　　）劳动合同。
   A. 有效　　　　　　　　　　　B. 无效
   C. 可变更　　　　　　　　　　D. 可撤销
   【答案】（　　）

26. 建筑材料按化学成分分类方法中，下列哪项是不合适的（　　）。
   A. 无机材料　　　　　　　　　B. 高分子合成材料
   C. 复合材料　　　　　　　　　D. 有机材料
   【答案】（　　）

27. 下列关于膨胀剂、防冻剂、泵送剂、速凝剂的相关说法中，错误的是（　　）。
   A. 膨胀剂是能使混凝土产生一定体积膨胀的外加剂
   B. 常用防冻剂有氯盐类、氯盐阻锈类、氯盐与阻锈剂为主复合的外加剂、硫酸盐类
   C. 泵送剂是改善混凝土泵送性能的外加剂
   D. 速凝剂主要用于喷射混凝土、堵漏等
   【答案】（　　）

28. 下列关于砌块的分类、主要技术要求及应用的相关说法中，错误的是（　　）。
   A. 目前国内推广应用较为普遍的砌块有蒸压加气混凝土砌块、普通混凝土小型空心砌块、石膏砌块等
   B. 按尺寸偏差与外观质量、干密度、抗压强度和抗冻性，蒸压加气混凝土砌块的质量等级分为优等品、一等品、合格品三个等级
   C. 混凝土小型空心砌块适用于多层建筑和高层建筑的隔离墙、填充墙及工业建筑物的围护墙体和绝热墙体
   D. 混凝土小型空心砌块主规格尺寸为390mm×190mm×190mm、390mm×240mm×190mm，最小外壁厚不应小于30mm，最小肋厚不应小于25mm
   【答案】（　　）

29. 下列各项中，不属于设备施工图的是（　　）。
   A. 给水排水施工图　　　　　　B. 采暖通风与空调施工图
   C. 设备详图　　　　　　　　　D. 电气设备施工图
   【答案】（　　）

30. 下图所示材料图例表示（　　）。
   A. 钢筋混凝土　　　　　　　　B. 混凝土
   C. 夯实土壤　　　　　　　　　D. 灰土
   【答案】（　　）

31. 下图所示门图例中，（　　）表示双扇门。

   (A)　　　(B)　　　(C)　　　(D)

【答案】（ ）

32. 下列关于建筑剖面图和建筑详图基本规定的说法中，错误的是（   ）。
   A. 剖面图一般表示房屋在高度方向的结构形式
   B. 建筑剖面图中高度方向的尺寸包括总尺寸、内部尺寸和细部尺寸
   C. 建筑剖面图中不能详细表示清楚的部位应引出索引符号，另用详图表示
   D. 需要绘制详图或局部平面放大的位置一般包括内外墙节点、楼梯、电梯、厨房、卫生间、门窗、室内外装饰等

【答案】（ ）

33. 下列关于基坑支护的表述中，错误的是（   ）。
   A. 钢板桩支护具有施工速度快、可重复使用的特点
   B. 工程开挖土方时，地下连续墙可用作支护结构，既挡土又挡水，地下连续墙还可同时用作建筑物的承重结构
   C. 深层搅拌水泥土桩墙，采用水泥作为固化剂
   D. 常用的钢板桩施工机械有自由落锤、气动锤、柴油锤、振动锤，使用较多的是柴油锤

【答案】（ ）

34. 砖砌体的施工工艺过程正确的是（   ）。
   A. 找平、放线、摆砖样、盘角、立皮数杆、砌筑、勾缝、清理、楼层标高控制、楼层轴线标引等
   B. 找平、放线、摆砖样、立皮数杆、盘角、砌筑、清理、勾缝、楼层轴线标引、楼层标高控制等
   C. 找平、放线、摆砖样、立皮数杆、盘角、砌筑、勾缝、清理、楼层轴线标引、楼层标高控制等
   D. 找平、放线、立皮数杆、摆砖样、盘角、挂线、砌筑、勾缝、清理、楼层标高控制、楼层轴线标引等

【答案】（ ）

35. 施工缝一般应留在构件（   ）部位。
   A. 受压最小   B. 受剪最小
   C. 受弯最小   D. 受扭最小

【答案】（ ）

36. 下列选项中关于施工项目管理的特点说法有误的是（   ）。
   A. 对象是施工项目   B. 主体是建设单位
   C. 内容是按阶段变化的   D. 要求强化组织协调工作

【答案】（ ）

37. 以下不属于施工项目管理内容的是（   ）。
   A. 施工项目的生产要素管理   B. 组织协调
   C. 施工现场的管理   D. 项目的规划设计

【答案】（ ）

38. 以下关于施工项目目标控制的表述，错误的是（   ）。

A. 施工项目目标控制问题的要素包括施工项目、控制目标、控制主体、实施计划、实施信息、偏差数据、纠偏措施、纠偏行为
B. 施工项目控制的目的是排除干扰、实现合同目标
C. 施工项目目标控制是实现施工目标的手段
D. 施工项目目标控制包括进度控制、质量控制和成本控制三个方面

【答案】（　　）

39. 施工项目成本控制的措施是（　　）。
A. 组织措施、技术措施、经济措施
B. 控制人工费用、控制材料费、控制机械费用、控制间接费及其他直接费
C. 组织措施、制度措施、管理措施
D. 管理措施、技术措施、人力措施

【答案】（　　）

40. 以下不属于施工资源管理任务的是（　　）。
A. 规划及报批施工用地
B. 确定资源的分配计划
C. 编制资源进度计划
D. 施工资源进度计划的执行和动态调整

【答案】（　　）

41. 根据劳动法规定，禁止招用不满16周岁未成年人的用人单位是（　　）。
A. 某大型歌舞团
B. 北京某小型杂技团
C. 某劳动强度较低的企业
D. 国家体操队

【答案】（　　）

42. 下列属于劳动保护费用支出的是（　　）。
A. 企业购置新设备
B. 企业引进一条高科技生产线
C. 企业为职工购买端午节礼品
D. 企业在高温天气为职工免费提供清凉饮料

【答案】（　　）

43. 下列不属于劳动争议解决的必经程序的是（　　）。
A. 协商
B. 调解
C. 仲裁
D. 诉讼

【答案】（　　）

44. 对跨省流动的农民工，（　　）级伤残的长期待遇的支付，可以实行一次性支付和长期支付两种方式。
A. 1～4
B. 1～3
C. 1～5
D. 1～2

【答案】（　　）

45. 根据《信访条例》规定，（　　）级以上人民政府应当设立信访工作机构。
A. 市
B. 县
C. 乡
D. 省

【答案】（　　）

46. 下列哪项不属于各级人民检察院管辖范围内的信访事项（　　）。
    A. 对人民检察院工作的建议、批评和意见
    B. 对人民法院工作的建议、批评和意见
    C. 对人民检察院生效决定不服的申诉
    D. 对公安机关不予立案决定不服的申诉
    【答案】（　　）

47. 信访调查的步骤正确的是（　　）。
    ①事前通知　②说明理由　③表明身份　④实施调查　⑤制作笔录
    A. ①②③⑤④　　　　　　　　B. ①②③④⑤
    C. ①③②④⑤　　　　　　　　D. ①③②⑤④
    【答案】（　　）

48. 在20世纪80年代，（　　）通过大量的企业调研在其著作中提出了"Z型组织"的理论。
    A. 道格拉斯·麦格雷戈　　　　B. 威廉·大内
    C. 威廉姆斯　　　　　　　　　D. 道琼斯
    【答案】（　　）

49. 以下招聘方法中不属于外部招聘的是（　　）。
    A. 员工推荐　　　　　　　　　B. 猎头公司
    C. 职位转换　　　　　　　　　D. 就业机构介绍
    【答案】（　　）

50. 企业人员管理，属于员工流出管理的是（　　）。
    A. 平级调动　　　　　　　　　B. 岗位轮换
    C. 解雇　　　　　　　　　　　D. 降职
    【答案】（　　）

51. 以下属于工人培训的有（　　）。
    A. 岗位培训　　　　　　　　　B. 继续教育
    C. 学历教育　　　　　　　　　D. 班组长培训
    【答案】（　　）

52. 薪酬管理的公平目标不包括（　　）。
    A. 分配公平　　　　　　　　　B. 过程公平
    C. 机会公平　　　　　　　　　D. 效率公平
    【答案】（　　）

53. 绩效工资占总体工资的比例在（　　）以上，浮动部分比较大。
    A. 40%　　　　　　　　　　　B. 50%
    C. 60%　　　　　　　　　　　D. 65%
    【答案】（　　）

54. （　　）经对象化后进入生产成本，但期末应将当期已销产品的成本结转进入当期的费用。
    A. 营业费用　　　　　　　　　B. 管理费用

C. 生产费用　　　　　　　　　D. 财务费用

【答案】（　　）

55. 关于收入的特点，以下说法错误的是（　　）。
A. 收入也可以从偶发的交易或事项中产生
B. 收入可能表现为企业资产的增加
C. 收入可能表现为企业负债的减少
D. 收入能导致企业所有者权益的增加

【答案】（　　）

56. 公司的法定公积金不足以弥补以前年度亏损的，在依照规定提取法定公积金之前，应当先（　　）。
A. 弥补亏损　　　　　　　　　B. 提取法定公积金
C. 扩大公司生产经营　　　　　D. 增加公司注册资本

【答案】（　　）

57. 《合同法》规定的遵守法律原则是指（　　）。
A. 法律　　　　　　　　　　　B. 行政法规
C. 法律的强制性规定　　　　　D. 合同法

【答案】（　　）

58. 无民事行为能力人只能通过（　　）订立合同。
A. 委托代理人　　　　　　　　B. 长辈
C. 亲属　　　　　　　　　　　D. 法定代理人

【答案】（　　）

59. 下列事项中，属于诉讼时效的法律依据有（　　）。
A. 债权人不可以提起诉讼　　　B. 法院不再对债务人采取强制措施
C. 债权人丧失受领权　　　　　D. 债务人任何情况下都不得履行债务

【答案】（　　）

60. 诉讼时效届满当事人丧失的是（　　）。
A. 胜诉权　　　　　　　　　　B. 任何权利
C. 诉权　　　　　　　　　　　D. 受领权

【答案】（　　）

三、多选题（共20题，每题2分，选错项不得分，选不全得1分）

61. 以下关于地方的立法权相关问题，说法正确的是（　　）。
A. 我国的地方人民政府分为省、地、市、县、乡五级
B. 直辖市、自治区属于地方人民政府地级这一层次
C. 省、自治区、直辖市以及省会城市、自治区首府有立法权
D. 县、乡级没有立法权
E. 地级市中国务院批准的规模较大的市有立法权

【答案】（　　）

62. 以下关于市政公用工程施工总承包企业承包工程范围的说法，正确的是（　　）。

A. 一级可承担各种类市政公用工程的施工

B. 二级可承担市政公用工程的各类城市道路；单跨 45m 及以下的城市桥梁

C. 三级可承担市政公用工程的城市道路工程（不含快速路）；单跨 25m 及以下的城市桥梁工程

D. 三级可承担市政公用工程的 2kg/cm² 及以下中压、低压燃气管道、调压站；供热面积 50 万 m² 及以下热力工程，直径 0.2m 及以下热力管道

E. 三级可承担市政公用工程单项合同额 2500 万元及以下的市政综合工程

【答案】（   ）

63. 施工单位使用承租的机械设备和施工机具及配件的，由（   ）共同进行验收。

A. 施工总承包单位　　　　　　B. 出租单位

C. 分包单位　　　　　　　　　D. 安装单位

E. 建设监理单位

【答案】（   ）

64. 下列关于砌筑用石材的分类及应用的相关说法中，正确的是（   ）。

A. 装饰用石材主要为板材

B. 细料石通过细加工、外形规则，叠砌面凹入深度不应大于 10mm，截面的宽度、高度不应小于 200mm，且不应小于长度的 1/4

C. 毛料石外形大致方正，一般不加工或稍加修整，高度不应小于 200mm，叠砌面凹入深度不应大于 20mm

D. 毛石指形状不规则，中部厚度不小于 300mm 的石材

E. 装饰用石材主要用于公共建筑或装饰等级要求较高的室内外装饰工程

【答案】（   ）

65. 下列尺寸标注形式的基本规定中，正确的是（   ）。

A. 半圆或小于半圆的圆弧应标注半径，圆及大于半圆的圆弧应标注直径

B. 在圆内标注的直径尺寸线可不通过圆心，只需两端画箭头指至圆弧，较小圆的直径尺寸，可标注在圆外

C. 标注坡度时，在坡度数字下应加注坡度符号，坡度符号为单面尖头，一般指向下坡方向

D. 我国把青岛市外的黄海海平面作为零点所测定的高度尺寸称为绝对标高

E. 在施工图中一般注写到小数点后两位即可

【答案】（   ）

66. 下列有关建筑平面图的图示内容的表述中，错误的是（   ）。

A. 定位轴线的编号宜标注在图样的下方与右侧，横向编号应用阿拉伯数字，从左至右顺序编写，竖向编号应用大写拉丁字母，从上至下顺序编写

B. 对于隐蔽的或者在剖切面以上部位的内容，应以虚线表示

C. 建筑平面图上的外部尺寸在水平方向和竖直方向各标注三道尺寸

D. 在平面图上所标注的标高均应为绝对标高

E. 屋面平面图一般内容有：女儿墙、檐沟、屋面坡度、分水线与落水口、变形缝、楼梯间、水箱间、天窗、上人孔、消防梯以及其他构筑物、索引符号等

【答案】（　　）

67. 下列关于防水混凝土施工工艺的说法中，错误的是（　　）。
   A. 水泥选用强度等级不低于32.5级
   B. 在保证能振捣密实的前提下水灰比尽可能小，一般不大于0.6，坍落度不大于50mm
   C. 为了有效起到保护钢筋和阻止钢筋的引水作用，迎水面防水混凝土的钢筋保护层厚度不得小于35mm
   D. 在浇筑过程中，应严格分层连续浇筑，每层厚度不宜超过300～400mm，机械振捣密实
   E. 墙体一般允许留水平施工缝和垂直施工缝

【答案】（　　）

68. 施工项目投标阶段主要工作包括（　　）。
   A. 由企业决策层或企业管理层按企业的经营战略对项目做出是否投标的决策
   B. 决定投标后收集掌握企业本身、相关单位、市场等诸多方面信息
   C. 编制投标书
   D. 做出工程造价
   E. 缴纳投标保证金

【答案】（　　）

69. 下列各部门中，不属于项目经理部可设置的是（　　）。
   A. 经营核算部门　　　　　　　　B. 物资设备供应部门
   C. 设备检查检测部门　　　　　　D. 测试计量部门
   E. 企业工程管理部门

【答案】（　　）

70. 下列关于施工项目目标控制的措施说法错误的是（　　）。
   A. 建立完善的工程统计管理体系和统计制度属于信息管理措施
   B. 主要有组织措施、技术措施、合同措施、经济措施和管理措施
   C. 落实施工方案，在发生问题时，能适时调整工作之间的逻辑关系，加快实施进度属于技术措施
   D. 签订并实施关于工期和进度的经济承包责任制属于合同措施
   E. 落实各级进度控制的人员及其具体任务和工作责任属于组织措施

【答案】（　　）

71. 下列属于未成年工禁忌从事的劳动有（　　）。
   A. 矿山井下　　　　　　　　　　B. 有毒有害
   C. 国家规定的第四级劳动强度的劳动　　D. 锅炉司炉
   E. 潜水作业

【答案】（　　）

72. 甲与有关单位发生争议，甲想利用法律手段保护自己的权利，请问下列说法正确的是（　　）。
   A. 甲与地方劳动保障行政部门的工伤认定机关因工伤认定结论而发生的争议，不属

于劳动争议

B. 甲与单位就工资支付问题发生争议,甲可以直接向人民法院提起诉讼

C. 甲与单位发生的劳动争议,必须先经劳动争议调解委员会调解

D. 甲与单位发生的劳动争议,必须先经仲裁,对裁决不服的,可以向法院提起诉讼

E. 甲与单位发生劳动争议,可以先行与用人单位进行协商

【答案】(　　)

73. 我国法律法规规定劳动者平等的就业权,不因(　　)等不同而受歧视。

A. 行业   B. 民族
C. 种族   D. 性别
E. 宗教信仰

【答案】(　　)

74. 对信访事项提出复查申请必须满足的条件有(　　)。

A. 必须由不服办理意见的信访人提出属于信访复查的范围

B. 有具体的复查请求和事实依据

C. 属于该接受申请机关的职权范围

D. 该复查请求必须自收到办理机关的书面答复之日起30日内提出

E. 属于信访复查的范围

【答案】(　　)

75. 人力资源规划的内容包括(　　)。

A. 人员规划   B. 制度规划
C. 战略规划   D. 技术规划
E. 费用规划

【答案】(　　)

76. 以下情形中,属于职务工资制特点的有(　　)。

A. 严格的职务分析,比较客观公正

B. 有利于雇员工资与可量化的业绩挂钩

C. 雇员薪酬收入与个人业绩挂钩

D. 绩效工资占总体工资的比例在50%以上,浮动比重小

E. 严格的职等职级,并对应严格的工资等级

【答案】(　　)

77. 关于费用的特点,以下说法正确的是(　　)。

A. 费用是企业日常活动中发生的经济利益的流出

B. 费用将引起所有者权益的减少

C. 费用除了包括本企业经济利益的流出,还包括为第三方或客户代付的款项及偿还债务支出

D. 费用可能表现为资产的减少

E. 费用可能表现为负债的增加

【答案】(　　)

78. 关于收入的特点,以下说法正确的是(　　)。

A. 收入也可以从偶发的交易或事项中产生
B. 收入可能表现为企业资产的增加
C. 收入可能表现为企业负债的减少
D. 收入包括为第三方或客户代收的款项
E. 收入能导致企业所有者权益的增加

【答案】(   )

79. 合同无效或被撤销的法律后果（   ）。
A. 返还财产　　　　　　B. 赔偿损失
C. 折价补偿　　　　　　D. 返还原物
E. 恢复原状

【答案】(   )

80. 合同的数据电文形式包括（   ）。
A. 信件　　　　　　　　B. 电子邮件
C. 传真　　　　　　　　D. 电子数据交换
E. 电话

【答案】(   )

劳务员通用与基础知识试卷答案与解析

一、判断题（共20题，每题1分）

1. 错误

【解析】建设工程质量保修制度，是指在建设工程竣工验收后，在规定的保修期限内，因勘察、设计、施工、材料等原因造成的质量缺陷，应当由施工承包单位负责维修、返工或更换，由责任单位负责赔偿损失的法律制度。

2. 错误

【解析】生产经营单位的从业人员，是指该单位从事生产经营活动各项工作的所有人员，包括管理人员、技术人员和各岗位的工人，也包括生产经营单位临时聘用的人员。

3. 错误

【解析】气硬性胶凝材料只能在空气中凝结、硬化、保持和发展强度，一般只适用于干燥环境，不宜用于潮湿环境与水中。水硬性胶凝材料既能在空气中硬化，也能在水中凝结、硬化、保持和发展强度，既适用于干燥环境，又适用于潮湿环境与水中工程。

4. 正确

【解析】混凝土外加剂的常用品种有减水剂、早强剂、缓凝剂、引气剂、膨胀剂、防冻剂、泵送剂和速凝剂共八类。

5. 正确

【解析】结构平面布置图是表示房屋中各承重构件总体平面布置的图样，一般包括：基础平面布置图，楼层结构布置平面图，屋顶结构平面布置图。

6. 正确

【解析】建筑平面图中凡是被剖切到的墙、柱断面轮廓线用粗实线画出，其余可见的轮廓线用中实线或细实线，尺寸标注和标高符号均用细实线，定位轴线用细单点长画线绘制。

7. 正确

【解析】钢结构吊点采用四点绑扎时，绑扎点应用软材料垫至其中以防钢构件受损。

8. 错误

【解析】卷材防水施工时地面防水层应做在面层以下，四周卷起，高出地面不小100mm。

9. 正确

【解析】项目管理是指项目管理者为达到项目的目标，运用系统理论和方法对项目进行的策划、组织、控制、协调等活动过程的总称。

10. 错误

【解析】企业工程管理部门是项目经理部解体善后工作的主管部门，主要负责项目经理部解体后工程项目在保修期间问题的处理，包括因质量问题造成的返（维）修、工程剩余价款的结算以及回收等。

11. 错误

【解析】夜班工作的时间是指从本日的22时到次日的6时从事工作或劳动时间。

12. 正确

【解析】仲裁是劳动争议案件处理必经的法律程序：发生劳动争议，当事人不愿调解、调解不成或者达成调解协议不履行的，可以向劳动争议仲裁委员会申请仲裁。

13. 错误

【解析】劳动部门负责疏导"民工潮"。

14. 错误

【解析】信访人对各级人民代表大会以及县级以上各级人民代表大会常务委员会、人民法院、人民检察院职权范围内的信访事项，应当告知信访人分别向有关的人民代表大会及其常务委员会、人民法院、人民检察院提出。

15. 错误

【解析】人力资源是指能够推动整个社会和经济发展的、且具有智力劳动和体力劳动能力的劳动者的总和。人力资源包括人的智力、体力、知识和技能。

16. 正确

【解析】我国从20世纪80年代开始对绩效考核的研究，将"德、能、勤、绩"四个方面确定为人员的考核项目内容。

17. 正确

【解析】营业收入是构成企业利润的主要来源。

18. 错误

【解析】行为人的过错是对事实的错误而非对法律的错误，也不是对动机的误解。此情况不属于重大误解。

19. 正确

【解析】在诉讼时效的最后6个月内，因不可抗力或其他障碍不能行使请求权的，诉讼时效终止。

20. 错误

【解析】劳务合同签订后，即生效，再到相关部门进行合同备案。

三、单选题（共40题，每题1分）

21. D

【解析】建设法规体系是国家法律体系的重要组成部分，是由国家制定或认可，并由国家强制力保证实施的，调整建设工程在新建、扩建、改建和拆除等有关活动中产生的社会关系的法律法规的系统。

22. D

【解析】施工总承包资质分为12个类别，专业承包资质分为36个类别，施工劳务资质不分类别。

23. D

【解析】生产经营单位的从业人员依法享有知情权，批评权和检举、控告权，拒绝权，紧急避险权，请求赔偿权，获得劳动防护用品的权利和获得安全生产教育和培训的权利。

24. D

【解析】《安全生产管理条例》第36条规定：施工单位的主要负责人、项目负责人、专职安全生产管理人员应当经建设行政主管部门或其他有关部门考核合格后方可任职。《安全生产管理条例》第36条规定：施工单位应当对管理人员和作业人员每年至少进行一次安全生产教育培训，其教育培训情况记入个人工作档案。安全生产教育培训考核不合格的人员，不得上岗。《安全生产管理条例》第37条对新岗位培训作了两方面规定。一是作业人员进入新的岗位或者新的施工现场前，应当接受安全生产教育培训。未经教育培训或者教育培训考核不合格的人员，不得上岗作业；二是施工单位在采用新技术、新工艺、新设备、新材料时，应当对作业人员进行相应的安全生产教育培训。《安全生产管理条例》第25条规定：垂直运输机械作业人员、安装拆卸工、爆破作业人员、起重信号工、登高架设作业人员等特种作业人员，必须按照国家有关规定经过专门的安全作业培训，并取得特种作业操作资格证书后，方可上岗作业。

25. B

【解析】《劳动合同法》第19条规定：下列劳动合同无效或者部分无效：①以欺诈、胁迫的手段或乘人之危，使对方在违背真实意思的情况下订立或者变更劳动合同的；②用人单位免除自己的法定责任、排除劳动者权利的；③违反法律、行政法规强制性规定的。对劳动合同的无效或者部分无效有争议的，由劳动争议仲裁机构或者人民法院确认。

26. B

【解析】建筑材料按化学成分分类分为无机材料、有机材料和复合材料。

27. B

【解析】膨胀剂是能使混凝土产生一定体积膨胀的外加剂。常用防冻剂有氯盐类、氯盐阻锈类、氯盐与阻锈剂为主复合的外加剂、无氯盐类。泵送剂是改善混凝土泵送性能的外加剂。速凝剂主要用于喷射混凝土、堵漏等。

28. B

【解析】目前国内推广应用较为普遍的砌块有蒸压加气混凝土砌块、普通混凝土小型空心砌块、石膏砌块等。按尺寸偏差与外观质量、干密度、抗压强度和抗冻性，蒸压加气混凝土砌块的质量等级分为优等品、合格品。蒸压加气混凝土砌块适用于低层建筑的承重墙，多层建筑和高层建筑的隔离墙、填充墙及工业建筑物的围护墙体和绝热墙体。混凝土小型空心砌块主规格尺寸为390mm×190mm×190mm、390mm×240mm×190mm，最小外壁厚不应小于30mm，最小肋厚不应小于25mm。混凝土小型空心砌块建筑体系比较灵活，砌筑方便，主要用于建筑的内外墙体。

29. C

【解析】设备施工图可按工种不同再划分成给水排水施工图、采暖通风与空调施工图、电气设备施工图等。

30. A

【解析】图示材料为夯实土壤。

31. B

【解析】A.表示单扇门、B表示双扇门、C表示空门洞、D表示单扇双面弹簧门。

32. B

【解析】剖面图一般表示房屋在高度方向的结构形式。建筑剖面图中高度方向的尺寸包括外部尺寸和内部尺寸。外部尺寸包括门窗洞口的高度、层间高度和总高度三道尺寸。

内部尺寸包括地坑深度、隔断、搁板、平台、室内门窗等的高度。建筑剖面图中不能详细表示清楚的部位应引出索引符号,另用详图表示。需要绘制详图或局部平面放大的位置一般包括内外墙节点、楼梯、电梯、厨房、卫生间、门窗、室内外装饰等。

33. D

【解析】钢板桩支护具有施工速度快,可重复使用的特点。常用的钢板桩施工机械有自由落锤、气动锤、柴油锤、振动锤,使用较多的是振动锤。深层搅拌水泥土桩墙,采用水泥作为固化剂。工程开挖土方时,地下连续墙可用作支护结构,既挡土又挡水,地下连续墙还可同时用作建筑物的承重结构。

34. B

【解析】砖砌体施工工艺流程为:找平、放线、摆砖样、立皮数杆、盘角、砌筑、清理、勾缝、楼层轴线标引、楼层标高控制。

35. B

【解析】留置施工缝的位置应事先确定,施工缝应留在结构受剪力较小且便于施工的部位。

36. B

【解析】施工项目管理的特点:施工项目管理的主体是建筑企业;施工项目管理的对象是施工项目;施工项目管理的内容是按阶段变化的;施工项目管理要求强化组织协调工作。

37. D

【解析】施工项目管理包括以下八方面内容:建立施工项目管理组织、编制施工项目管理规划、施工项目的目标控制、施工项目的生产要素管理、施工项目的合同管理、施工项目的信息管理、施工现场的管理、组织协调等。

38. D

【解析】施工项目目标控制问题的要素包括施工项目、控制目标、控制主体、实施计划、实施信息、偏差数据、纠偏措施、纠偏行为。施工项目控制的目的是排除干扰、实现合同目标。因此,可以说施工项目目标控制是实现施工目标的手段。施工项目目标控制包括:施工项目进度控制、施工项目质量控制、施工项目成本控制、施工项目安全控制四个方面。

39. A

【解析】施工项目成本控制的措施包括组织措施、技术措施、经济措施。

40. A

【解析】施工资源管理的任务:确定资源类型及数量;确定资源的分配计划;编制资源进度计划;施工资源进度计划的执行和动态调整。

41. C

【解析】我国《劳动法》第十五条规定:禁止用人单位招用未满十六周岁的未成年人,文艺、体育和特种工艺单位招用未满十六周岁的未成年人,必须依照国家有关规定,履行审批手续,并保障其接受义务教育的权利。

42. D

【解析】劳动保护费支出系指确因工作需要在规定范围和标准内的劳动保护用品、安全防护用品支出、清凉饮料、解毒剂等防暑降温用品及应由劳动保护费开支的保健食品、特殊工种保健津贴待遇等费用，职业病预防检查费等。

43. B

【解析】调解不是劳动争议解决的必经程序，不愿调解、调解不成或者达成调解协议后不履行的，可以向劳动争议仲裁委员会申请仲裁。

44. A

【解析】对跨省流动的农民工，1~4级伤残的长期待遇的支付，可以实行一次性支付和长期支付两种方式，供农民工选择。

45. B

【解析】县级以上人民政府应当设立信访工作机构。

46. B

【解析】各级人民检察院管辖范围内的信访事项为：对人民检察院工作的建议、批评和意见，对人民检察院生效决定不服的申诉，对公安机关不予立案决定不服的申诉。

47. C

【解析】信访调查的步骤是：事前通知、表明身份、说明理由、实施调查、制作笔录。

48. B

【解析】在20世纪80年代具有重大影响的《Z理论》的作者威廉·大内，通过大量的企业调研在其著作中提出了"Z型组织"的理论。

49. C

【解析】外部招聘的方法主要有以下几种：员工推荐、顾客中挖掘、刊登广告、人才招聘会、校园招聘、就业机构介绍、猎头公司、网络招聘。

50. C

【解析】企业人员管理，员工流出管理包括：解雇（辞退）、开除、提前退休、自愿流出。

51. D

【解析】工人培训包括：班组长培训、技术工人等级培训、特种作业人员的培训、对外埠施工队伍的培训。

52. D

【解析】公平目标包括三个层次：分配公平、过程公平、机会公平。

53. B

【解析】绩效工资占总体工资的比例在50%以上，浮动部分比较大。

54. C

【解析】生产费用经对象化后进入生产成本，但期末应将当期已销产品的成本结转进入当期的费用。

55. A

【解析】收入有以下几方面的特点：收入从企业的日常生活中产生，而不是从偶发的交易或事项中产生；收入可能表现为企业资产的增加，也可能表现为企业负债的较少，或二者兼而有之；收入能导致企业所有者权益的增加；收入只包括本企业经济利益的流入，不包括为第三方或客户代收的款项。

56. A

【解析】弥补公司以前年度亏损。公司的法定公积金不足以弥补以前年度亏损的，在依照规定提取法定公积金之前，应当先弥补亏损。

57. C

【解析】《合同法》规定的遵守法律原则是指法律的强制性规定。

58. D

【解析】无民事行为能力人只能通过法定代理人订立合同，不能独立订立合同，否则，在法律上是无效的。

59. B

【解析】诉讼时效的法律依据有：债务人可以拒绝履行债务；法院不再对债务人采取强制措施。

60. A

【解析】我国《民法通则》实际上主张诉讼时效届满以后，权利人仅丧失请求法院通过强制力来使自己的权利得以实现的权力。

三、多选题（共20题，每题2分，选错项不得分，选不全得1分）

61. CDE

【解析】关于地方的立法权问题，地方是与中央相对应的一个概念，我国的地方人民政府分为省、地、县、乡四级。其中省级中包括直辖市，县级中包括县级市即不设区的市。县、乡级没有立法权。省、自治区、直辖市以及省会城市、自治区首府有立法权。而地级市中只有国务院批准的规模较大的市有立法权，其他地级市没有立法权。

62. ABCDE

【解析】市政公用工程施工总承包企业可以承包工程范围如下：一级：可承担各种类市政公用工程的施工；二级：可承担下列市政公用工程的施工：（1）各类城市道路：.单跨45m及以下的城市桥梁；（2）15万t/d及以下的供水工程；10万t/d及以下的污水处理工程；2万t/d及以下的给水泵站、15万t/d及以下的污水泵站、雨水泵站；各类给排水及中水管道工程；（3）中压以下燃气管道、调压站；供热面积150万m^2及以下热力工程和各类热力管道工程；（4）各类城市生活垃圾处理工程；（5）断面25m^2及以下隧道工程和地下交通工程；（6）各类城市广场、地面停车场硬质铺装；（7）单项合同额4000万元及以下的市政综合工程。三级：可承担下列市政公用工程的施工：（1）城市道路工程（不含快速路）；单跨25m及以下的城市桥梁工程；（2）8万t/d及以下的给水厂；6万t/d及以下的污水处理工程；10万t/d及以下的给水泵站、10万t/d及以下的污水泵站、雨水泵站，直径1m及以下供水管道；直径1.5m及以下污水及中水管道；（3）2kg/cm^2及以下中压、低压燃气管道、调压站；供热面积50万m^2及以下热力工程，直径0.2m及以下热力管道；（4）单项合同额2500万元及以下的城市生活垃圾处理工程；（5）单项合同额2000万元及以下地下交通工程（不包括轨道交通工程）；（6）5000m^2及以下城市广场、地面停车场硬质铺装；（7）单项合同额2500万元及以下的市政综合工程。

63. ABCD

【解析】《安全生产管理条例》第35条对起重机械设备管理作了如下规定：施工单位

在使用施工起重机械和整体提升脚手架、模板等自升式架设设施前，应当组织有关单位进行验收，也可以委托具有相应资质的检验检测机构进行验收；使用承租的机械设备和施工机具及配件的，由施工总承包单位、分包单位、出租单位和安装单位共同进行验收。验收合格的方可使用。

64. ABE

【解析】装饰用石材主要为板材。细料石通过细加工、外形规则，叠砌面凹入深度不应大于10mm，截面的宽度、高度不应小于200mm，且不应小于长度的1/4。毛料石外形大致方正，一般不加工或稍加修整，高度不应小于200mm，叠砌面凹入深度不应大于25mm。毛石指形状不规则，中部厚度不小于300mm的石材。装饰用石材主要用于公共建筑或装饰等级要求较高的室内外装饰工程。

65. ACD

【解析】半圆或小于半圆的圆弧应标注半径，圆及大于半圆的圆弧应标注直径。在圆内标注的直径尺寸线应通过圆心，只需两端画箭头指至圆弧，较小圆的直径尺寸，可标注在圆外。标注坡度时，在坡度数字下应加注坡度符号，坡度符号为单面尖头，一般指向下坡方向。我国把青岛市外的黄海海平面作为零点所测定的高度尺寸称为绝对标高。在施工图中一般注写到小数点后三位即可，在总平面图中则注写到小数点后二位。

66. AD

【解析】定位轴线的编号宜标注在图样的下方与左侧，横向编号应用阿拉伯数字，从左至右顺序编写，竖向编号应用大写拉丁字母，从下至上顺序编写。建筑平面图中的尺寸有外部尺寸和内部尺寸两种。外部尺寸包括总尺寸、轴线尺寸和细部尺寸三类。在平面图上所标注的标高均应为相对标高。底层室内地面的标高一般用±0.000表示。对于隐蔽的或者在剖切面以上部位的内容，应以虚线表示。屋面平面图一般内容有：女儿墙、檐沟、屋面坡度、分水线与落水口、变形缝、楼梯间、水箱间、天窗、上人孔、消防梯以及其他构筑物、索引符号等。

67. ACE

【解析】水泥选用强度等级不低于42.5级。在保证能振捣密实的前提下水灰比尽可能小，一般不大于0.6，坍落度不大于50mm，水泥用量为320~400kg/m³，砂率取35%~40%。为了有效起到保护钢筋和阻止钢筋的引水作用，迎水面防水混凝土的钢筋保护层厚度不得小于50mm。在浇筑过程中，应严格分层连续浇筑，每层厚度不宜超过300~400mm，机械振捣密实。墙体一般只允许留水平施工缝，其位置一般宜留在高出底板上表面不小于500mm的墙身上，如必须留设垂直施工缝，则应留在结构的变形缝处。

68. ABC

【解析】施工项目投标阶段主要工作包括：由企业决策层或企业管理层按企业的经营战略，对工程项目做出是否投标的决策；决定投标后收集掌握企业本身、相关单位、市场等诸多方面信息；编制《施工项目管理规划大纲》；编制投标书，并在截止日期前发出投标函；如果中标，则与招标方谈判，依法签订工程承包合同。

69. CE

【解析】一般项目经理部可设置经营核算部门、技术管理部门、物资设备供应部门、质量安全监控管理部门、测试计量部门等5个部门。

70. BD

【解析】施工项目进度控制的措施主要有组织措施、技术措施、合同措施、经济措施和信息管理措施等。组织措施主要是指落实各层次的进度控制的人员及其具体任务和工作责任，建立进度控制的组织系统；按着施工项目的结构、进展的阶段或合同结构等进行项目分解，确定其进度目标，建立控制目标体系；建立进度控制工作制度，如定期检查时间、方法，召开协调会议时间、参加人员等，并对影响实际施工进度的主要因素分析和预测，制订调整施工实际进度的组织措施。技术措施主要是指应尽可能采用先进的施工技术、方法和新材料、新工艺、新技术，保证进度目标实现；落实施工方案，在发生问题时，能适时调整工作之间的逻辑关系，加快实施进度。合同措施是指以合同形式保证工期进度的实现，即保持总进度控制目标与合同总工期相一致；分包合同的工期与总包合同的工期相一致；供货、供电、运输、构件加工等合同规定的提供服务时间与有关的进度控制目标相一致。经济措施是指要制订切实可行的实现进度计划进度所必需的资金保证措施，包括落实进度目标的保证资金；签订并实施关于工期和进度的经济承包责任制；建立并实施关于工期和进度的奖惩制度。信息管理措施是指建立完善的工程统计管理体系和统计制度，详细、准确、定时地收集有关工程实际进度情况的资料和信息，并进行整理统计，得出工程施工实际进度完成情况的各项指标，将其与施工计划进度的各项指标比较，定期地向建设单位提供比较报告。

71. ABCDE

【解析】《劳动法》第六十四条规定：不得安排未成年工从事矿山井下、有毒有害、国家规定的第四级劳动强度的劳动和其他禁忌从事的劳动。锅炉司炉和潜水作业不允许。

72. ADE

【解析】当事人对可诉的仲裁裁决不服的，可自收到仲裁裁决书之日起15日内向人民法院提起诉讼。发生劳动争议，当事人不愿协商、协商不成或者达成和解协议后不履行的，可以向调解组织申请调解。

73. BCDE

【解析】劳动者就业，不因民族、种族、性别、宗教信仰等不同而受歧视。

74. ABCDE

【解析】提出复查必须满足以下条件：（1）必须由不服办理意见的信访人提出属于信访复查的范围；（2）有具体的复查请求和事实依据；（3）属于该接受申请机关的职权范围；（4）该复查请求必须自收到办理机关的书面答复之日起30日内提出；（5）属于信访复查的范围。

75. ABCE

【解析】人力资源规划的内容包括：战略规划、组织规划、制度规划、人员规划、费用规划。

76. AE

【解析】职务工资制的特点是：严格的职务分析，比较客观公正；职务工资比重较大，职务津贴高；严格的职等职级，并对应严格的工资等级；容易形成管理独木桥，职员晋升机会比较小。

77. ABDE

【解析】费用具有以下特点：费用是企业日常活动中发生的经济利益的流出；费用将引起所有者权益的减少；费用可能表现为资产的减少，或负债的增加，或者兼而有之；费用只包括本企业经济利益的流出，而不包括为第三方或客户代付的款项及偿还债务支出。

78. BCE

【解析】收入有以下几方面的特点：收入从企业的日常生活中产生，而不是从偶发的交易或事项中产生；收入可能表现为企业资产的增加，也可能表现为企业负债的较少，或二者兼而有之；收入能导致企业所有者权益的增加；收入只包括本企业经济利益的流入，不包括为第三方或客户代收的款项。

79. ABC

【解析】合同无效或被撤销的法律后果为：返还财产、折价补偿、赔偿损失、收归国库所有。

80. BCD

【解析】数据电文包括：电报、电传、传真、电子数据交换和电子邮件。

下篇　岗位知识与专业技能

第一章　劳务员岗位相关的标准和管理规定

一、判断题

1. 超过国家规定的正常退休年龄的人员，可以从事建筑业的体力劳动务工。

【答案】错误

【解析】从事建筑业劳动的务工人员，必须是年满十六周岁以上，国家规定的正常退休年龄以下，具有劳动能力的人员。

2. 职业资格证书是证明劳动者技能水平的有效证件。

【答案】正确

【解析】职业资格证书是反映劳动者具备某种职业所需要的专业知识和技能的证明，它是劳动者求职、从业的资格凭证，是用人单位招聘录用劳动者的重要依据之一，也是就业时证明劳动者技能水平的有效证件。

3. 劳务分包企业中的管理人员，不得低于注册人员的8%。

【答案】正确

【解析】劳务分包企业施工队必须配备相应的管理人员，不得低于注册人员的8%，全部管理人员应100%持有国家相关部门颁发的管理岗位证书。

4. 90%的一般技术工人、特种作业人员、劳务普工注册人员须持有相应工种的岗位证书。

【答案】错误

【解析】一般技术工人、特种作业人员、劳务普工注册人员必须100%持有相应工种的岗位证书。

5. 专业承包企业不可以将劳务作业分包给具有相应资质的劳务分包企业。

【答案】错误

【解析】专业承包企业可以对所承接的专业工程全部自行施工，也可以将劳务作业分包给具有相应资质的劳务分包企业。

6. 施工总承包序列企业一级资质许可由国务院建设主管部门实施。

【答案】正确

【解析】施工总承包序列企业一级资质许可由国务院建设主管部门实施。

7. 建筑企业合并设立的新企业，可以承继合并前各方中较低的资质等级。

【答案】错误

【解析】企业合并的，合并后存续或者新设立的建筑企业可以继承合并前各方中较高的资质等级。

8. 职业技能的高低是农民工就业的稳定性和收入水平的决定性因素。

【答案】正确

【解析】职业技能的高低是农民工就业的稳定性和收入水平的决定性因素。

9. 用人单位可以实行计件工资，而不执行最低工资制度。

【答案】错误

【解析】用人单位不得以实行计件工资为由拒绝执行最低工资制度。

10. 在大城市，对农民工中的劳动模范、先进工作者和高级技工、技师以及其他有突出贡献者，应优先准予落户。

【答案】正确

【解析】大城市要积极稳妥地解决符合条件的农民工户籍问题，对农民工中的劳动模范、先进工作者和高级技工、技师以及其他有突出贡献者，应优先准予落户。

11. 对于农民工流出地，要加大对农民工岗前或其他职业技能的培训。

【答案】错误

【解析】对于农民工流入地，要加大对农民工岗前或其他职业技能的培训。

12. 工伤是指劳动者在从事职业活动或者与职业活动有关的活动所遭受的非职业病伤害。

【答案】错误

【解析】工伤是指劳动者在从事职业活动或者与职业活动有关的活动所遭受的事故伤害和职业病伤害。

13. 工伤认定是指劳动保障行政部门依据国家有关法律、政策的规定，依法作出劳动者受伤是否属于工伤范围的决定的行政行为。

【答案】正确

【解析】工伤认定，是指劳动保障行政部门依据国家有关法律、政策的规定，依法作出劳动者受伤是否属于工伤范围的决定的行政行为。

14. 工伤保险可以由用人单位自愿选择参加。

【答案】错误

【解析】工伤保险属于强制实施的一种保险制度。

15. 一般情况下，外籍员工在华工作可以不参加工伤保险。

【答案】错误

【解析】外籍员工在华工作也应该参加工伤保险。

16. 在编制劳务培训费用预算计划时，需要计算直接费用和间接费用。

【答案】错误

【解析】在编制劳务培训费用预算计划时，一般只计算直接发生的费用。

二、单选题

1. 在建筑业从事（　　）的人员，必须年满十八周岁以上。
A. 繁重体力劳动和高空作业　　B. 高空作业和野外作业
C. 野外作业和接触有毒有害物质　　D. 接触有毒有害物质和繁重体力劳动

【答案】D

【解析】在建筑业从事接触有毒有害物质和繁重体力劳动的人员，必须年满十八周岁以上。

2. 目前，建筑业劳务作业分包企业的资质划分为（　　）类。
A. 12　　　　　　　　　　　　B. 13
C. 14　　　　　　　　　　　　D. 15

【答案】B

【解析】按照原建设部《建筑业企业资质等级标准》（建〔2001〕82号），建筑劳务企业资质划分为13类。

3. 劳务分包企业中，特种作业人员持有岗位证书的比例是（　　）。
A. 5%　　　　　　　　　　　　B. 40%
C. 90%　　　　　　　　　　　 D. 100%

【答案】D

【解析】一般技术工人、特种作业工人、劳务普工等注册人员必须100%持有相应工种的岗位证书。

4. 当劳务队伍的总人数超过（　　）以上时，必须配备一名专职劳务员。
A. 100　　　　　　　　　　　　B. 80
C. 50　　　　　　　　　　　　 D. 30

【答案】A

【解析】队伍人数在百人以上的劳务分包企业，必须配备一名专职劳务员。

5. 下列资质许可由省级建设主管部门实施的是（　　）。
A. 交通专业承包序列一级资质　　　B. 机电安装专业承包序列一级资质
C. 铁路专业承包序列二级资质　　　D. 不分等级的城市轨道交通专业承包序列

【答案】B

【解析】可由省级建设主管部门实施的是，专业承包序列一级资质（不含铁路、交通、水利、信息产业、民航方面的专业承包序列一级资质）。

6. 建筑企业资质证书的有效期是（　　）年。
A. 3　　　　　　　　　　　　　B. 4
C. 5　　　　　　　　　　　　　D. 6

【答案】C

【解析】建筑企业资质证书的有效期是5年。

7. 下列资质许可由市级建设主管部门实施的是（　　）。
A. 交通专业承包序列一级资质　　　B. 机电安装专业承包序列一级资质
C. 铁路专业承包序列二级资质　　　D. 劳务分包序列资质

【答案】D

【解析】由企业工商注册所在地设区的市人民政府建设主管部门实施的是：施工总承包序列三级资质；专业承包序列三级资质；劳务分包序列资质；燃气燃烧器具安装、维修企业资质。

8. "建立农民工工资支付保障制度"是在（　　）中做出的规定。
A.《建设领域农民工工资支付管理暂行办法》（劳社部发〔2004〕22号）
B.《国务院关于解决农民工问题的若干意见》

C.《国务院办公厅关于进一步做好改善农民进城就业环境工作的通知》
D.《国务院办公厅关于做好农民进城务工就业管理和服务工作的通知》

【答案】B

【解析】《国务院关于解决农民工问题的若干意见》规定建立农民工工资支付保障制度。

9. 招用农民工的企业，下列组织机构中应当有农民工代表的是（　　）。
  A. 董事会   B. 监事会
  C. 股东大会   D. 职工代表大会

【答案】D

【解析】招用农民工的企业，下列组织机构中应当有农民工代表的是职工代表大会。

10. 承担农民工子女义务教育责任的主体是（　　）。
  A. 输出地政府   B. 输入地政府
  C. 输入地政府和输出地政府   D. 农民工招用单位

【答案】C

【解析】输入地政府要担起农民工同住子女义务教育的责任，输出地政府要解决好农民工拖留在农村子女的教育问题。

11. 属于农民工流出地的责任是（　　）。
  A. 加大对农民工岗前或其他职业技能的培训
  B. 为农民工接受继续教育提供便利
  C. 为农民工子女接受教育创造条件
  D. 加大对农村转移劳动力法律知识的培训

【答案】D

【解析】农民工流出地的责任是：加大农村教育经费投入，提高农村劳动力的整体素质；改变农村教育模式，培养适合农村及社会发展需要的人才；加大对农村转移劳动力职业技能培训；加大对农村转移劳动力法律知识的培训。

12. 伤害程度中，轻伤是指损失工作日低于（　　）日的失能伤害。
  A. 90   B. 100
  C. 105   D. 110

【答案】C

【解析】轻伤是指损失工作日低于105日的失能伤害。

13. 在下列各项中，应当认定为工伤的是（　　）。
  A. 因工外出途中，由于交通事故造成重伤
  B. 因违反治安管理而造成伤亡
  C. 因醉酒斗殴造成轻伤
  D. 因与同事发生矛盾而自残

【答案】A

【解析】工伤主要有以下类型：A. 在工作时间和工作场所内，因工作原因受到事故伤害的；B. 工作时间前后在工作场所内，从事与工作有关的预备性或者收尾性工作受到事故伤害的；C. 在工作时间和工作场所内，因履行工作职责受到暴力等意外伤害的；D. 患

职业病的；E. 因公外出期间，由于工作原因受到伤害或者发生事故下落不明的；F. 在上下班途中，受到机动车事故伤害的；G. 法律、行政法规规定应当认定为工伤的其他情形。

14. 工伤认定的主体不包括（　　）。
    A. 职工工友 　　　　　　B. 职工所在单位
    C. 职工或者其直系亲属 　D. 职工所在单位的工会组织

【答案】A

【解析】工伤认定的主体为：职工所在单位；职工或者其直系亲属；职工所在单位的工会组织。

15. 对于工伤保险，以下说法正确的是（　　）。
    A. 由国家强制实行 　　　B. 由用人单位自愿参加
    C. 不会促进安全生产 　　D. 不会减轻用人单位负担

【答案】A

【解析】工伤保险作为一种社会保险是国家强制实行的，企业必须参加。

16. 抢救症状较轻的触电伤员的方法是（　　）。
    A. 就地平躺，暂时不要站立或走动 　B. 立即对伤员进行人工呼吸
    C. 立即做胸外心脏按压 　　　　　　D. 针刺人中，给予呼吸兴奋剂

【答案】A

【解析】症状较轻者，即神志清醒，呼吸心跳均自主者可就地平卧，暂时不要站立或走动，防止继发休克或心衰。

17. 事故发生后，单位负责人应当在（　　）小时内向事故发生地县级以上人民政府主管部门报告。
    A. 0.5 　　　　　　　　　B. 1
    C. 1.5 　　　　　　　　　D. 2

【答案】B

【解析】事故发生后，单位负责人应当在1小时内向事故发生地县级以上人民政府安全生产监督管理部门和负有安全生产监督管理职责的有关部门报告。

18. 伤亡事故处理工作应当在（　　）日内结案，特殊情况不得超过（　　）日。伤亡事故处理结案后，应当公布处理结果。
    A. 90；160 　　　　　　　B. 90；180
    C. 80；160 　　　　　　　D. 80；180

【答案】B

【解析】伤亡事故处理工作应当在90日内结案，特殊情况不得超过180日。伤亡事故处理结案后，应当公布处理结果。

三、多选题

1. 凡患有以下（　　）病症的人员，不宜从事建筑业的工作。
   A. 高血压 　　　　　　　B. 心脏病
   C. 糖尿病 　　　　　　　D. 慢性肝炎
   E. 癫痫

【答案】ABDE

【解析】凡患有高血压、心脏病、贫血、慢性肝炎、癫痫（羊角风）等症的人不宜从事建筑业的工作。

2. 劳务作业分包企业合法成立的条件是要取得以下证书（　　）。
   A. 建造师执业资格证书　　　　　　B. 企业法人营业执照
   C. 建筑业企业资质证书　　　　　　D. 建筑业企业劳务施工队长证书
   E. 建筑企业安全生产许可证

【答案】BC

【解析】劳务企业应办理工商注册并取得《企业法人营业执照》，具备由企业工商注册所在地区的市人民政府建设主管部门核发的《建筑业企业资质证书》。

3. 对劳务作业分包企业的资质等级划分为（　　）。
   A. 一级　　　　　　　　　　　　　B. 二级
   C. 三级　　　　　　　　　　　　　D. 四级
   E. 不分等级

【答案】ABE

【解析】根据建筑劳务企业的注册资本金、专业技术人员和技术工人数量以及业绩等情况，其中有6类资质划分一级、二级，其余7类资质不分等级。

4. 建筑劳务企业岗位证书的主要种类有（　　）。
   A. 继续教育合格证书　　B. 管理人员岗位证书　　C. 职业技能岗位证书
   D. 特种作业人员操作证书　　E. 特种设备作业人员证书

【答案】BCDE

【解析】建筑劳务企业岗位证书的主要种类有：管理人员岗位证书、职业技能岗位证书、特种作业人员操作证书、特种设备作业人员证书。

5. 下列资质许可由地区级建设主管部门实施的是（　　）。
   A. 施工总承包序列三级资质（不含国资委直管企业）
   B. 专业承包序列三级资质
   C. 劳务分包序列资质
   D. 不分等级的公路交通工程专业承包序列
   E. 燃气燃烧器具安装、维修企业资质

【答案】ABCE

【解析】下列建筑业企业资质许可，由企业工商注册所在地设区的市人民政府建设主管部门实施：施工总承包序列三级资质（不含国资委直管企业）；专业承包序列三级资质；劳务分包序列资质；燃气燃烧器具安装、维修企业资质。

6. 建筑业企业申请资质升级的，应当提交的材料有（　　）。
   A. 企业章程　　　　　　　　　　　B. 企业原资质证书副本复印件
   C. 企业年度财务、统计报表　　　　D. 企业安全生产许可证副本
   E. 专业技术人员职称证书

【答案】BCD

【解析】建筑业企业申请资质升级的，应当提交的材料有：企业原资质证书副本复印

件；企业年度财务、统计报表；企业安全生产许可证副本等。

7. 农民工概念的主要含义是（　　）。
A. 农民工是农村的富余劳动力
B. 农民工没有城市户口
C. 农民工的职业身份是工人
D. 农民工需要提高职业素质
E. 农民工是农村进城务工经商的人员。

【答案】BCE

【解析】农民工这个概念主要包含了三个方面的含义：（1）农民工没有城市户口，仍然保留着农村户籍；（2）农民工在城市就业和工作，从事第二和第三产业，其劳动收入主要是依靠非农产业的工资性收入；（3）农民工是农村进城务工经商人员，即农民工是"离土又离乡"的农村劳动力。

8. 农民工合法权益可以界定为（　　）。
A. 平等性权益
B. 政治性权益
C. 经济性权益
D. 社会性权益
E. 发展性权益

【答案】BCD

【解析】农民工合法权益可以界定为经济性权益、社会性权益和政治性权益。

9. 农民工权益保护的基本原则包括（　　）。
A. 公平对待，一视同仁
B. 强化服务，完善管理
C. 统筹规划，合理引导
D. 因地制宜，分类引导
E. 立足当前，着眼长远

【答案】ABCDE

【解析】农民工权益保护的基本原则包括：公平对待，一视同仁；强化服务，完善管理；统筹规划，合理引导；因地制宜，分类引导；立足当前，着眼长远。

10. 下列各项中，属于工会组织维护农民工权益重点内容的是（　　）。
A. 劳动合同
B. 劳动工资
C. 社会保障
D. 劳动条件
E. 职业安全卫生

【答案】ABDE

【解析】各级工会要以劳动合同、劳动工资、劳动条件和职业安全卫生为重点，督促用人单位履行法律法规规定的义务。

11. 在下列各项中，应当认定为工伤的是（　　）。
A. 在施工现场因阻止偷盗者而受到意外伤害
B. 因工外出途中，由于交通事故造成重伤
C. 因违反治安管理而造成伤亡
D. 因醉酒斗殴造成轻伤
E. 因与同事发生矛盾而自残

【答案】AB

【解析】工伤主要有以下类型：A. 在工作时间和工作场所内，因工作原因受到事故伤害的；B. 工作时间前后在工作场所内，从事与工作有关的预备性或者收尾性工作受到事

故伤害的；C. 在工作时间和工作场所内，因履行工作职责受到暴力等意外伤害的；D. 患职业病的；E. 因公外出期间，由于工作原因受到伤害或者发生事故下落不明的；F. 在上下班途中，受到机动车事故伤害的；G. 法律、行政法规规定应当认定为工伤的其他情形。

12. 工伤认定的条件包括（　　）。
    A. 工作强度　　　　　　　　　B. 工作程序
    C. 工作时间　　　　　　　　　D. 工作场所
    E. 工作原因

【答案】CDE

【解析】工作时间、工作场所、工作原因是工伤认定的条件。

13. 申请劳动能力鉴定的程序是（　　）。
    A. 自我评估　　　　　　　　　B. 提出申请
    C. 审查受理　　　　　　　　　D. 组织鉴定
    E. 结论送达

【答案】BCDE

【解析】申请劳动能力鉴定的程序是提出申请、审查受理、组织鉴定、结论送达。

14. 设置劳务培训目标，应包括的要素是（　　）。
    A. 费用要素　　　　　　　　　B. 内容要素
    C. 时间要素　　　　　　　　　D. 标准要素
    E. 条件要素

【答案】BDE

【解析】设置劳务培训目标应包括三个要素：内容要素、标准要素、条件要素。

第二章 劳动定额的基本知识

一、判断题

1. 劳动定额是在正常的施工（生产）技术组织条件下，为完成一定量的合格产品或完成一定量的工作所必需的劳动消耗量的标准。

【答案】正确

【解析】劳动定额是在正常的施工（生产）技术组织条件下，为完成一定量的合格产品或完成一定量的工作所必需的劳动消耗量的标准。

2. 时间定额与产量定额是互为倒数的关系。

【答案】正确

【解析】时间定额与产量定额是互为倒数的关系。

3. 经验估工法适用于产品品种多，批量大，不易计算工作量的施工作业。

【答案】错误

【解析】经验估工法适用于产品品种多，批量小，不易计算工作量的施工（生产）作业。

4. 编制劳动定额时，统计分析法适用于小批量的施工作业。

【答案】错误

【解析】统计分析法简便易行，较经验估工法有较多的原始资料，更能反映实际施工水平。它适合与施工（生产）条件正常、产品稳定、批量大、统计工作制度健全的施工（生产）过程。

5. 基本工作时间的长短与工作量的大小成反比。

【答案】正确

【解析】基本工作时间的长短与工作量的大小成反比。

6. 违背劳动纪律造成的工作时间损失，这类时间在定额中也应考虑。

【答案】错误

【解析】违背劳动纪律造成的工作时间损失，是指工人迟到、早退、擅自离开工作岗位、工作时间内聊天等造成的工时损失。这类时间在定额中不予考虑。

二、单选题

1. 劳动定额的表现形式分为（　　）。
    A. 时间定额和技术定额
    B. 技术定额和经济定额
    C. 经济定额和产量定额
    D. 产量定额和时间定额

【答案】D

【解析】劳动定额的表现形式分为产量定额和时间定额。

2. 用经验估工法确定某一个施工过程单位合格产品工时消耗，通过座谈讨论估计出了三种不同的工时消耗，分别为0.45、0.6、0.7，计算其定额时间为（　　）。

A. 0.51　　　　　　　　　　　　B. 0.59
C. 0.63　　　　　　　　　　　　D. 0.67

【答案】B

【解析】定额时间 t = (0.45 + 4×0.6 + 0.7)/6 = 0.59。

3. 关于统计分析法，以下说法错误的是（　　）。
   A. 简便易行　　　　　　　　　B. 需要有较多的数据资料
   C. 适用于批量小的施工作业　　D. 更能反映实际施工水平

【答案】C

【解析】统计分析法简便易行，较经验估工法有较多的原始资料，更能反映实际施工水平。它适合与施工（生产）条件正常、产品稳定、批量大、统计工作制度健全的施工（生产）过程。

4. 关于比较类推法，以下说法错误的是（　　）。
   A. 简便易行　　　　　　　　　B. 工作量小
   C. 适用于批量大的施工作业　　D. 需要测定比例关系

【答案】C

【解析】比较类推法方法简便、工作量小，需要测定比例关系，适用产品品种多、批量小的施工（生产）过程。

5. 技术测定法适用于（　　）。
   A. 所有类型的施工作业　　　　B. 批量小的施工作业
   C. 批量大的施工作业　　　　　D. 复杂程度高的施工作业

【答案】A

【解析】技术测定法，是指通过对施工（生产）过程的生产技术组织条件和各种工时消耗进行科学的分析研究后，拟定合理的施工条件、操作方法、劳动组织和工时消耗。

6. 时间研究是在一定的标准测定条件下，确定人们完成作业活动所需时间总量的一套（　　）。
   A. 动作和方法　　　　　　　　B. 程序和方法
   C. 流程和定额　　　　　　　　D. 数据统计表

【答案】B

【解析】时间研究是在一定的标准测定条件下，确定人们完成作业活动所需时间总量的一套程序和方法。

7. 工人在工作班内消耗的工作时间，按其消耗的性质可以分为（　　）。
   A. 定额时间和休息时间　　　　B. 有效时间和损失时间
   C. 必须消耗的时间和中断时间　D. 必须消耗的时间和损失时间

【答案】D

【解析】工人在工作班内消耗的工作时间，按其消耗的性质可以分为必须消耗的时间和损失时间。

8. 有效工作时间包括基本工作时间、辅助工作时间和（　　）。
   A. 必要的休息时间　　　　　　B. 准备与结束工作时间
   C. 不可避免的中断时间　　　　D. 偶然的损失时间

【答案】B

【解析】有效工作时间是从生产效果来看与产品生产直接有关的时间消耗,包括基本工作时间、辅助工作时间和准备与结束工作时间。

9. 下列各项中,不属于损失时间的是（　　）。
   A. 施工组织和技术上的缺点而产生的时间消耗
   B. 施工过程中人为过失而造成的时间消耗
   C. 与施工工艺特点有关的工作中断时间
   D. 劳动组织不当引起的时间消耗

【答案】C

【解析】损失时间,是与产品生产无关,而与施工组织和技术上的缺点有关,与工作过程中个人过失或某些偶然因素有关的时间消耗。

10. 在下列各项中,可以在工作时间定额中适当考虑的是（　　）。
    A. 由于气候条件而引起的停工时间
    B. 由于工人在工作时间聊天而造成的工时损失
    C. 由于工人迟到早退而造成的工时损失
    D. 由于工人擅自离开工作岗位而引起的停工时间

【答案】A

【解析】在工作时间定额中适当考虑的是由于气候条件而引起的停工时间。

三、多选题

1. 编制劳动定额常用的方法有（　　）。
   A. 经验估工法　　　　　　B. 统计分析法
   C. 比较类推法　　　　　　D. 技术测定法
   E. 头脑风暴法

【答案】ABCD

【解析】劳动定额一般常用的方法有四种,即:经验估工法、统计分析法、比较类推法和技术测定法。

2. 关于比较类推法,以下说法正确的是（　　）。
   A. 简便易行　　　　　　　B. 工作量小
   C. 适用于批量大的施工作业　D. 需要测定比例关系
   E. 不必要考虑工序的近似性

【答案】ABD

【解析】比较类推法方法简便、工作量小,需要测定比例关系,适用产品品种多、批量小的施工（生产）过程。

3. 根据施工过程的特点和技术测定的目的、对象和方法的不同,技术测定法分为（　　）。
   A. 数据拟合法　　　　　　B. 测时法
   C. 写实记录法　　　　　　D. 工作日写实法
   E. 简易测定法

【答案】BCDE

【解析】根据施工过程的特点和技术测定的目的、对象和方法的不同,技术测定法分为测时法、写实记录法、工作日写实法、简易测定法等四种。

4. 时间研究产生的数据可以在很多方面加以利用,除了作为编制人工消耗量定额和机械消耗量定额的依据外,还可用于(　　)。

A. 在施工活动中确定合适的人员或机械的配置水平,组织均衡生产

B. 制定机械利用和生产成果完成标准

C. 为制定金钱奖励目标提供依据

D. 确定标准的生产目标,为收入控制提供依据

E. 检查劳动效率和定额的完成情况

【答案】ABCE

【解析】时间研究产生的数据可以在很多方面加以利用,除了作为编制人工消耗量定额和机械消耗量定额的依据外,还可用于:在施工活动中确定合适的人员或机械的配置水平,组织均衡生产;制定机械利用和生产成果完成标准;为制定金钱奖励目标提供依据;确定标准的生产目标,为费用控制提供依据;检查劳动效率和定额的完成情况;作为优化施工方案的依据。

5. 有效工作时间包括(　　)。

A. 辅助工作时间　　　　　　B. 准备与结束工作时间

C. 不可避免的中断时间　　　D. 偶然的损失时间

E. 基本工作时间

【答案】ABE

【解析】有效工作时间是从生产效果来看与产品生产直接有关的时间消耗,包括基本工作时间、辅助工作时间和准备与结束工作时间。

第三章 劳动力需求计划

一、判断题

1. 在管理层与作业层"两层分离"的用工体制下，施工现场的操作工人以劳务分包企业的劳动力为主体。

【答案】正确

【解析】在管理层与作业层"两层分离"的用工体制下，施工现场一线的工人以劳务分包企业的劳动力为主体。

2. 目前，大量的农村劳动力成为建筑业工人的主要来源。

【答案】正确

【解析】建筑业目前属于"脏、累、险、差"的劳动密集型行业，多年来难于从城镇招收建筑业工人，同时由于使用农民工的成本低廉，使大量农村剩余劳动力成为建筑业工人的主要来源。

3. 根据工程的实物量和定额标准分析劳动需用总工日，确定生产工人、工程技术人员的数量和比例。

【答案】正确

【解析】根据工程的实物量和定额标准分析劳动需用总工日，确定生产工人、工程技术人员的数量和比例。

4. 确定劳动力的劳动效率是劳动力需求计划编制的重要前提。

【答案】正确

【解析】确定劳动力的劳动效率，是劳动力需求计划编制的重要前提。

5. 劳动力负荷曲线是劳动力资源耗用规律的图形表示。

【答案】正确

【解析】根据资源耗用规律，人力需要量是从少到多，逐渐形成相对平稳的高峰，然后逐渐减少。这一规律，可用函数表示，这种函数曲线所描述的就是劳动力动员直方图的包络曲线，可称为劳动力负荷曲线。

二、单选题

1. 不属于施工劳动力主要类型的是（　　）。
A. 企业自有工人　　　　　　　B. 聘用外来劳务企业工人
C. 使用劳务派遣工人　　　　　D. 临时零星用工

【答案】D

【解析】施工劳动力的类型为：企业自有工人、聘用外来劳务企业工人、使用劳务派遣工人。

2. 下列各项中，不属于施工劳动力结构特点的是（　　）。
A. 劳动力主要集中在劳务分包企业　　B. 劳动力主要来源于城镇

C. 劳动力的聘用期相对较短　　　　D. 普通工人多于高技能工人

【答案】B

【解析】施工劳动力的结构特点是：（1）总承包企业自有劳动力少，使用劳务分包企业劳动力多；（2）城镇劳动力少，农村劳动力多；（3）长期工少，短期工多；（4）高技能工人少，一般技工和普通工多；（5）女性工人少，男性工人多。

3. 下列各项中，不属于劳动力需求计划编制原则的是（　　）。
A. 保障劳动力权益的原则
B. 劳动力资源优化配置的原则
C. 符合施工组织设计的原则
D. 确保工程质量、安全生产和工程进度的原则

【答案】A

【解析】劳动力需求计划编制原则包括：（1）控制人工成本，实现企业劳动力资源市场化的优化配置；（2）符合企业（项目）施工组织设计和整体进度要求；（3）根据企业需要遴选专业分包、劳务分包队伍，提供合格劳动力，保证工程进度及工程质量、安全生产；（4）依据国家及地方政府的法律法规对分包企业的履约及用工行为实施监督管理。

4. 在劳动定额中，劳动效率代表了（　　）。
A. 社会一般水平　　　　　　　　B. 社会先进水平
C. 社会平均先进水平　　　　　　D. 社会最高水平

【答案】C

【解析】劳动效率代表社会平均先进水平的劳动效率。

5. 在建筑工程施工中，劳动效率通常用（　　）表示。
A. 产量/单位时间　　　　　　　　B. 产量/单位工作量
C. 工时消耗量/单位时间　　　　　D. 工时消耗量/产量

【答案】A

【解析】在建筑工程施工中，劳动效率通常用"产量/单位时间"或"工时消耗量/单位工作量"表示。

6. 劳动力总量需求计划的编制程序不包括（　　）。
A. 确定劳动效率　　　　　　　　B. 确定劳动力投入量
C. 确定劳动总产量　　　　　　　D. 编制劳动力需求计划

【答案】A

【解析】劳动力总量需求计划的编制程序包括：确定劳动效率、确定劳动力投入量、编制劳动力需求计划。

三、多选题

1. 属于施工劳动力主要类型的是（　　）。
A. 企业自有工人　　　　　　　　B. 聘用外来劳务企业工人
C. 使用劳务派遣工人　　　　　　D. 临时零星用工
E. 短期工

【答案】ABC

【解析】施工劳动力的类型为：企业自有工人、聘用外来劳务企业工人、使用劳务派遣工人。

2. 下列各项中，属于施工劳动力结构特点的是（   ）。
   A. 劳动力主要集中在劳务分包企业   B. 劳动力主要来源于城镇
   C. 劳动力的聘用期相对较短   D. 普通工人多于高技能工人
   E. 男性工人多于女性工人

【答案】ACDE

【解析】施工劳动力的结构特点是：（1）总承包企业自有劳动力少，使用劳务分包企业劳动力多；（2）城镇劳动力少，农村劳动力多；（3）长期工少，短期工多；（4）高技能工人少，一般技工和普通工多；（5）女性工人少，男性工人多。

3. 下列各项中，属于劳动力需求计划编制要求的是（   ）。
   A. 保持劳动力均衡使用
   B. 准确计算工程量和施工期限
   C. 根据工程量和定额确定劳动力总量和比例
   D. 组织施工流水线生产
   E. 设立劳务员管理岗位

【答案】ABC

【解析】劳动力需求计划的编制要求是：要保持劳动力均衡使用；根据工程的实物量和定额标准分析劳动需用总工日；要准确计算工程量和施工期限。

4. 下列各项中，属于劳动力总量需求计划编制方法的是（   ）。
   A. 技术测定法   B. 统计分析法
   C. 经验比较法   D. 分项综合系数法
   E. 概算定额法

【答案】CDE

【解析】劳动力总量需求的计划编制方法是：经验比较法、分项综合系数法、概算定额法。

第四章 劳动合同的基本知识

一、判断题

1. 按劳动合同期限划分，劳动合同分为固定期限、无固定期限和以完成一定工作任务为期限三种。

【答案】正确

【解析】按劳动合同期限划分，劳动合同分为：有固定期限的劳动合同、无固定期限的劳动合同和以完成一定工作任务为期限的劳动合同三种。

2. 劳务派遣单位跨地区派遣劳动者的，被派遣劳动者享有的劳动报酬和劳动条件，按照原单位所在地的标准执行。

【答案】错误

【解析】劳务派遣单位跨地区派遣劳动者的，被派遣劳动者享有的劳动报酬和劳动条件，按照用工单位所在地的标准执行。

3. 非全日制用工，应以小时计酬为主，在同一用人单位一般平均每日工作时间不超过4小时。

【答案】正确

【解析】非全日制用工，是指以小时计酬为主，劳动者在同一用人单位一般平均每日工作时间不超过4小时，每周工作时间累计不超过24小时的用工形式。

4. 劳动报酬是劳动合同的必备条款，福利待遇条款在劳动合同中可有可无。

【答案】错误

【解析】劳动报酬条款和福利待遇条款是劳动合同的必备条款。

5. 用人单位与劳动者变更劳动合同时，应当采用书面形式。

【答案】正确

【解析】用人单位与劳动者变更劳动合同时，应当采用书面形式。

6. 劳动者患病或者非因工负伤，在规定的医疗期满后不能从事原工作，也不能从事由用人单位另行安排的工作的，用人单位可直接解除劳动合同。

【答案】错误

【解析】劳动者患病或者非因工负伤，在规定的医疗期满后不能从事原工作，也不能从事由用人单位另行安排的工作的，用人单位应提前通知劳动者解除劳动合同。

二、单选题

1. 非全日制用工劳动报酬结算周期不得超过（　　）。
A. 24 小时　　　　　　　　　　　　B. 15 小时
C. 7 天　　　　　　　　　　　　　　D. 一个月

【答案】B

【解析】非全日制用工劳动报酬结算支付周期不得超过15小时。

2. 根据《劳动合同法》的规定，对于已建立劳动关系，未同时订立书面劳动合同的，应当自用工之日起（　　）内订立书面劳动合同。
   A. 1个月　　　　　　　　　　B. 15天
   C. 2个月　　　　　　　　　　D. 3个月

【答案】A

【解析】根据《劳动合同法》的规定，对于已建立劳动关系，未同时订立书面劳动合同的，应当自用工之日起1个月内订立书面劳动合同。

3. 劳务派遣单位跨地区派遣劳动者的，被派遣劳动者享有的劳动报酬和劳动条件，按照（　　）的标准执行。
   A. 用工单位所在地　　　　　　B. 劳务派遣单位所在地
   C. 被派遣劳动者户籍所在地　　D. 工资发放地

【答案】A

【解析】劳务派遣单位跨地区派遣劳动者的，被派遣劳动者享有的劳动报酬和劳动条件，按照用工单位所在地的标准执行。

4. 双方当事人可以订立口头劳动合同的用工方式是（　　）。
   A. 全日制用工　　　　　　　　B. 非全日制用工
   C. 劳务派遣用工　　　　　　　D. 建筑劳务分包用工

【答案】B

【解析】非全日制用工双方当事人可以订立口头协议。

5. 某公司欲与甲签订一份为期2年的劳动合同，试用期不得超过（　　）。
   A. 1个月　　　　　　　　　　B. 6个月
   C. 3个月　　　　　　　　　　D. 2个月

【答案】C

【解析】劳动合同期限一年以上不满三年的，试用期不得超过三个月。

6. 某公司欲与乙签订一份为期3年的劳动合同，试用期不得超过（　　）。
   A. 1个月　　　　　　　　　　B. 6个月
   C. 3个月　　　　　　　　　　D. 2个月

【答案】B

【解析】劳动合同期限三年以上固定期限和无固定期限的劳动合同，试用期不得超过六个月。

7. 下列关于劳动者与用人单位的竞业限制说法错误的是（　　）。
   A. 竞业限制期间应给予劳动者经济补偿
   B. 竞业限制的人员适用于用人单位的所有人
   C. 竞业限制期限不得超过两年
   D. 竞业期内可以到非竞业单位就业

【答案】B

【解析】竞业限制的人员限于用人单位的高级管理人员、高级技术人员和其他负有保密义务的人员。

8. 下列不属于变更劳动合同的程序是（　　）。

A. 提出要求 B. 协商研究
C. 做出答复 D. 签订协议

【答案】B

【解析】变更劳动合同时，一般经过以下三个程序：提出要求、做出答复、签订协议。

9. 用人单位经济性裁员时，应当优先留用（　　）。
   A. 表现较好的职工
   B. 订立较长期限的固定期限劳动合同的人员
   C. 女职工
   D. 年老体弱的职工

【答案】B

【解析】用人单位经济性裁员时，应当优先留用：（1）与本单位订立较长期限的固定期限劳动合同的；（2）与本单位订立无固定期限劳动合同的；（3）家庭无其他就业人员，有需要抚养的老人或未成年人的。

10. 一般情况下，劳动者解除劳动合同，应当提前（　　）以（　　）形式通知用人单位。
    A. 30日；书面或口头 B. 30日；书面
    C. 1个月；书面或口头 D. 15日；口头

【答案】B

【解析】我国《劳动法》第三十一条规定：劳动者解除劳动合同，应当提前三十日以书面形式通知用人单位。

11. 下列各项中，不属于劳动合同自行解除情形的是（　　）。
    A. 被开除 B. 被劳动教养
    C. 被判刑 D. 留职停薪

【答案】D

【解析】根据我国有关劳动法法规的规定，劳动者被除名、开除、劳动教养以及被判刑的，劳动合同自行解除。

12. 下列各项中，不属于用人单位可以裁员的情形（　　）。
    A. 依照企业破产法规定进行整改的 B. 生产经营发生严重困难的
    C. 企业业绩相比上年出现下滑 D. 企业转产、重大技术革新

【答案】C

【解析】用人单位可以裁员的情形为：依照企业破产法规定进行整改的；生产经营发生严重困难的；企业转产、重大技术革新或者经营方式调整；其他因劳动合同订立时所依据的客观经济情况发生重大变化，致使劳动合同无法履行的。

13. 下列不属于劳动合同鉴定所审查的内容是（　　）。
    A. 双方当事人是否具备鉴定劳动合同的资格
    B. 合同内容是否符合法规和政策
    C. 双方当事人是否在平等自愿和协商一直的基础上签订劳动合同
    D. 合同字迹是否工整、清晰

【答案】D

【解析】劳动合同鉴定所审查的内容包括：(1) 双方当事人是否具备鉴定劳动合同的资格；(2) 合同内容是否符合法规和政策；(3) 双方当事人是否在平等资源和协商一致的基础上签订劳动合同；(4) 合同条款是否完备，双方的责任、权利、义务是否明确；(5) 中外合同文本是否一致。

14. 下列各项中，不属于劳动合同审查要求的是（　　）。
A. 当事人申请　　　　　　B. 双方协商
C. 鉴证机关审核　　　　　D. 确认证明

【答案】B

【解析】劳动合同审查的要求是：当事人申请、鉴证机关审核、确认证明。

15. 用人单位自用工之日起超过一个月但不满一年未与劳动者订立书面劳动合同的，应当向劳动者支付（　　）的工资。
A. 两倍　　　　　　　　　B. 三倍
C. 四倍　　　　　　　　　D. 一倍

【答案】A

【解析】用人单位自用工之日起超过一个月但不满一年未与劳动者订立书面劳动合同的，应当向劳动者支付两倍的工资。

16. 甲与某企业签订劳动合同，关于合同效力问题，甲向四位法律人士咨询，下列咨询意见错误的是（　　）。
A. 乙说：企业如果采用胁迫方式签订的合同无效
B. 丙说：用人单位免除自己的主要责任、排除劳动者权利的合同无效
C. 丁说：用人单位合同违反了法律、行政法规的强制性规定才无效，违反了法律、行政法规非强制性规定的合同仍然有效
D. 戊说：用人单位以欺诈方式签订的合同无效

【答案】B

【解析】用人单位免除自己的法定责任、排除劳动者权利的合同无效。

17. 下列各项中，不属于对无效劳动合同处理方法的是（　　）。
A. 撤销合同　　　　　　　B. 修改合同
C. 赔偿损失　　　　　　　D. 重新签订

【答案】D

【解析】对无效劳动合同的处理，一般包括三种情况：撤销合同、修改合同、赔偿损失。

三、多选题

1. 按劳动合同期限划分，劳动合同分为（　　）。
A. 有固定期限的劳动合同
B. 无固定期限的劳动合同
C. 全日制用工劳动合同
D. 非全日制用工劳动合同
E. 以完成一定工作任务为期限的劳动合同

【答案】ABE

【解析】按劳动合同期限划分，劳动合同分为：有固定期限的劳动合同、无固定期限的劳动合同和以完成一定工作任务为期限的劳动合同三种。

2. 下列关于劳动者与用人单位的竞业限制说法正确的是（　　）。
A. 竞业限制期间应给予劳动者经济补偿
B. 竞业限制的人员适用于用人单位的所有人
C. 竞业限制期限不得超过两年
D. 竞业期内可以到非竞业单位就业
E. 竞业期内可以向竞业单位提供非书面信息

【答案】ACD

【解析】我国劳动合同法规定：竞业限制期间应按月给予劳动者经济补偿；竞业限制的人员限于用人单位的高级管理人员、高级技术人员和其他负有保密义务的人员；竞业限制期限不得超过两年；竞业期内可以到非竞业单位就业。

3. 劳动者在下列哪种情形下，用人单位可以提前解除劳动合同（　　）。
A. 试用期届满后被证明不符合录用条件的
B. 严重违反用人单位的规章制度的
C. 抵制大部分劳动者都认为错误的工作方法
D. 严重失职，营私舞弊给用人单位造成重大损失的
E. 因涉嫌盗窃罪，被公安机关刑事拘留后，后因证据不足又无罪释放的

【答案】BD

【解析】劳动者有以下情况之一者，允许用人单位解除劳动合同：
（1）在使用期间被证明不符合录用要求的；
（2）严重违反用人单位的规章制度的；
（3）严重失职，营私舞弊，给用人单位造成重大损害的；
（4）劳动者同时与其他用人单位建立劳动关系，对完成本单位的工作任务造成严重影响，或者经用人单位提出，拒不改正的；
（5）因本法第二十六条第一款第一项规定的情形致使劳动合同无效的；
（6）被依法追究刑事责任的。

4. 下列各项中，属于劳动合同审查要求的是（　　）。
A. 当事人申请　　　　　　　　B. 双方协商
C. 鉴证机关审核　　　　　　　D. 确认证明
E. 提交结果

【答案】ACD

【解析】劳动合同审查的要求是：当事人申请、鉴证机关审核、确认证明。

5. 我国劳动合同管理体制包括（　　）。
A. 行政管理　　　　　　　　　B. 社会管理
C. 委托管理　　　　　　　　　D. 用人单位内部管理
E. 司法管理

【答案】ABD

【解析】我国劳动合同管理体制由行政管理、社会管理和用人单位内部管理构成。

6. 对无效劳动合同的处理，一般包括下列几种情况（　　）。

A. 请求法院确认无效　　　　　B. 撤销合同

C. 修改合同　　　　　　　　　D. 赔偿损失

E. 重新订立合同

【答案】BCD

【解析】对无效劳动合同的处理，一般包括三种情况：撤销合同、修改合同、赔偿损失。

第五章 劳务分包管理的相关知识

一、判断题

1. 混凝土作业分包企业资质不分等级。

【答案】正确

【解析】混凝土作业分包企业资质不分等级。

2. 具有砌筑作业一级资质的分包企业的注册资本金应在 20 万元以上。

【答案】错误

【解析】具有砌筑作业一级资质的分包企业的注册资本金应在 30 万元以上。

3. 劳务分包队伍因被拖欠工程款导致拖欠工人工资的,追回的被拖欠工程款,应优先用于支付拖欠的劳务工工资。

【答案】正确

【解析】劳务分包队伍因被拖欠工程款导致拖欠工人工资的,追回的被拖欠工程款,应优先用于支付拖欠的劳务工工资。

4. 采取固定劳务报酬方式的,施工过程不计算工时和工程量。

【答案】正确

【解析】采取固定劳务报酬方式的,施工过程不计算工时和工程量。

二、单选题

1. 下列哪类分包企业资质不区分等级（　　）。
A. 钣金工程　　　　　　　　B. 焊接作业
C. 钢筋作业　　　　　　　　D. 木工作业

【答案】A

【解析】钣金工程作业分包企业资质不分等级。

2. 架线工程作业分包企业注册资本金在（　　）万元以上。
A. 30　　　　　　　　　　　B. 40
C. 50　　　　　　　　　　　D. 60

【答案】C

【解析】架线工程作业分包企业注册资本金在 50 万元以上。

3. 模板作业具有一级资质的分包企业中,具有初级以上相应专业的技术工人不少于（　　）人;其中,中、高级工不少于（　　）。
A. 30；50%　　　　　　　　B. 40；50%
C. 30；60%　　　　　　　　D. 40；60%

【答案】A

【解析】模板作业具有一级资质的分包企业中,具有初级以上相应专业的技术工人不少于 30 人;其中,中、高级工不少于 50%。

4. 下列哪项不属于进场作业的劳务人员必须具备的证书（　　）。
   A. 身份证　　　　　　　　　　B. 务工证
   C. 计划生育证　　　　　　　　D. 高中毕业证

【答案】D

【解析】进场作业人员应具备有效的身份证、务工证、计划生育证，严禁使用无证盲流和童工。

5. 工作场所噪音超过（　　）分贝时，员工应当佩戴合格的耳塞进行工作。
   A. 60　　　　　　　　　　　　B. 75
   C. 85　　　　　　　　　　　　D. 95

【答案】C

【解析】凡工作场所噪音超过85分贝时，员工应该佩戴合格的耳塞进行工作。

6. 下列哪项不属于劳务人员个人安全防护工具（　　）。
   A. 安全帽　　　　　　　　　　B. 防护面罩
   C. 安全带　　　　　　　　　　D. 遮阳墨镜

【答案】D

【解析】劳务人员个人安全防护工具包括：安全帽、安全带、工作鞋、防护面罩等。

7. 下列选项中，不属于劳务分包招投标工作的特点的是（　　）。
   A. 劳务分包项目投标竞争激烈，地域性强
   B. 劳务分包项目的标的额小、项目数量大
   C. 劳务分包项目投标报价复杂
   D. 劳务分包招投标操作周期短

【答案】A

【解析】劳务分包招投标工作具有如下特点：劳务分包项目的标的额小、项目数量大；劳务分包项目投标报价复杂；劳务分包招投标操作周期短。

8. 劳务用工禁止使用不满（　　）周岁的人员。
   A. 14　　　　　　　　　　　　B. 15
   C. 16　　　　　　　　　　　　D. 18

【答案】C

【解析】劳务分包队伍禁止使用不满16周岁和超过55周岁人员。

9. 劳务分包单位负责编制的施工进度计划不包括（　　）。
   A. 日计划　　　　　　　　　　B. 周计划
   C. 月计划　　　　　　　　　　D. 年计划

【答案】D

【解析】施工进度计划包括日计划、周计划、月计划。

10. 在劳务分包中，分包单位必须在现场设一名技术负责人，专业技术人员不少于（　　）人。
    A. 1　　　　　　　　　　　　B. 2
    C. 3　　　　　　　　　　　　D. 4

【答案】C

【解析】分包单位必须在现场设一名技术负责人,专业技术人员不少于3人。

11. 以下哪项措施不符合施工现场防止大气污染的要求（ ）。
   A. 施工现场洒水降尘
   B. 现场道路硬化处理
   C. 现场土方堆放淋水降尘
   D. 装载渣土或其他散装材料可以超过运输车辆的槽帮上缘,但是必须密闭处理

【答案】D

【解析】装载渣土或其他散装材料不得超过运输车辆的槽帮上缘。

12. 总包方对劳务分包单位的质量教育主要包括（ ）。
   A. 入场质量教育和日常质量教育   B. 质量方针教育和质量体系教育
   C. 质量意识教育和质量控制方法教育 D. 质量检验标准教育和QC小组活动

【答案】A

【解析】分包单位的质量教育主要包括分包单位的入场质量教育和日常的质量培训、教育。

13. 下列各项中,不属于"三检制"内容的是（ ）。
   A. 自检   B. 互检
   C. 巡检   D. 交接检

【答案】C

【解析】"三检制"即"自检、互检、交验检"。

14. 下列各项中,不属于分包单位必须参加的技术交底是（ ）。
   A. 图纸交底   B. 技术交底
   C. 现场交底   D. 监理交底

【答案】D

【解析】分包单位技术负责人必须组织本单位工程技术人员,参加项目经理部组织的图纸交底,技术交底和现场交底。

15. 分包单位的专职（ ）对本单位施工过程行使质量否决权。
   A. 质量检查员   B. 施工技术员
   C. 分包负责人   D. 安全员

【答案】A

【解析】分包单位的专职质量检查员对本单位施工过程行使质量否决权。

16. 分包单位施工过程中出现问题要立即上报（ ）,不允许继续施工,更不允许隐瞒不报。
   A. 分包单位负责人   B. 总包相关人员
   C. 质检员   D. 班组长

【答案】B

【解析】分包单位施工过程中出现问题要立即上报总包相关人员,不允许继续施工,更不允许隐瞒不报。

17. 分包单位每月必须向总包商项目经理部物资管理部门按要求报送（ ）。
   A. 月材料采购计划   B. 月劳动力使用报表

C. 月施工作业统计　　　　　　D. 月计划考核

【答案】A

【解析】分包单位每月必须向总包商项目经理部物资管理部门按要求报送月材料采购计划。

18. 下列各项中,不属于对劳务分包队伍综合评价的层面是(　　)。
    A. 公司（集团公司）　　　　B. 分公司（子公司）
    C. 项目部　　　　　　　　　D. 施工队

【答案】D

【解析】在建筑企业不同的层面上对劳务分包队伍的综合评价内容也不同,分为:项目部层面上的综合评价内容、分公司（或公司）层面上的综合评价内容、公司（或集团公司）层面上的综合评价内容。

19. 对劳务分包队伍的综合评价可以划分为(　　)。
    A. 过程评价和全面评价　　　B. 全面评价和专业评价
    C. 专业评价和实力评价　　　D. 实力评价和过程评价

【答案】A

【解析】对劳务分包队伍的综合评价,可以分为过程综合评价和全面综合评价。

20. 全部分包工作完成后,经劳务作业发包人认可后(　　)天内,劳务作业承包人向劳务作业发包人递交完整的结算资料,双方按照本合同约定的计价方式,进行劳务报酬的最终支付。
    A. 7　　　　　　　　　　　　B. 14
    C. 21　　　　　　　　　　　 D. 30

【答案】B

【解析】全部分包工作完成后,经劳务作业发包人认可后14天内,劳务作业承包人向劳务作业发包人递交完整的结算资料,双方按照本合同约定的计价方式,进行劳务报酬的最终支付。

21. 根据劳动合同约定的工资标准、支付日期等内容支付工资,分包队伍(　　)至少支付一次劳务工资。
    A. 每天　　　　　　　　　　B. 每周
    C. 每月　　　　　　　　　　D. 每季度

【答案】C

【解析】根据劳动合同约定的工资标准、支付日期等内容支付工资,分包队伍每月至少支付一次劳务工资。

22. 支付劳务人工费时,只能向(　　)支付。
    A. 个体承包人　　　　　　　B. 委托代理人
    C. 总分包人　　　　　　　　D. 分包企业法人

【答案】D

【解析】支付劳务人工费时,只能向分包企业法人支付。不得向无资质的个体承包人支付。如果是委托代理人必须出具法定代表人书面委托书。

三、多选题

1. 劳务分包企业需要按照不同要求区分资质的有（ ）。
   A. 木工作业分包企业　　　　　　B. 砌砖作业分包企业
   C. 抹灰作业分包企业　　　　　　D. 混凝土作业分包企业
   E. 石制作分包企业

【答案】AB

【解析】木工作业分包企业和砌砖作业分包企业需要按照不同要求区分资质。

2. 进入施工现场必须正确佩戴安全帽，帽子的（ ）必须齐全完好。
   A. 帽壳　　　　　　　　　　　　B. 内衬
   C. 帽带　　　　　　　　　　　　D. 商标
   E. 材质证明

【答案】ABC

【解析】帽子的帽壳、内衬、帽带必须齐全完好。

3. 劳务分包企业不得使用以下哪些人员作为劳务作业人员（ ）。
   A. 不满16周岁的　　　　　　　　B. 超过55周岁的
   C. 智力残疾的　　　　　　　　　D. 身体残疾的
   E. 育龄妇女

【答案】ABCD

【解析】劳务分包队伍禁止使用不满16周岁和超过55周岁人员，禁止使用在逃人员、身体或智力残疾人员及其他不适应施工作业的人员。

4. 劳务分包企业有下列行为（ ），由总包单位依据双方协议，予以处罚停工整改。
   A. 连续三次检查出重大安全隐患并拒不整改的
   B. 出现重大质量问题的
   C. 因天气原因造成工程延期的
   D. 出现重大安全事故的
   E. 发生事故隐瞒不报的、漏报、晚报的

【答案】ABDE

【解析】劳务分包企业有下列行为：连续三次检查出重大安全隐患并拒不整改的；出现重大质量问题的；出现重大安全事故的；发生事故隐瞒不报的、漏报、晚报的；因劳资纠纷引发的群体性事件影响特别恶劣的；发生群体违法行为、发生刑事案件造成不良影响的；其他行为造成严重后果的。

5. 进入施工现场的各分包单位，必须设置一专职（兼职）计量员负责本单位的计量工作，并将名单报送至总包技术部门。该计量员通常为分包单位的技术负责人并负责以下工作（ ）。
   A. 负责建立分包单位的计量器具台账及其器具的标识
   B. 负责绘制总包单位的工艺计量流程图
   C. 定期参加总包组织的计量工作会议

D. 向总包上报本单位的计量台账和工艺流程图
E. 负责分包单位计量器具的送检，送检证明报总包项目经理部审核，检测合格证报总包商项目经理部备案

【答案】ACDE

【解析】计量员通常为分包单位的技术负责人并负责以下工作：（1）负责建立分包单位的计量器具台账及其器具的标识；（2）负责分包单位计量器具的送检，送检证明报总包项目经理部审核，检测合格证报总包商项目经理部备案；（3）定期参加总包组织的计量工作会议；（4）负责绘制本单位的工艺计量流程图；（5）向总包上报本单位的计量台账和工艺流程图。

6. 对劳务分包队伍综合评价后，可以根据评价结果确定分级标准，通常把劳务分包队伍的等级划分为（　　）等级别。

A. 优秀
B. 良好
C. 合格
D. 一般
E. 不合格

【答案】ABCE

【解析】通常把劳务分包队伍的等级划分为优秀、良好、合格、不合格。

第六章 劳务用工实名制管理

一、判断题

1. 通过实名制管理，对于规范总分包单位双方的用工行为，杜绝非法用工、减少劳资纠纷，具有一定的积极作用。

【答案】正确

【解析】通过实名制管理，对于规范总分包单位双方的用工行为，杜绝非法用工、减少劳资纠纷，具有一定的积极作用。

2. 实名制管理系统中的"双卡"是指工作卡和工资卡。

【答案】错误

【解析】实名制管理系统中的"双卡"是指工作卡和床头卡。

二、单选题

1. 提出在全国推行建筑劳务人员实名制管理的机构是（　　）。
   A. 国务院　　　　　　　　　B. 住房和城乡建设部
   C. 中国建筑业协会　　　　　D. 省级人民政府

【答案】B

【解析】根据住房和城乡建设部《关于进一步加强建筑市场监管工作的意见》（建市 [2011] 86 号）的要求，推行建筑劳务人员实名制管理。

2. 实名制管理系统的基本功能是（　　）。
   A. 维护劳务人员权益　　　　B. 保障安全生产
   C. 准确掌握现场劳务人员情况　D. 提高劳动生产效率

【答案】C

【解析】通过实名制管理系统的使用，准确掌握入场作业人员的基本情况和数量，保证合法用工。

3. 实名制管理系统中的"双卡"是指（　　）。
   A. 工作卡和工资卡　　　　　B. 工资卡和床头卡
   C. 床头卡和金融卡　　　　　D. 工作卡和床头卡

【答案】D

【解析】实名制管理系统中的"双卡"是指工作卡和床头卡。

4. 劳务人员费用结算时，项目经理部必须要存档的基础资料是（　　）。
   A. 考勤表和工资表　　　　　B. 工资表和岗位技能证书
   C. 岗位技能证书和考勤表　　D. 考勤表和工程量清单

【答案】A

【解析】劳务人员费用结算时，项目经理部必须要存档的基础资料是考勤表和工资表。

三、多选题

1. 在实名制管理中，需对进场人员的（　　）进行备案管理。
   A. 花名册　　　　　　　　　B. 身份证
   C. 工作经历　　　　　　　　D. 劳动合同
   E. 岗位技能证书

【答案】ABDE

【解析】对进场人员的花名册、身份证、劳动合同、岗位技能证书进行备案管理。

2. 实行劳务用工实名制的企业包括（　　）。
   A. 施工总承包企业　　　　　B. 专业承包企业
   C. 劳务分包企业　　　　　　D. 劳务派遣企业
   E. 代建制企业

【答案】ABC

【解析】实行劳务用工实名制的企业包括总承包企业、专业承包企业和劳务分包企业。

3. 设置劳务员岗位的企业包括（　　）。
   A. 房地产开发企业　　　　　B. 项目管理企业
   C. 施工总承包企业　　　　　D. 专业承包企业
   E. 劳务分包企业

【答案】CDE

【解析】设置劳务员岗位的企业包括施工总承包企业、专业承包企业、劳务分包企业。

4. 劳务分包企业工人的工资表应有下列人员或单位的签章（　　）。
   A. 工人本人的签字　　　　　B. 施工队负责人签字
   C. 总包方项目经理签字　　　D. 劳务分包企业盖章
   E. 总包方项目经理部盖章

【答案】ABD

【解析】工资表中人员必须与考勤一致，且必须有务工人员本人签字、施工队伍负责人签字和其所在企业盖章。

第七章 劳务纠纷处理办法

一、判断题

1. 工程分包企业不得以任何名义签订工程再分包合同。

【答案】正确

【解析】工程分包企业以劳务分包合同的名义与劳务分包企业签订的实质上的工程再分包合同。这种合同将被认定为无效。

2. 施工总承包企业可以与劳务分包企业签订工程分包合同。

【答案】错误

【解析】施工总承包企业不得与劳务分包企业签订工程分包合同。

3. 承包人将建设工程非法转包、违法分包后,使得劳动关系复杂化。

【答案】正确

【解析】承包人将建设工程非法转包、违法分包后,使得劳动关系趋于复杂化。

4. 劳务纠纷调解协议书对争议双方都有约束力。

【答案】错误

【解析】调解意见书是调解委员会单方的意思表示,仅是一种简易型的文书,对争议双方没有约束力。

5. 若劳动纠纷双方调解期限届满而不能结案,则制作调解协议书。

【答案】错误

【解析】若遇到双方达不成协议、调解期限届满而不能结案或调解协议送达后当事人反悔三种情况,则制作调解协议书。

6. 发生群体性突发事件,项目经理部是第一责任人。

【答案】错误

【解析】公司法定代表人是发生群体性突发事件第一责任人,负责组织协调各方面工作,及时化解矛盾,防止发生群体性事件。

7. 发生突发事件时,项目部有关人员应当逐级上报,不应越级上报。

【答案】错误

【解析】出现联络障碍不能顺序报告时,可越级报告,直至报告给应急指挥领导小组。

二、单选题

1. 根据《建筑法》和《建筑企业资质管理规定》,以下说法正确的是(   )。
A. 有技术和管理能力的自然人可以分包工程
B. 禁止施工企业向无资质或不具备相应资质的企业分包工程
C. 有资金实力的包工队可以独立分包工程
D. 分包工程的内容与资质等级无关

【答案】B

【解析】根据《建筑法》和《建筑企业资质管理规定》，禁止施工企业向无资质或不具备相应资质的企业分包工程。

2. 造成履约范围不清的主要原因是（　　）。
   A. 分包合同条款内容不规范、不具体
   B. 合同双方当事人对工程情况不熟悉
   C. 合同双方当事人对法律知识不了解
   D. 合同双方当事人未按照合同示范文本执行

【答案】A

【解析】造成履约范围不清的主要原因是分包合同条款内容不规范、不具体。

3. 下列各项中，不属于选择建设工程施工分包合同形式主要因素的是（　　）。
   A. 工程量大小   B. 工期长短
   C. 劳务用工多少   D. 造价高低

【答案】C

【解析】在订立建设施工合同时，就要根据工程大小，工期长短，造价的高低，涉及其他因素多寡选择合同形式。

4. 发包方与不具备相应资质的企业签订劳务分包合同的，其后果是（　　）。
   A. 可以履行合同   B. 法律不支持请求劳务费
   C. 工程不合格时不承担损失   D. 合同无效

【答案】D

【解析】发包方与不具备相应资质的企业签订劳务分包合同的，被认定为合同无效。

5. 劳务纠纷调解的基本原则不包括（　　）。
   A. 合法原则   B. 公开原则
   C. 公正原则   D. 及时处理原则

【答案】B

【解析】劳务纠纷调解的基本原则是合法原则、公正原则、及时处理原则、调节为主原则。

6. 劳务纠纷调解的有效期限是（　　）。
   A. 20 天   B. 30 天
   C. 45 天   D. 60 天

【答案】B

【解析】调解委员会调解争议的期限为 30 日。

7. 劳务纠纷调解的一般程序不包括（　　）。
   A. 申请和受理   B. 调解
   C. 制作调解协议书或调解意见书   D. 申请仲裁

【答案】D

【解析】劳务纠纷调解的一般程序包括：申请和受理、调解、制作调解协议书或调解意见书。

8. 解决劳务纠纷的合同内方法不包括（　　）。
   A. 承担继续履约责任   B. 向调解组织申请调解

C. 支付违约金 D. 按合同赔偿损失

【答案】B

【解析】解决劳务纠纷的合同内方法包括：承担继续履约责任、按合同赔偿损失、支付违约金、执行定金罚则。

9. 发生劳动纠纷时，按照约定的违约金低于造成的损失的，当事人可以请求（ ）予以增加。
   A. 公安机关 B. 人民法院
   C. 人民检察院 D. 政府建设主管部门

【答案】B

【解析】按照约定的违约金低于造成的损失的，当事人可以请求人民法院或者仲裁机构予以增加。

10. 解决劳务纠纷的合同外方法包括（ ）。
    A. 承担继续履约责任 B. 向调解组织申请调解
    C. 支付违约金 D. 按合同赔偿损失

【答案】B

【解析】解决劳务纠纷的合同外方法包括向调解组织申请调解；不愿调解、调解不成或者达成调解协议后不履行的，可以向相关主管仲裁委员会申请仲裁。

二、多选题

1. 建筑劳务纠纷常见的形式有（ ）。
   A. 因资质问题而产生的纠纷 B. 因履约范围不清而产生的纠纷
   C. 因转包而产生的纠纷 D. 因拖欠农民工工资而引发的纠纷
   E. 因工程质量不合格而引发的纠纷

【答案】ABCD

【解析】建筑劳务纠纷常见的形式有：因资质问题而产生的纠纷、因履约范围不清而产生的纠纷、因转包而产生的纠纷、因拖欠农民工工资而引发的纠纷。

2. 建设工程施工合同常见的形式有（ ）。
   A. 固定价格合同 B. 可调价格合同
   C. 成本加酬金价格合同 D. 清包劳务价格合同
   E. 包工包料价格合同

【答案】ABC

【解析】建设工程施工合同有固定价格合同、可调价格合同和成本加酬金价格合同。

3. 劳务纠纷的常见形式包括（ ）。
   A. 选择订立合同的形式不当
   B. 合同主体不合法或与不具备相应资质的企业签订劳务分包合同或工程分包合同
   C. 合同条款不全，约定不明确
   D. 草率签订合同
   E. 缺乏具体违约责任

【答案】ABCDE

【解析】劳务纠纷的常见形式包括：选择订立合同的形式不当；合同主体不合法或与不具备相应资质的企业签订劳务分包合同或工程分包合同；合同条款不全，约定不明确；草率签订合同；缺乏具体违约责任。

4. 劳务纠纷调解的基本原则是（　　）。
A. 合法原则
B. 公开原则
C. 公正原则
D. 及时处理原则
E. 调解为主原则

【答案】ACDE

【解析】劳务纠纷调解的基本原则是合法原则、公正原则、及时处理原则、调节为主原则。

5. 劳务纠纷调解的一般程序包括（　　）。
A. 申请和受理
B. 调解
C. 制作调解协议书或调解意见书
D. 申请仲裁
E. 申请诉讼

【答案】ABC

【解析】劳务纠纷调解的一般程序包括：申请和受理、调解、制作调解协议书或调解意见书。

6. 解决劳务纠纷的合同内方法包括（　　）。
A. 承担继续履约责任
B. 向调解组织申请调解
C. 支付违约金
D. 按合同赔偿损失
E. 执行定金罚则

【答案】ACDE

【解析】解决劳务纠纷的合同内方法包括：承担继续履约责任、按合同赔偿损失、支付违约金、执行定金罚则。

7. 突发事件应急状态主要分为以下阶段（　　）。
A. 前兆阶段
B. 紧急阶段
C. 谈判阶段
D. 僵持阶段
E. 解决阶段

【答案】ABCE

【解析】突发事件应急状态，分为如下四个阶段：前兆阶段、紧急阶段、谈判阶段、解决阶段。

第八章 社会保险的基本知识

一、判断题

1. 社会保险由国家立法强制实行，在保险的项目、收费的标准、享受的待遇上，投保人和被保险人都无权进行选择。

【答案】正确

【解析】社会保险由国家立法强制实行，在保险的项目、收费的标准、享受的待遇上，投保人和被保险人都无权进行选择。

2. 灵活就业人员也可以自愿加入职工基本养老保险。

【答案】正确

【解析】无雇主的个体工商户、未在用人单位参加基本养老保险的非全日制从业人员以及其他灵活就业人员可以参加基本养老保险，有个人缴纳基本养老保险费。

3. 全国地区的职工负担水平的个人基本医疗保险缴费率最低为工资收入的2%。

【答案】错误

【解析】各统筹地区要确定一个适合当地职工负担水平的个人基本医疗保险缴费率，一般为工资收入的2%。

4. 工伤保险实行无过错责任原则，无论工伤事故的责任归于用人单位还是职工个人或第三者，用人单位均应承担保险责任。

【答案】正确

【解析】工伤保险实行无过错责任原则，无论工伤事故的责任归于用人单位还是职工个人或第三者，用人单位均应承担保险责任。

5. 工伤保险的90%费用由用人单位负担。

【答案】错误

【解析】工伤保险不同于养老保险等险种，劳动者不缴纳保险费，全部费用由用人单位负担。

二、单选题

1. 社会保险关系中的用人单位不包括以下哪些类型（　　）。
A. 国家机关 B. 事业单位
C. 有雇工的个体工商户 D. 国外驻华大使馆

【答案】D

【解析】用人单位是一个广泛的概念，不仅包括各种类型的国家机关、企事业单位，而且包括有雇工的个体工商户。

2. 国家对基本养老保险个人账户资金所征的利息税比例为（　　）。
A. 20% B. 15%
C. 5% D. 免征

【答案】D

【解析】国家对基本养老保险个人账户资金免征利息税。

3. 我国养老保险的组成不包括以下哪项（ ）。
   A. 基本养老保险　　　　　　　B. 企业补充养老保险
   C. 个人储蓄型养老保险　　　　D. 人身伤害险

【答案】D

【解析】我国的养老保险由三部分组成：基本养老保险、企业补充养老保险、个人储蓄型养老保险。

4. 我国对基本养老保险个人账户资金实行的税收政策是（ ）。
   A. 征收20%利息税　　　　　　B. 征收5%利息税
   C. 免征利息税　　　　　　　　D. 征收10%利息税

【答案】C

【解析】国家对基本养老保险个人账户资金免征利息税。

5. 享受养老保险待遇的必要条件不包括（ ）。
   A. 退出劳动领域　　　　　　　B. 年龄
   C. 工龄　　　　　　　　　　　D. 城镇常住人口

【答案】D

【解析】享受养老保险待遇的条件包括：退出劳动领域、年龄、工龄或缴纳年限。

6. 职工患病或非因公负伤，停止工作满（ ）以上的，停发工资，由用人单位按其工龄长短给付相当于本人工资一定比例的疾病津贴。
   A. 一周　　　　　　　　　　　B. 一个月
   C. 一季度　　　　　　　　　　D. 一年

【答案】B

【解析】职工患病或非因公负伤，停止工作满1个月以上的，停发工资，由用人单位按其工龄长短给付相当于本人工资一定比例的疾病津贴。

7. 下列各项中，不属于医疗保险待遇的项目是（ ）。
   A. 规定标准的住院费用　　　　B. 规定标准的营养费用
   C. 规定范围内的药品费用　　　D. 规定的检查和治疗费用

【答案】B

【解析】医疗保险待遇项目主要有：规定范围内的药品费用；规定的检查费用和治疗费用；规定标准的住院费用。

8. 除获得定点资格的专科医疗机构和中医医疗机构外，参加医疗保险人员最多可以选择就医的定点医疗机构的数量是（ ）。
   A. 3家　　　　　　　　　　　B. 4家
   C. 5家　　　　　　　　　　　D. 6家

【答案】C

【解析】除获得定点资格的专科医疗机构和中医医疗机构外，参加医疗保险人员一般可以选择3~5家不同层次的医疗机构。

9. 医疗期的长度根据职工本人连续工龄和本单位工龄分档次确定，最长可达到（ ）

个月。

A. 12   B. 15
C. 24   D. 30

【答案】D

【解析】医疗期的长度根据职工本人连续工龄和本单位工龄分档次确定,最短不少于3个月,最长一般不超过24个月;难以治愈的疾病,经医疗机构提出,本人申请,劳动行政部门批准后,可适当延长医疗期,但延长期限最多为6个月。

10. 按照我国相关规定,工伤保险的投保人为(   )。

A. 用人单位   B. 国家
C. 劳动者个人   D. 用人单位和劳动者个人共同负担

【答案】A

【解析】工伤保险的投保人为用人单位。

11. 建筑业意外伤害险的保险期限是自工程项目开工之日到(   )。

A. 工程计划竣工之日   B. 工程实际竣工验收合格之日
C. 工程款结清之日   D. 工程保修结束之日

【答案】B

【解析】建筑业意外伤害险的保险期限是自工程项目开工之日到工程实际竣工验收合格之日。

12. 工伤保险中,劳动者需缴纳(   )保险费。

A. 0%   B. 5%
C. 10%   D. 15%

【答案】A

【解析】工伤保险不同于养老保险等险种,劳动者不缴纳保险费,全部费用由用人单位负担。

13. 社会保险争议申请人认为经办机构的具体行政行为侵犯其合法权益的,可以自知道该具体行政行为之日起(   )日内向经办机构申请复查或者向劳动保障行政部门申请行政复议。

A. 15   B. 30
C. 45   D. 60

【答案】D

【解析】社会保险争议申请人认为经办机构的具体行政行为侵犯其合法权益的,可以自知道该具体行政行为之日起60日内向经办机构申请复查或者向劳动保障行政部门申请行政复议。

三、多选题

1. 社会保险制度具有以下哪些特征(   )。

A. 强制性   B. 缴费性
C. 互济性   D. 福利性
E. 均等性

【答案】ABCD

【解析】社会保险的基本特征有：社会性、强制性、缴费性、互济性、福利性。

2. 享受养老保险待遇的必要条件包括以下哪几项（　　）。
   A. 退出劳动领域
   B. 年龄
   C. 工龄
   D. 缴纳年限
   E. 城镇常住人口

【答案】ABCD

【解析】享受养老保险待遇的条件包括：退出劳动领域、年龄、工龄或缴纳年限。

3. 我国的养老保险由（　　）构成。
   A. 基本养老保险
   B. 企业补充养老保险
   C. 社会补充养老保险
   D. 个人储蓄性养老保险
   E. 集体储蓄性养老保险

【答案】ABD

【解析】我国的养老保险由三部分组成。第一部分是基本养老保险，第二部门是企业补充养老保险，第三部分是个人储蓄性养老保险。

4. 基本养老保险个人账户不得提前支取，只有出现以下（　　）情况时，个人账户才发生支付和支付情况变动。
   A. 职工退休
   B. 职工离职
   C. 职工升职
   D. 职工在职期间死亡
   E. 退休人员死亡

【答案】ADE

【解析】只有出现职工离退休、职工在职期间死亡或者离退休人员死亡等情形时，个人账户才发生支付和支付情况变动。

第九章 社会保险的基本知识（劳务员专业技能）

一、判断题

1. 劳务用工需求量预测的基础依据是劳动定额。

【答案】正确

【解析】劳务需求预测应以劳动定额为依据。

2. 执行定额面指标指工人中执行定额工日占全部作业工日的比重。

【答案】正确

【解析】执行定额面指标指工人中执行定额工日占全部作业工日的比重。

3. 计划平均工资＝计划工资总额/计划平均产值

【答案】错误

【解析】计划平均工资＝计划工资总额/计划平均人数。

4. 劳务分包队伍的选择可以采取招标方式或议标方式。

【答案】错误

【解析】新作业队伍引进采用招投标方式或是采用议标方式。

5. 培训需求分析就是判断是否需要培训及分析培训内容的一种活动或者过程。

【答案】正确

【解析】培训需求分析就是判断是否需要培训及分析培训内容的一种活动或者过程。

6. 员工个人层次分析，主要是确定各个工作岗位的员工达到理想的工作业绩所必须掌握的技能和能力。

【答案】错误

【解析】员工个人层次分析，主要是确定员工目前的实际工作绩效与企业的员工业绩标注对员工技能的要求之间是否存在差距。

7. 劳务培训应当与企业战略和企业文化相适应。

【答案】正确

【解析】人员培训与企业战略文化相适应。

二、单选题

1. 劳务用工数量和工种需求量的预测要围绕工程项目的工期、施工部位和（　　）。
  A. 工程量 B. 劳务分包合同
  C. 施工技术方案 D. 材料供应状态

【答案】A

【解析】劳务需求预测应围绕企业（项目）的施工组织设计中工程项目的开、竣工日期和施工部位及工程量，测算具体劳务需求的工种和数量。

2. 某工程承包作业 5000m²，计划每平方米单位用工 5 个工日，每个工日单价 40 元，计划工期为 306 天，计划劳动生产率指数 120%。则计划平均人数为（　　）人。

A. 72	B. 82
C. 91	D. 85

【答案】B

【解析】计划平均人数=计划用工总工日/计划工期天数=5000×5/306=82人。

3. 某工程队有建安工人300人，月计划完成施工产值3750000元，百元产值工资系数为14%，则计划工人劳动生产率为（　　）元/人。
A. 10500	B. 11500
C. 12500	D. 13500

【答案】C

【解析】计划工人劳动生产率=计划施工产值/计划平均人数=3750000/300=12500元/人。

4. 某队有生产工人100人，7月份病事假72工日，开会学习40工日，公休假日8天，加班450工日，出差、联系材料20工日，其中1人协助炊事班，2人守卫，其余工人没有执行定额的620工日，全月共完成定额工日2025工日。则7月份执行定额面为（　　）。
A. 65.46%	B. 75.68%
C. 78.46%	D. 79.44%

【答案】B

【解析】全部作业工日=[(月平均人数−非生产人数)×(日历天数−公休天数)]−缺勤工日−非生产工日+加班工日=[(100−1−2)×(31−8)]−72−40−20+450=2549工日。执行定额工日=全部作业工日−未执行定额工日=2549−620=1929工日。
执行定额面=1929÷2549×100%=75.68%。

5. 劳动用工相关计算指标不包括（　　）。
A. 计划平均人数	B. 计划工资总额
C. 劳动定额完成情况	D. 计划用工缺口

【答案】D

【解析】劳动用工相关计算指标主要有：计划平均人数、计划工资总额、计划工人劳动生产率、劳动定额完成情况。

6. 劳务管理计划的内容不包括（　　）。
A. 人员配置计划	B. 教育培训计划
C. 考核计划	D. 奖罚计划

【答案】D

【解析】劳务管理计划的主要内容包括：人员配置计划、教育培训计划、考核计划、应急预案。

7. 劳务分包合同及人员备案的主管单位是（　　）。
A. 总承包企业	B. 业主方
C. 政府建设主管部门	D. 工程项目经理部

【答案】C

【解析】总承包劳务管理部门将备案资料报送政府建设主管部门进行合同及人员备案。

8. （　　）依照劳动合同约定标准，以实际出勤情况为依据，编制工资表。

A. 作业队队长 B. 总承包劳务管理部门
C. 工程项目经理部 D. 作业队伍中的劳务员

【答案】D

【解析】作业队伍中的劳务员依照劳动合同约定标准，以实际出勤情况为依据，编制工资表。

9. 每月由（　　）填报《劳务费结算支付情况月报表》。
A. 总承包企业主管领导 B. 总承包劳务管理部门
C. 工程项目经理部 D. 作业队伍中的劳务员

【答案】C

【解析】每月由项目经理部填报《劳务费结算支付情况月报表》，二级公司审核汇总报总承包劳务管理部门。

10. 培训需求的阶段分析是指（　　）的培训需求分析。
A. 基础阶段和提高阶段 B. 目前阶段和未来阶段
C. 学历阶段和职业阶段 D. 常规阶段和继续教育阶段

【答案】B

【解析】培训需求的阶段分析是指目前阶段和未来阶段的培训需求分析。

11. 下列各项中，不属于制定培训需求调查计划的是（　　）。
A. 确定培训需求调查的内容 B. 确定培训需求调查的目标和计划
C. 选择合适的培训需求调查方法 D. 选择合适的培训需求调查层面

【答案】D

【解析】制定培训需求调查计划包括：确定培训需求调查的内容、确定培训需求调查的目标和计划、选择合适的培训需求调查方法。

12. 下列各项中，不属于培训需求调查方法的是（　　）。
A. 面谈法 B. 观察法
C. 专家意见法 D. 问卷调查法

【答案】C

【解析】根据企业的实际情况以及培训中可利用的资源选择一种合适的培训方法。如面谈法、观察法、问卷调查法和个别会谈结合法。

13. 劳务培训的内容要注重（　　）三者的兼顾。
A. 知识、技能、态度 B. 学历、技能、态度
C. 学历、经验、态度 D. 知识、经验、态度

【答案】A

【解析】从培训的三方面内容，既知识、技能和态度看，三者必须兼备，缺一不可。

14. 目前，建筑业劳务培训主要围绕（　　）个关键工种开展。
A. 13 B. 14
C. 15 D. 18

【答案】B

【解析】建筑业劳务培训主要围绕砌筑工、木工、架子工、钢筋工、混凝土工、抹灰工、建筑油漆工、防水工、管道工、电工、电焊工、装饰装修工、中小型建筑机械操作工

等 14 个建筑业关键工种开展。

15. 目前建筑业务工人员培训的内容不包括（　　）。
   A. 安全生产常识　　　　　　　　　B. 职业基础知识和岗位操作技能
   C. 普法维权知识　　　　　　　　　D. 个人创业知识

【答案】D

【解析】目前建筑业务工人员培训的内容主要包括：安全生产培训、岗位技能培训、新工艺和施工技术专题培训、普法维权培训、城市生活常识。

16. 下列各项中，不属于建筑业务工人员培训形式的是（　　）。
   A. 现场入场教育和日常教育　　　　B. 农民工夜校
   C. 技术大比武活动　　　　　　　　D. 脱产学历教育

【答案】D

【解析】建筑业务工人员培训形式的是：入场教育和日常现场教育、农民工夜校、开展技术大比武活动。

17. 劳务培训计划的编制原则不包括（　　）。
   A. 理论与实践相结合的原则　　　　B. 注重全程性原则
   C. 培训与提高相结合的原则　　　　D. 人格素质培训与专业素质相结合

【答案】B

【解析】劳务培训计划的编制原则包括：注重系统性原则、理论与实践相结合的原则、培训与提高相结合的原则、人格素质培训与专业素质相结合、人员培训与企业战略文化相适应。

三、多选题

1. 劳动用工相关计算指标主要有（　　）。
   A. 计划平均人数　　　　　　　　　B. 计划工资总额
   C. 计划工人劳动生产率　　　　　　D. 劳动定额完成情况
   E. 计划用工缺口

【答案】ABCD

【解析】劳动用工相关计算指标主要有：计划平均人数、计划工资总额、计划工人劳动生产率、劳动定额完成情况。

2. 劳务管理计划的内容主要包括（　　）。
   A. 人员配置计划　　　　　　　　　B. 教育培训计划
   C. 考核计划　　　　　　　　　　　D. 淘汰计划
   E. 应急预案

【答案】ABCE

【解析】劳务管理计划的主要内容包括：人员配置计划、教育培训计划、考核计划、应急预案。

3. 培训需求分析的内容主要包括（　　）。
   A. 培训需求的层次分析　　　　　　B. 培训需求的阶段分析
   C. 培训需求的数量分析　　　　　　D. 在职员工培训需求分析

E. 下岗员工培训需求分析

【答案】ABD

【解析】培训需求分析的内容主要包括：培训需求的层次分析、培训需求的阶段分析、在职员工培训需求分析。

4. 培训需求的层次分析主要包括（　　）。
   A. 企业层次分析　　　　　　　B. 部门层次分析
   C. 项目经理部层次分析　　　　D. 工作岗位层次分析
   E. 员工个人层次分析

【答案】ACE

【解析】培训需求的层次分析主要包括：企业层次分析、项目经理部层次分析、员工个人层次分析。

5. 目前建筑业务工人员培训的内容主要包括（　　）。
   A. 安全生产常识　　　　　　　B. 职业基础知识和岗位操作技能
   C. 普法维权知识　　　　　　　D. 城市日常生活知识
   E. 个人创业知识

【答案】ABCD

【解析】目前建筑业务工人员培训的内容主要包括：安全生产培训、岗位技能培训、新工艺和施工技术专题培训、普法维权培训、城市生活常识。

6. 劳务培训计划的编制原则包括（　　）。
   A. 注重全程性原则　　　　　　B. 理论与实践相结合的原则
   C. 培训与提高相结合的原则　　D. 人格素质培训与专业素质相结合
   E. 人员培训与企业战略文化相适应

【答案】BCDE

【解析】劳务培训计划的编制原则包括：注重系统性原则、理论与实践相结合的原则、培训与提高相结合的原则、人格素质培训与专业素质相结合、人员培训与企业战略文化相适应。

第十章　劳务资格审查与培训

一、判断题

1. 劳务分包企业中，劳务员可以不具有安全资格证书。

【答案】错误

【解析】每个注册劳务分包企业的法人代表、项目负责人、专职安全员必须具有安全资格证书。

2. 在施工现场，所有从事施工作业人员年龄不得在45周岁以上。

【答案】错误

【解析】在施工现场，不得使用未成年工、童工，所有从事施工作业人员年龄不得在55周岁以上。

3. 队伍人数在百人以上的劳务分包企业，没有配备专职劳务员，可以使用兼职管理人员。

【答案】错误

【解析】队伍人数在百人以上的劳务分包企业，必须配备一名专职劳务员，不足百人的可配备兼职管理人员。

4. 总承包单位在对劳务分包企业的职业资格证书进行审验时，劳务分包企业负责人或其代理人必须在场。

【答案】正确

【解析】证书审验时专业与劳务分包施工企业负责人或代理负责人必须在场。

5. 特种作业、特种设备、建筑行业起重设备操作人员证书过期三个月内还允许使用。

【答案】错误

【解析】特种作业、特种设备、建筑行业起重设备操作人员证书必须在规定的有效时间内。凡过期或未按规定时间进行复检者均为失效证书不予承认。

6. 劳务分包商必须服从监理工程师的直接指令。

【答案】正确

【解析】劳务分包人自觉接受工程承包人及有关部门的管理、监督和检查。

7. 工程承包人对工程质量和工期向发包人负责。

【答案】正确

【解析】工程承包人对工程质量和工期向发包人负责。

8. 劳务报酬可以采用固定价格或变动价格的方式计算。

【答案】正确

【解析】劳务报酬可以采用固定价格或变动价格。

9. 劳务分包人可将合同项下的劳务作业转包或再分包给他人。

【答案】错误

【解析】劳务分包人不得将合同项下的劳务作业转包或再分包给他人。

10. 建设单位可以直接将劳务作业发包给劳务分包企业。

【答案】错误

【解析】建设单位不得直接将劳务作业发包给劳务分包企业或个人。

11. 总包企业负责建立劳务分包合同管理信息系统。

【答案】错误

【解析】省、市建设主管部门负责建立劳务分包合同管理信息系统，建立劳务分包合同备案、履约信息的记录、使用和公示制度。

12. 发包人、承包人在未签订书面劳务分包合同并备案的情况下，可以先进场施工，在10天内将合同订立备案即可。

【答案】错误

【解析】发包人、承包人在未签订书面劳务分包合同并备案的情况下不得进场施工。

13. 应当建立多层次、多渠道的建筑劳务人员培训经费分担机制。

【答案】正确

【解析】应当建立多层次.多渠道的建筑劳务人员培训经费分担机制。

14. 实施劳务培训计划需要解决的问题是培训方法。

【答案】错误

【解析】落实劳务培训师资、教材、场地、资金。

15. 对于由省（市）建设主管部门委托行业协会开展的全行业统一培训，培训经费由政府解决。

【答案】错误

【解析】对于由省（市）建设主管部门委托行业协会开展的全行业统一培训，由行业协会采取合理有偿服务形式解决培训经费来源。

二、单选题

1. 劳务分包企业的施工作业队无需通过当地（　　）的考核评价合格。
   A. 工会组织　　　　　　　　B. 行业管理协会
   C. 建设主管部门　　　　　　D. 企业

【答案】A

【解析】劳务分包企业的施工作业队属于当地建设主管部门、行业管理协会和企业考核评价合格的队伍。

2. 施工作业队须对进场施工作业人员在（　　）进行备案。
   A. 工会组织　　　　　　　　B. 行业管理协会
   C. 建设主管部门　　　　　　D. 劳务分包企业

【答案】C

【解析】施工作业队须对进场施工作业人员在建设主管部门备案。

3. 对于配备在劳务分包企业的管理人员，持证上岗率应达到（　　）。
   A. 60%　　　　　　　　　　B. 80%
   C. 90%　　　　　　　　　　D. 100%

【答案】D

【解析】一般技术工人、特种作业人员、劳务普工注册人员必须100%持有相应工种的岗位证书。

4. 劳务分包企业的下列人员中，不属于必须具有安全资格证书的是（　　）。
   A. 劳务员　　　　　　　　　　　　B. 专职安全员
   C. 项目负责人　　　　　　　　　　D. 企业法人代表

【答案】A

【解析】每个注册劳务分包企业的法人代表、项目负责人、专职安全员必须具有安全资格证书。

5. 劳务分包企业超过50人时，其中级工的比例不得低于（　　）。
   A. 5%　　　　　　　　　　　　　　B. 20%
   C. 40%　　　　　　　　　　　　　 D. 50%

【答案】C

【解析】劳务分包企业超过50人时，其中级工的比例不得低于40%。

6. 在施工现场，登高架设作业人员的年龄应当控制在（　　）周岁以下。
   A. 40　　　　　　　　　　　　　　B. 45
   C. 50　　　　　　　　　　　　　　D. 55

【答案】B

【解析】在施工现场，登高架设作业人员（架子工）年龄应当控制在45周岁以下。

7. 劳务分包企业每（　　）人必须配备一名专职安全员。
   A. 40　　　　　　　　　　　　　　B. 45
   C. 50　　　　　　　　　　　　　　D. 55

【答案】C

【解析】劳务分包企业每50人必须配备一名专职安全员（50人以下的按50人计算）。

8. 劳务分包企业施工队伍须配备不低于注册人数（　　）的管理人员。
   A. 8%　　　　　　　　　　　　　　B. 10%
   C. 12%　　　　　　　　　　　　　 D. 15%

【答案】A

【解析】劳务分包企业施工队伍必须配备相应的管理人员，不得低于注册人数的8%。

9. 《特种设备作业人员证书》的核发机构是（　　）。
   A. 人力资源和社会保障部门　　　　B. 住房和城乡建设部门
   C. 安全生产监管部门　　　　　　　D. 质量技术监管部门

【答案】D

【解析】质量技术监管部门核发《特种设备作业人员证书》。

10. 技术工人须持国家人力资源和社会保障部的（　　）。
    A. 《职业资格证书》　　　　　　　B. 《住建部管理人员岗位证书》
    C. 《特种设备作业人员证》　　　　D. 《建筑施工特种作业人员操作资格证》

【答案】A

【解析】技术工人须持国家人力资源和社会保障部的《职业资格证书》或国家住房和城乡建设部《职业技能岗位证书》。

11. 工程承包人提供给劳务分包人使用的施工机构设备，其保险费用由（ ）支付。
  A. 工程承包人　　　　　　　　B. 劳务分包人
  C. 业主方　　　　　　　　　　D. 施工机械设备所有者

【答案】A

【解析】工程承包人必须为租赁或提供给劳务分包人使用的施工机械设备办理保险，并支付保险费用。

12. 劳务分包企业从事危险作业员工的意外伤害保险，其保险费用由（ ）支付。
  A. 工程承包企业　　　　　　　B. 劳务分包企业
  C. 业主方　　　　　　　　　　D. 员工个人

【答案】B

【解析】劳务分包人必须为从事危险作业的职工办理意外伤害保险。

13. 下列各项中，不属于劳务报酬计算方式的是（ ）。
  A. 固定劳务报酬　　　　　　　B. 计时单价
  C. 计件单价　　　　　　　　　D. 零星用工

【答案】D

【解析】劳务报酬可以采用以下方式：固定劳务报酬（含管理费）；约定不同工种劳务的计时单价（含管理费），按确认的工时计算；约定不同工作成果的计件单价（含管理费），按确认的工程量计算。

14. 工程承包人确认劳务分包人递交的结算资料后，（ ）天内向劳务分包人支付劳务报酬。
  A. 14　　　　　　　　　　　　B. 15
  C. 28　　　　　　　　　　　　D. 30

【答案】A

【解析】工程承包人确认劳务分包人递交的结算资料后，14天内向劳务分包人支付劳务报酬。

15. 工程承包人应当向劳务分包人提供的条件不包括（ ）。
  A. 具备劳务作业开工的施工场地　B. 劳务作业需要的安全生产防护用品
  C. 生产、生活临时设施　　　　　D. 工程资料

【答案】B

【解析】工程承包人应当向劳务分包人提供下列条件：向劳务分包人交付具备本合同项下劳务作业开工条件的施工场地；满足劳务作业所需的能源供应、通信及施工道路畅通；向劳务分包人提供相应的工程资料；向劳务分包人提供生产、生活临时设施。

16. （ ）负责工程测量定位、沉降观测。
  A. 建设主管部门　　　　　　　B. 设计院
  C. 工程承包人　　　　　　　　D. 劳务分包人

【答案】C

【解析】工程承包人负责工程测量定位、沉降观测、技术交底，组织图纸会审，统一安排技术档案资料的收集整理及交工验收。

17. 劳务分包合同的形式不包括（ ）。

A. 临时劳务承包 B. 零散的劳务分包
C. 自带劳务分包 D. 成建制的劳务分包

【答案】A

【解析】劳务分包合同的形式包括：自带劳务分包、零散的劳务分包、成建制的劳务分包。

18. 在评价劳务分包方的施工与资源保障能力时，应重点考察（ ）。
A. 报价水平与履约能力 B. 履约能力与社会信用
C. 社会信用与报价水平 D. 报价水平与经营行为

【答案】B

【解析】在劳务分包方施工与资源保障能力评价时，应重点考察申报企业的履约能力和意愿，即企业经营、管理、财务能力状况和经营行为及社会信用。

19. 下列各项中，不属于建设主管部门对劳务分包合同实施监督检查所采取的方式是（ ）。
A. 定期检查 B. 突击检查
C. 联合检查 D. 巡查

【答案】B

【解析】建设主管部门应当建立劳务分包合同监督检查制度，采取定期检查、巡查和联合检查等方式进行监督检查。

20. 省、市（ ）负责建立劳务分包合同管理信息系统。
A. 建设主管部门 B. 劳动局
C. 总包企业 D. 分包企业

【答案】A

【解析】省、市建设主管部门负责建立劳务分包合同管理信息系统，建立劳务分包合同备案、履约信息的记录、使用和公示制度。

21. 建设主管部门对于不配合监督检查的劳务分包企业，可以采取的措施不包括（ ）。
A. 限制承接新业务 B. 责令整改
C. 通报批评 D. 记入建设行业信用信息提示系统

【答案】A

【解析】建设主管部门对于不配合监督检查的劳务分包企业，可以采取的措施是责令整改、通报批评、记入建设行业信用信息提示系统。

22. （ ）应当建立劳务分包合同监督检查制度，采取定期检查、巡查和联合检查等方式进行监督检查。
A. 劳动局 B. 总包企业
C. 建设主管部门 D. 分包企业

【答案】C

【解析】建设主管部门应当建立劳务分包合同监督检查制度，采取定期检查、巡查和联合检查等方式进行监督检查。

23. 劳务分包队伍综合评价的方法不包括（ ）。
A. 考评周期 B. 考评方式

C. 劳务管理 D. 信息反馈

【答案】C

【解析】劳务分包队伍综合评价的方法包括：考评周期、考评方式、信息反馈。

24. 培训成本的核算方法有（　　）。
    A. 会计方法和统计方法 B. 统计方法和资源需求模型方法
    C. 资源需求模型方法和会计方法 D. 会计方法和经验估算方法

【答案】C

【解析】培训成本的核算包括：利用会计方法计算培训成本、利用资源需求模型计算培训成本。

25. 解决农民工培训经费的是（　　）。
    A. 政府建设主管部门 B. 劳务企业
    C. 总包企业 D. 建设单位

【答案】A

【解析】政府出资解决农民工培训经费。

26. 下列选项中，属于外部渠道劳务培训教师的优点是（　　）。
    A. 培训具有针对性 B. 培训经验丰富
    C. 责任心较强，费用较低 D. 可以与受训人员进行很好的交流

【答案】B

【解析】外部渠道劳务培训教师的优点是：比较专业，具有丰富的培训经验，但费用较高。

27. 培训成本的核算方法有（　　）。
    A. 统计方法 B. 经验估算方法
    C. 会计方法 D. 统计估算法

【答案】C

【解析】培训成本的核算包括：利用会计方法计算培训成本、利用资源需求模型计算培训成本。

二、多选题

1. 劳务员在审验劳务分包队伍资质时，应当注意以下几方面要求（　　）。
    A. 等级要求 B. 资源要求
    C. 资格要求 D. 业绩要求
    E. 政策管理要求

【答案】CDE

【解析】劳务员在审验劳务分包队伍资质时，应当注意以下几方面要求：资格要求、业绩要求、政策管理要求。

2. 劳务分包企业的施工作业队须通过当地（　　）的考核评价合格。
    A. 工会组织 B. 行业管理协会
    C. 建设主管部门 D. 企业
    E. 质量监督部门

【答案】BCD

【解析】劳务分包企业的施工作业队属于当地建设主管部门、行业管理协会和企业考核评价合格的队伍。

3. 对进入施工现场作业的劳务人员的通用要求是（　　）。
   A. 与劳务企业签订书面劳动合同
   B. 在地方建设主管部门备案
   C. 安全生产和普法维权培训考核合格
   D. 具有相应的工种岗位资格证书
   E. 无不良记录

【答案】ABCD

【解析】对进入施工现场作业的劳务人员的通用要求是：与劳务企业签订书面劳动合同、在地方建设主管部门备案、安全生产和普法维权培训考核合格、具有相应的工种岗位资格证书。

4. 工程承包人应当向劳务分包人提供下列条件（　　）。
   A. 具备劳务作业开工的施工场地
   B. 劳务作业需要的能源、通信、道路
   C. 劳务作业需要的安全生产防护用品
   D. 生产、生活临时设施
   E. 工程资料

【答案】ABDE

【解析】工程承包人应当向劳务分包人提供下列条件：向劳务分包人交付具备本合同项下劳务作业开工条件的施工场地；满足劳务作业所需的能源供应、通信及施工道路畅通；向劳务分包人提供相应的工程资料；向劳务分包人提供生产、生活临时设施。

5. 劳务报酬最终结算时，工程承包人收到劳务分包人递交的结算资料后14天内（　　）。
   A. 进行核实
   B. 给予确认
   C. 给予否决
   D. 提出修改意见
   E. 即时支付

【答案】ABD

【解析】工程承包人收到劳务分包人递交的结算资料后14天内进行核实，给予确认或提出修改意见。

6. 劳务分包合同的形式包括（　　）。
   A. 临时劳务承包
   B. 零散的劳务分包
   C. 自带劳务分包
   D. 成建制的劳务分包
   E. 外来的劳务分包

【答案】BCD

【解析】劳务分包合同的形式包括：自带劳务分包、零散的劳务分包、成建制的劳务分包。

7. 在评价劳务分包方的施工与资源保障能力时，应重点考察（　　）。
   A. 报价水平
   B. 履约能力
   C. 规模大小
   D. 经营行为
   E. 社会信用

【答案】BE

【解析】在劳务分包方施工与资源保障能力评价时，应重点考察申报企业的履约能力和意愿，即企业经营、管理、财务能力状况和经营行为及社会信用。

8. 建设主管部门对于不配合监督检查的劳务分包企业，可以采取的措施是（ ）。
   A. 限制承接新业务　　　　　　B. 责令整改
   C. 通报批评　　　　　　　　　D. 记入建设行业信用信息提示系统
   E. 禁止进入本地建筑市场

【答案】BCD

【解析】建设主管部门对于不配合监督检查的劳务分包企业，可以采取的措施是责令整改、通报批评、记入建设行业信用信息提示系统。

9. 发包人有下列（ ）情形，工程所在地建设行政主管部门可以限制其承揽新的工程或者新的劳务作业。
   A. 转包劳务作业的
   B. 发包人、承包人未依法订立书面劳动合同的
   C. 因拖欠劳务分包合同价款或者劳务作业人员工资而引发群体性事件的
   D. 发包人、承包人在未签订书面劳务分包合同并备案的情况下进场施工的
   E. 发包人、承包人不按照相关规定进行劳务作业验收和劳务分包合同价款结算的

【答案】AC

【解析】发包人或者承包人有下列情形之一的，工程所在地建设行政主管部门可以限制其承揽新的工程或者新的劳务作业：转包劳务作业的；因拖欠劳务分包合同价款或者劳务作业人员工资而引发群体性事件的；发包人、承包人有以上所列情形三次以上的。

10. 劳务分包队伍综合评价的内容包括（ ）。
    A. 劳务管理　　　　　　　　　B. 安全管理
    C. 生产管理　　　　　　　　　D. 技术质量管理
    E. 行保管理

【答案】ABCDE

【解析】劳务分包队伍综合评价的内容包括：劳务管理、安全管理、生产管理、技术质量管理、行保管理。

11. 下列各项中，属于实施劳务培训计划需要解决的问题是（ ）。
    A. 培训师资　　　　　　　　　B. 培训教材
    C. 培训方法　　　　　　　　　D. 培训场地
    E. 培训资金

【答案】ABDE

【解析】落实劳务培训师资、教材、场地、资金。

12. 培训成本的核算方法有（ ）。
    A. 统计方法　　　　　　　　　B. 经验估算方法
    C. 资源需求模型方法　　　　　D. 会计方法
    E. 统计估算法

【答案】CD

【解析】培训成本的核算包括：利用会计方法计算培训成本、利用资源需求模型计算培训成本。

第十一章　劳动合同管理

一、判断题

1. 在校学生暑期期间具有签订劳动合同的主体资格。

【答案】错误

【解析】在校学生不属于具有签订劳动合同主体资格的劳动者。

2. 劳动者年满16周岁，可以与劳动单位订立劳动合同。

【答案】错误

【解析】劳动者应当是年满18周岁，具备民事行为能力，身体条件和工作能力符合用人单位招聘条件。

3. 用人单位与劳动者签订劳动合同期限一年以上不满三年的，试用期不得超过三个月。

【答案】错误

【解析】用人单位与劳动者签订劳动合同期限一年以上不满三年的，试用期不得超过二个月。

4. 劳动者在用人单位所在地以外地点工作，即使双方没有约定，也应该执行用人单位所在地的最低工资标准。

【答案】错误

【解析】劳动者在用人单位所在地以外地点工作，应明确约定执行劳动者劳动报酬的最低工资标准。

5. 劳动合同被确认无效，劳动者已付出劳动的，用人单位应当向劳动者支付劳动报酬。

【答案】正确

【解析】劳动合同被确认无效，劳动者已付出劳动的，用人单位应当向劳动者支付劳动报酬。

6. 农民工的劳动合同可以由建筑劳务分包企业代为保管。

【答案】错误

【解析】劳动合同应当一式三份，建筑劳务分包企业与农民工各持一份，另外一份保留在农民工务工的工地备查。农民工的劳动合同不得由建筑劳务分包企业代为保管。

7. 劳动者接到《签订劳动合同通知书》后，自用工之日起一个月内不与用人单位签订劳动合同，用人单位可以书面通知劳动者终止劳动关系，无需向劳动者支付经济补偿。

【答案】正确

【解析】劳动者接到《签订劳动合同通知书》后，自用工之日起一个月内不与用人单位签订劳动合同，用人单位可以书面通知劳动者终止劳动关系，无需向劳动者支付经济补偿，但是应当依法向劳动者支付其实际工作时间的劳动报酬。

8. 发包人、承包人约定劳务分包合同价款计算方式时，可以采用"暂估价"方式约定合同价款。

【答案】错误

【解析】发包人、承包人约定劳务分包合同价款计算方式时，应当在采用固定合同价款、建筑面积综合单价、工种工日单价、综合工日单价四种方式选择其一计算，不得采用"暂估价"方式约定合同价款。

9. 在一般情况下，劳务企业应每月支付一次劳务企业农民工的基本工资，但在特殊情况下，可以两个月支付一次。

【答案】错误

【解析】劳务企业必须每月支付一次劳务企业农民工的基本工资。

10. 劳务作业人员的工资表和考勤表，是劳务分包企业进场作业人员实际发生作业行为工资分配的证明。

【答案】正确

【解析】劳务作业人员的工资表和考勤表，是劳务分包企业进场作业人员实际发生作业行为工资分配的证明。

二、单选题

1. 下列人员（　　）属于具有签订劳动合同主体资格的劳动者。
   A. 在校学生　　　　　　　　B. 现役军人
   C. 离退休人员　　　　　　　D. 下岗职工

【答案】D

【解析】在校学生、现役军人、离退休人员及居民雇佣等不属于具有签订劳动合同主体资格的劳动者。

2. 用人单位与劳动者签订无固定期限劳动合同，试用期不得超过（　　）。
   A. 1个月　　　　　　　　　B. 3个月
   C. 6个月　　　　　　　　　D. 1年

【答案】C

【解析】用人单位与劳动者签订无固定期限劳动合同，试用期不得超过6个月。

3. 用人单位与劳动者签订劳动合同期限三个月以上不满一年的，试用期不得超过（　　）。
   A. 1个月　　　　　　　　　B. 3个月
   C. 6个月　　　　　　　　　D. 1年

【答案】A

【解析】用人单位与劳动者签订劳动合同期限三个月以上不满一年的，试用期不得超过1个月。

4. 关于劳动者资格合法的条件，下列说法错误的是（　　）。
   A. 用人单位与劳动者签订劳动合同的应当是法定代表人或法定代表人委托的代理人
   B. 劳动者与其他人建立劳动关系
   C. 离退休人员不得成为劳动合同主体
   D. 现役军人不得成为劳动合同主体

【答案】B

【解析】劳动者应年满18周岁;劳动者未与其他人建立劳动关系。

5. 劳动合同中,不属于劳动合同法规定的必备条款有( )。
   A. 劳动合同期限　　　　　　B. 工作内容
   C. 试用期时间　　　　　　　D. 保险待遇

【答案】C

【解析】劳动合同中,应具备劳动合同法规定的必备条款有:劳动合同期限、工作内容、劳动保护和劳动条件、劳动报酬、保险待遇等。

6. 甲是2013年刚毕业的应届毕业生,甲与用人单位签订劳动合同期限最长不得超过( )年。
   A. 3年　　　　　　　　　　B. 5年
   C. 10年　　　　　　　　　 D. 15年

【答案】A

【解析】用人单位与新招收应届毕业生、新调入员工首次签订劳动合同时,应协商签订三年(含)以下期限劳动合同。

7. 用人单位与关键紧缺人才首次签订劳动合同时,应协商签订( )以上期限劳动合同。
   A. 3年　　　　　　　　　　B. 5年
   C. 10年　　　　　　　　　 D. 15年

【答案】B

【解析】用人单位与关键紧缺人才首次签订劳动合同时,应协商签订五年(含)以上期限劳动合同。

8. 下列选项中,用人单位可以拒绝与劳动者签订无固定期限劳动合同的是( )。
   A. 连续两次以完成一定工作任务为期限的劳动合同,可以订立固定期限劳动合同
   B. 复员、转业退伍军人初次分配工作,提出与用人单位签订无固定期限合同
   C. 全国劳动模范提出与用人单位签订无固定期限劳动合同
   D. 在单位业绩一直很突出的劳动者提出与用人单位签订无固定期限劳动合同

【答案】D

【解析】有下列情形之一,劳动者提出或者同意续订、订立劳动合同的,除劳动者提出订立固定期限劳动合同外,应当与劳动者签订无固定期限劳动合同:(1) 劳动者在该用人单位连续工作满十年的;(2) 用人单位初次实行劳动合同制度或者国有企业改制重新订立劳动合同时,劳动者在该用人单位连续工作满十年且距法定退休年龄不足十年的;(3) 连续订立二次固定期限劳动合同,且劳动者没有《劳动合同法》第三十九条和第四十条第一项、第二项规定的情形,续订劳动合同的;(4) 复原、转业退伍军人初次分配工作的;(5) 全国劳动模范、先进工作者或者"五一劳动奖章"获得者;(6) 法律、行政法规规定的其他情形。

9. 下列不属于劳动合同无效或者部分无效的是( )。
   A. 以欺诈、胁迫的手段或者乘人之危,使对方在违背真实意思的情况下订立或者变更劳动合同的

B. 用人单位免除自己的法定责任、排除劳动者权利的
C. 劳动者对部分条款理解有误的
D. 违反法律、行政法规强制性规定的

【答案】C

【解析】下列属于劳动合同无效或者部分无效的是：以欺诈、胁迫的手段或者乘人之危，使对方在违背真实意思的情况下订立或者变更劳动合同的；用人单位免除自己的法定责任、排除劳动者权利的；违反法律、行政法规强制性规定的；有关劳动报酬和劳动条件等标准低于集体合同的。

10. 下列选项中不属于建筑劳务分包企业与农民工在劳动合同中应明确的工资问题是（　　）。

A. 约定工资标准　　　　　　　B. 明确约定工资支付日期
C. 约定工资支付方式　　　　　D. 约定工资代领人

【答案】D

【解析】建筑劳务分包企业与农民工在劳动合同中应明确以下工资问题：约定工资标准，且约定的标准不得低于当地最低工资标准；明确约定工资支付日期；约定工资支付方式。

11. 农民工的劳动合同不得由（　　）保管。

A. 建筑劳务总包企业　　　　　B. 农民工自己
C. 农民工务工的工地　　　　　D. 建筑劳务分包企业

【答案】A

【解析】劳动合同应当一式三份，建筑劳务分包企业与农民工各持一份，另外一份保留在农民工务工的工地备查。

12. 用工单位自用工之日起满一年未与劳动者订立书面劳动合同的，自用工之日起满一个月的次日至满一年的前一日应当向劳动者每月支付（　　）的工资。

A. 1倍　　　　　　　　　　　B. 2倍
C. 3倍　　　　　　　　　　　D. 5倍

【答案】B

【解析】用工单位自用工之日起满一年未与劳动者订立书面劳动合同的，自用工之日起满一个月的次日至满一年的前一日应当向劳动者每月支付两倍的工资，并与劳动者补订书面劳动合同。

13. 劳动者接到《签订劳动合同通知书》后，自用工之日起（　　）内不与用人单位签订劳动合同，用人单位可以书面通知劳动者终止劳动关系。

A. 10天　　　　　　　　　　　B. 20天
C. 1个月　　　　　　　　　　D. 两个月

【答案】C

【解析】劳动者接到《签订劳动合同通知书》后，自用工之日起一个月内不与用人单位签订劳动合同，用人单位可以书面通知劳动者终止劳动关系。

14. 下列不属于发包人、承包人约定劳务分包合同价款计算方式的有（　　）。

A. 固定合同价款　　　　　　　B. 建筑面积总和单价

C. 工种工日单价 D. 暂估价方式

【答案】D

【解析】发包人、承包人约定劳务分包合同价款计算方式时，应当在采用固定合同价款、建筑面积综合单价、工种工日单价、综合工日单价四种方式选择其一计算。

15. 下列不属于劳务分包合同价款的是（　　）。
   A. 工人工资 B. 管理费
   C. 工人奖金 D. 工具用具费

【答案】C

【解析】劳务分包合同价款包括工人工资、文明施工及环保费中的人工费、管理费、劳动保护费、各项保险费、低值易耗材料费、工具用具费、利润等。

16. 发包人、承办人应当在每月（　　）前对上月完成劳务作业量及应支付的劳务分包合同价款予以书面确认。
   A. 10 日 B. 15 日
   C. 20 日 D. 30 日

【答案】C

【解析】发包人、承办人应当在每月 20 日前对上月完成劳务作业量及应支付的劳务分包合同价款予以书面确认。

17. 关于履行劳务分包合同价款的规定，说法错误的是（　　）。
   A. 发包人不得以工程质量纠纷拖欠劳务分包合同价款
   B. 发包人、承包人应当在每月月底前对上月完成劳务作业量级应支付的劳务分包合同价款予以书面确认
   C. 发包人应当在书面确认后 7 日内支付已确认的劳务分包合同价款
   D. 承办人应当按照劳务分包合同的约定组织劳务作业人员完成劳务作业内容

【答案】C

【解析】发包人应当在书面确认后 5 日内支付已确认的劳务分包合同价款。

18. 总承包企业自收到劳务分包企业依照约定提交的劳务费结算书之日起（　　）日内完成审核。
   A. 14 B. 20
   C. 28 D. 30

【答案】C

【解析】总承包企业自收到劳务分包企业依照约定提交的劳务费结算书之日起 28 日内完成审核，并书面答复承包人。

19. 分包合同价款的支付形式必须采用（　　）形式办理。
   A. 现金 B. 银行转账
   C. 支票 D. 网上支付

【答案】B

【解析】分包合同价款的支付必须以银行转账的形式办理。

20. 在京施工的总承包企业的工资保证金不少于（　　）万元，专业承包和劳务分包企业不少于（　　）万元。

A. 80, 30 B. 80, 50
C. 100, 50 D. 100, 80

【答案】C

【解析】在京施工的总承包企业的工资保证金不少于100万元，专业承包和劳务分包企业不少于50万元。

21. 劳务分包合同价款支付的时限从完成审核之日起计算，最长时限为（　）日。
A. 3 B. 5
C. 7 D. 9

【答案】B

【解析】劳务分包合同价款支付的时限从完成审核之日起计算，最长不得超过5日。

22. 下列银行有资格设立农民工工资专用账户的是（　）。
A. 农业银行 B. 邮储银行
C. 建设银行 D. 工商银行

【答案】B

【解析】劳务分包企业选定并预约邮政银行网点，设立农民工工资专用账户。

23. 下列关于务工人员工资支付情况说法错误的是（　）。
A. 劳务企业应以现金形式支付劳动者工资
B. 应核实工资是否由队长或班组长代发
C. 农民工工资须本人领取或签字
D. 取得农民工本人授权后，农民工近亲属也可以代领工资

【答案】D

【解析】劳务企业以现金形式支付劳动者工资的，应核实工资是否由队长或班组长代发，农民工工资必须本人领取并签字，不得由他人代发代领。

24. 邮储银行在对提供的资料和汇入金额核对无误后，每月（　）将款项打入劳务分包企业所属农民工实名卡。
A. 1 日 B. 5 日
C. 10 日 D. 15 日

【答案】B

【解析】邮储银行在对提供的资料和汇入金额核对无误后，每月5日将款项打入劳务分包企业所属农民工实名卡。

三、多选题

1. 关于劳动合同的主体，下列说法正确的是（　）。
A. 用人单位与劳动者签订劳动合同的应当是法定代表人或法定代表人委托的代理人
B. 劳动者应年满16周岁
C. 劳动者与其他人建立劳动关系
D. 离退休人员不得成为劳动合同主体
E. 现役军人不得成为劳动合同主体

【答案】ADE

【解析】劳动者应年满18周岁；劳动者未与其他人建立劳动关系。

2. 劳动合同中，应具备劳动合同法规定的必备条款有（　　）。
A. 劳动合同期限　　　　　　　B. 工作内容
C. 试用期时间　　　　　　　　D. 保险待遇
E. 竞业限制

【答案】ABD

【解析】劳动合同中，应具备劳动合同法规定的必备条款有：劳动合同期限、工作内容、劳动保护和劳动条件、劳动报酬、保险待遇等。

3. 下列情形中，用人单位应当与劳动者签订无固定期限劳动合同的是（　　）。
A. 连续两次以完成一定工作任务为期限的劳动合同，可以订立固定期限劳动合同
B. 劳动者在该用人单位连续工作满十五年，劳动者提出要求与用人单位签订无固定期限劳动合同
C. 复员、转业退伍军人初次分配工作，提出与用人单位签订无固定期限合同
D. 全国劳动模范提出与用人单位签订无固定期限劳动合同
E. 在单位业绩一直很突出的劳动者提出与用人单位签订无固定期限劳动合同

【答案】ABCD

【解析】有下列情形之一，劳动者提出或者同意续订、订立劳动合同的，除劳动者提出订立固定期限劳动合同外，应当与劳动者签订无固定期限劳动合同：（1）劳动者在该用人单位连续工作满十年的；（2）用人单位初次实行劳动合同制度或者国有企业改制重新订立劳动合同时，劳动者在该用人单位连续工作满十年且距法定退休年龄不足十年的；（3）连续订立二次固定期限劳动合同，且劳动者没有《劳动合同法》第三十九条和第四十条第一项、第二项规定的情形，续订劳动合同的；（4）复原、转业退伍军人初次分配工作的；（5）全国劳动模范、先进工作者或者"五一劳动奖章"获得者；（6）法律、行政法规规定的其他情形。

4. 下列属于劳动合同无效或者部分无效的是（　　）。
A. 以欺诈、胁迫的手段或者乘人之危，使对方在违背真实意思的情况下订立或者变更劳动合同的
B. 用人单位免除自己的法定责任、排除劳动者权利的
C. 劳动者对部分条款理解有误的
D. 违反法律、行政法规强制性规定的
E. 有关劳动报酬和劳动条件等标准低于集体合同的

【答案】ABDE

【解析】下列属于劳动合同无效或者部分无效的是：以欺诈、胁迫的手段或者乘人之危，使对方在违背真实意思的情况下订立或者变更劳动合同的；用人单位免除自己的法定责任、排除劳动者权利的；违反法律、行政法规强制性规定的；有关劳动报酬和劳动条件等标准低于集体合同的。

5. 下列选项中属于建筑劳务分包企业与农民工在劳动合同中应明确的工资问题是（　　）。
A. 约定工资标准　　　　　　　B. 明确约定工资支付日期

C. 约定工资支付方式   D. 约定工资支付银行
E. 约定工资代领人

【答案】 ABC

【解析】 建筑劳务分包企业与农民工在劳动合同中应明确以下工资问题：约定工资标准，且约定的标准不得低于当地最低工资标准；明确约定工资支付日期；约定工资支付方式。

6. 农民工的劳动合同可以由（　　）保管。
   A. 建筑劳务总包企业   B. 农民工自己
   C. 农民工务工的工地   D. 建筑劳务分包企业
   E. 劳动保障部门

【答案】 BCD

【解析】 劳动合同应当一式三份，建筑劳务分包企业与农民工各持一份，另外一份保留在农民工务工的工地备查。

7. 劳动者接到《签订劳动合同通知书》后，自用工之日起一个月内不与用人单位签订劳动合同，用人单位可以采取的措施有（　　）。
   A. 无需通知即可终止劳动关系
   B. 书面通知劳动者终止劳动关系
   C. 支付劳动者一个月工资的劳动补偿
   D. 无需向劳动者支付经济补偿
   E. 按照劳动者实际工作时间支付劳动报酬

【答案】 BDE

【解析】 劳动者接到《签订劳动合同通知书》后，自用工之日起一个月内不与用人单位签订劳动合同，用人单位可以书面通知劳动者终止劳动关系，无需向劳动者支付经济补偿，但是应当依法向劳动者支付其实际工作时间的劳动报酬。

8. 下列属于发包人、承包人约定劳务分包合同价款计算方式的有（　　）。
   A. 固定合同价款   B. 暂估价方式
   C. 建筑面积总和单价   D. 工种工日单价
   E. 综合工日单价

【答案】 ACDE

【解析】 发包人、承包人约定劳务分包合同价款计算方式时，应当在采用固定合同价款、建筑面积综合单价、工种工日单价、综合工日单价四种方式选择其一计算。

9. 下列属于劳务分包合同价款的是（　　）。
   A. 工人工资   B. 管理费
   C. 工具用具费   D. 工人奖金
   E. 利润

【答案】 ABCE

【解析】 劳务分包合同价款包括工人工资、文明施工及环保费中的人工费、管理费、劳动保护费、各项保险费、低值易耗材料费、工具用具费、利润等。

10. 发包人、承包人应当在劳务分包合同中明确约定（　　）。

A. 劳务作业验收的时限　　　　B. 劳务作业验收的内容
C. 劳务合同价款结算的时限　　D. 劳务合同价款支付的时限
E. 劳务作业的作业量

【答案】ACD

【解析】发包人、承包人应当在劳务分包合同中明确约定劳务作业验收的时限，以及劳务合同价款结算和支付的时限。

11. 下列关于劳务企业以现金形式支付劳动者工资，说法正确的是（　　）。
    A. 应核实工资是否由队长或班组长代发
    B. 农民工工资须本人领取或签字
    C. 取得农民工本人授权后，农民工近亲属也可以代领工资
    D. 工资可以半年一发
    E. 年末未足额支付的，下年可以补发

【答案】AB

【解析】劳务企业以现金形式支付劳动者工资的，应核实工资是否由队长或班组长代发，农民工工资必须本人领取并签字，不得由他人代发代领。

12. 需要以劳务管理重要资料存档备查的资料有（　　）。
    A. 劳务费结算台账　　　　B. 支付凭证
    C. 劳务人员的工资表、考勤表　　D. 劳务人员工作记录
    E. 工资台账

【答案】ABCE

【解析】劳务费结算台账和支付凭证以及劳务人员的工资表、考勤表和工资台账应该作为劳务管理重要资料存档备查。

13. 办理劳务费结算时，需要具备的条件有（　　）。
    A. 工资表中人员必须与考勤表相一致　　B. 必须有务工人员本人签字
    C. 务工人员的手印　　　　D. 施工队伍所在企业盖章
    E. 施工队伍负责人签字

【答案】ABDE

【解析】工资表中人员必须与考勤表相一致，且必须有务工人员本人签字、施工队伍负责人签字和其所在企业盖章，方可办理劳务费结算。

第十二章 劳务纠纷处理

一、判断题

1. 工程承包企业追回的拖欠工程款,应优先用于支付拖欠的农民工工资。

【答案】正确

【解析】企业因被拖欠工程款导致拖欠农民工工资的,企业追回的被拖欠工程款,应优先用于支付拖欠的农民工工资。

2. 从源头上杜绝发生农民工工资纠纷的是建立公司制农民工工资的约束和保障机制。

【答案】错误

【解析】从源头上杜绝发生农民工工资纠纷的是严格"两个规范"做好工作及各项目部劳动队伍管理和用工管理。

3. 属于劳务欠款类的可直接向法院提起民事诉讼。

【答案】正确

【解析】属于劳务欠款类的可直接向法院提起民事诉讼。

4. 据统计,引发劳动争议的第一大原因是劳动报酬。

【答案】正确

【解析】据统计,引发劳动争议的第一大原因是劳动报酬。

5. 劳务分包签订工程分包合同,则该合同为无效合同。

【答案】正确

【解析】劳务分包企业签订工程分包合同,则该合同为无效合同。

6. 大量的劳动争议案件集中在大中城市、沿海县(市、区),山区县劳动争议数量较少。

【答案】正确

【解析】大量的劳动争议案件集中在大中城市、沿海县(市、区),山区县劳动争议数量较少。

7. 外部施工劳务作业队劳务承包纠纷发生的原因主要是劳动关系和工伤事故。

【答案】错误

【解析】内部施工劳务作业队劳务承包纠纷发生的原因主要是劳动关系和工伤事故。

8. 承包企业应对劳务分包企业的用工情况和工资支付进行监督,并对本工程发生的劳务纠纷承担主要责任。

【答案】错误

【解析】承包企业应对劳务分包企业的用工情况和工资支付进行监督,并对本工程发生的劳务纠纷承担连带责任。

9. 权利人在诉讼时效期届满后主张权利的,可以受司法保护。

【答案】错误

【解析】若权利人在诉讼时效期届满后主张权利的,丧失了胜诉权,其权利不受司法保护。

10. 调解是指当事人通过自行友好协商，解决合同发生的争议。

【答案】错误

【解析】和解是指当事人通过自行友好协商，解决合同发生的争议。

11. 经调解成功达成协议后，仲裁庭即制作调解书或根据协议的结果制作裁决书，裁决书具有法律效力，但调解书不具有法律效力。

【答案】错误

【解析】经调解成功达成协议后，仲裁庭即制作调解书或根据协议的结果制作裁决书，调解书和裁决书都具有法律效力。

12. 工伤职工治疗非工伤引发的疾病时，可以适当享受工伤医疗待遇。

【答案】错误

【解析】工伤职工治疗非工伤引发的疾病时，不享受工伤医疗待遇，按照基本医疗保险办法处理。

13. 在生产安全事故中死亡的职工家属最高能获得60万元的补偿金。

【答案】正确

【解析】在生产安全事故中死亡的职工家属最高能获得60万元的补偿金。

14. 工伤认定申请主体如果对工伤认定决定不服的，可以依法申请行政复议或者提起刑事诉讼。

【答案】错误

【解析】职工或者其直系亲属、用人单位对不予受理决定不服或者对工伤认定决定不服的，可以依法申请行政复议或者提起刑事诉讼。

15. 受工伤的劳务人员应向总承包企业提出工伤认定申请。

【答案】错误

【解析】受工伤的劳务人员应向统筹地区劳动保障行政部门提出工伤认定申请。

二、单选题

1. 不属于农民工工资纠纷应急处理的原则是（   ）。
   A. 优先支付原则　　　　　　　　B. 事后追究责任原则
   C. 及时裁决和强制执行原则　　　D. 先行垫付原则

【答案】B

【解析】根据《建设领域农民工工资支付管理暂行办法》有以下原则：先行垫付原则、优先支付原则、及时裁决和强制执行原则、违法分包承担连带责任原则。

2. 下列不属于劳务人员工资纠纷的表现形式为（   ）。
   A. 企业内部闹事　　　　　　　　B. 围堵总承包企业和政府机关
   C. 聚众上访　　　　　　　　　　D. 打砸抢烧

【答案】D

【解析】劳务人员工资纠纷的表现形式为：企业内部闹事；围堵总承包企业和政府机关；聚众上访、提出仲裁和司法诉讼。

3. 应在劳动争议发生之日起（   ）日内，向劳动争议仲裁委员会提出书面申请仲裁。

A. 20　　　　　　　　　　B. 30
C. 60　　　　　　　　　　D. 90

【答案】C

【解析】向当地劳动争议仲裁委员会申请仲裁，需要注意的是，要在劳动争议发生之日起 60 日内，向劳动争议仲裁委员会提出书面申请仲裁。

4. 从根本上解决农民工工资拖欠问题的是（　　）。
   A. 建立公司制农民工工资的约束和保障机制
   B. 建立企业信用档案制度
   C. 提高农民工的法律维权意识
   D. 建立欠薪应急周转金制度

【答案】A

【解析】建立公司制农民工工资的约束和保障机制，是从根本上解决农民工工资拖欠问题的方法。

5. 从源头上杜绝发生农民工工资纠纷的是（　　）。
   A. 建立公司制农民工工资的约束和保障机制
   B. 建立企业信用档案制度
   C. 提高农民工的法律维权意识
   D. 严格"两个规范"做好工作及各项目部劳动队伍管理和用工管理

【答案】D

【解析】严格"两个规范"做好工作及各项目部劳动队伍管理和用工管理，从源头上杜绝发生农民工工资纠纷。

6. 不属于解决劳务人员工资纠纷的主要途径是（　　）。
   A. 由建设单位或总承包单位先行支付
   B. 责令用人单位按期支付工资和赔偿金
   C. 通过法律途径解决
   D. 建立公司制农民工工资的约束和保障机制

【答案】D

【解析】解决劳务人员工资纠纷的主要途径是：由建设单位或总承包单位先行支付；责令用人单位按期支付工资和赔偿金；通过法律途径解决。

7. 下列不属于法律途径解决工资纠纷的是（　　）。
   A. 建立公司制农民工工资的约束和保障机制
   B. 向当地劳动争议仲裁委员会申请仲裁
   C. 向当地劳动保障监察机构举报投诉
   D. 通过法律诉讼途径解决

【答案】A

【解析】在用人单位拖欠工资的情况下，务工人员与用人单位协商无果时，可以通过下列法律途径解决：向当地劳动争议仲裁委员会申请仲裁；向当地劳动保障监察机构举报投诉；通过法律诉讼途径解决。

8. 由不具备资质的"包工头"挂靠劳务分包企业与发包方签订分包合同而引起的劳务纠纷，承担责任方是（　　）。
   A. 劳务分包企业
   B. "包工头"和发包方
   C. 发包方和劳务分包企业
   D. "包工头"、劳务分包企业和发包方

【答案】D

【解析】如果项目部没严格审查或疏忽审查或明知劳务分包企业无相应的资质或超过其相应资质应当承担的劳务作业的工程量而签订劳务分包合同，都将被判定为无效的劳务分包合同。

9. 劳动纠纷的性质不包括（　　）。
   A. 劳务纠纷多发性
   B. 经济利益主导性
   C. 劳务纠纷地域广泛性
   D. 矛盾激化性

【答案】C

【解析】劳动纠纷的性质包括：劳务纠纷多发性、经济利益主导性、劳务纠纷地域集中性、矛盾激化性、无照经营性。

10. 以下各项中，不属于处理劳务纠纷的法律法规依据的是（　　）。
    A. 《建筑法》
    B. 《劳动法》
    C. 地方法规
    D. 企业规章制度

【答案】D

【解析】属于处理劳务纠纷的法律法规依据的是：《建筑法》、《劳动法》、《劳动合同法》、各省市关于处理劳务纠纷相关管理文件。

11. 引发严重极端事件和重大群众性事件，造成严重社会影响的，改正期限不少于（　　）个月。
    A. 1
    B. 6
    C. 9
    D. 12

【答案】D

【解析】引发严重极端事件和重大群众性事件，造成严重社会影响的，改正期限不少于12个月。

12. 以下处理劳务纠纷的方式中，不具有法律效力的是（　　）。
    A. 和解及调解
    B. 仲裁
    C. 法院强制执行
    D. 诉讼

【答案】A

【解析】和解及调解不具有法律效力。

13. 不属于处置劳务纠纷的主要方式是（　　）。
    A. 和解及调解
    B. 诉讼
    C. 政府强制执行
    D. 仲裁

【答案】C

【解析】处置劳务纠纷的主要方式是：和解及调解、诉讼、仲裁。

14. 根据《民法通则》的规定，向人民法院请求保护民事权利的诉讼时效期间为（　　）年。
    A. 1
    B. 2

C. 3   D. 4

【答案】B

【解析】根据《民法通则》的规定，向人民法院请求保护民事权利的诉讼时效期间为2年。

15. 劳务企业施工作业人员进入现场后，项目部统一管理的"三证八统一"中的三证不包括（ ）。
A. 身份证   B. 健康证
C. 暂住证   D. 上岗证

【答案】B

【解析】劳务企业施工作业人员进入现场后，项目部统一管理的"三证八统一"中的三证指的是：身份证、暂住证、上岗证。

16. 工伤职工治疗非工伤引发的疾病时（ ）。
A. 可以享受工伤医疗待遇   B. 不可以享受工伤医疗待遇
C. 由职工个人自费   D. 由工会组织解决费用

【答案】B

【解析】工伤职工治疗非工伤引发的疾病时，不享受工伤医疗待遇，按照基本医疗保险办法处理。

17. 职工因工伤治疗的停工留薪期限最长不超过（ ）。
A. 6个月   B. 12个月
C. 24个月   D. 36个月

【答案】C

【解析】停工留薪期一般不超过12个月。伤情严重或者特殊，经设区的实际劳动能力鉴定委员会确认，可以适当延长，但延长不得超过12个月。

18. 从2011年起，安全生产事故中一次死亡补偿金标准，按上一年度全国城镇居民人均可支配收入的（ ）倍计算。
A. 10   B. 12
C. 16   D. 20

【答案】D

【解析】从2011年起，安全生产事故中一次死亡补偿金标准，按上一年度全国城镇居民人均可支配收入的20倍计算。

19. 职工因公致残被鉴定为一级至四级伤残的，从工伤保险基金按伤残等级支付一次性伤残补助金，标准为（ ）。
A. 一级伤残为24个月的本人工资   B. 二级伤残为20个月的本人工资
C. 三级伤残为16个月的本人工资   D. 四级伤残为12个月的本人工资

【答案】A

【解析】职工因公致残被鉴定为一级至四级伤残的，保留劳动关系，退出工作岗位，从工伤保险基金按伤残等级支付一次性伤残补助金，标准为：一级伤残为24个月的本人工资；二级伤残为22个月的本人工资；三级伤残为20个月的本人工资；四级伤残为18个月的本人工资。

20. 用人单位申请工伤认定的时限是（　　）。
   A. 30 天
   B. 60 天
   C. 90 天
   D. 180 天

【答案】A

【解析】用人单位申请工伤认定时限：30 日。

21. 受伤害职工或者其直系亲属、工会组织申请工伤认定的时限是（　　）。
   A. 30 天
   B. 半年
   C. 1 年
   D. 2 年

【答案】C

【解析】受伤害职工或者其直系亲属，工会组织申请工伤认定的时限是 1 年。

22. 在受伤害职工或者其直系亲属认为是工伤，而用人单位不认为是工伤的情况下，承担举证责任的是（　　）。
   A. 工会组织
   B. 用人单位
   C. 受伤害职工本人
   D. 受伤害职工的直系亲属

【答案】B

【解析】在受伤害职工或者其直系亲属认为是工伤，而用人单位不认为是工伤的情况下，由该用人单位承担举证责任。

23. 劳动保障行政部门应当自受理工伤认定申请之日起（　　）日内作出工伤认定决定。
   A. 30 天
   B. 60 天
   C. 90 天
   D. 180 天

【答案】B

【解析】劳动保障行政部门应当自受理工伤认定申请之日起 60 日内作出工伤认定决定。

三、多选题

1. 根据《建设领域农民工工资支付管理暂行办法》，农民工工资纠纷应急处理的原则是（　　）。
   A. 先行垫付原则
   B. 优先支付原则
   C. 事后追究责任原则
   D. 及时裁决和强制执行原则
   E. 违法分包承担连带责任原则

【答案】ABDE

【解析】根据《建设领域农民工工资支付管理暂行办法》有以下原则：先行垫付原则、优先支付原则、及时裁决和强制执行原则、违法分包承担连带责任原则。

2. 劳务人员工资纠纷的表现形式为（　　）。
   A. 企业内部闹事
   B. 围堵总承包企业和政府机关
   C. 聚众上访
   D. 打砸抢烧
   E. 提出仲裁和司法诉讼

【答案】ABCE

【解析】劳务人员工资纠纷的表现形式为：企业内部闹事；围堵总承包企业和政府机关；聚众上访、提出仲裁和司法诉讼。

3. 劳务人员工资纠纷的主要原因为（　　）。
   A. 建设单位和总承包单位拖欠工程款
   B. 劳务分包单位内部管理混乱、考勤不清和工资发放不及时引发的工资纠纷
   C. 总承包单位和劳务分包单位由于劳务合同争议引发的工资纠纷
   D. 违法分包
   E. "恶意讨薪"引发的工资纠纷

【答案】ABCDE

【解析】劳务人员工资纠纷的主要原因为：建设单位和总承包单位拖欠工程款引发的工资纠纷；劳务分包单位内部管理混乱、考勤不清和工资发放不及时引发的工资纠纷；总承包单位和劳务分包单位由于劳务合同争议引发的工资纠纷；违法分包引发的工资纠纷；"恶意讨薪"引发的工资纠纷。

4. 解决劳务人员工资纠纷的主要方法是（　　）。
   A. 建立公司制农民工工资的约束和保障机制
   B. 提高公司内部人员的道德修养
   C. 建立企业信用档案制度
   D. 提高农民工的法律维权意识
   E. 建立欠薪应急周转金制度

【答案】ACDE

【解析】解决劳务人员工资纠纷的主要方法是：建立公司制农民工工资的约束和保障机制；建立企业信用档案制度；建立日常工作机制和监督机制；建立欠薪应急周转金制度；提高农民工的法律维权意识；严格"两个规范"做好工作及各项目部劳动队伍管理和用工管理；完善法律法规，加大执法力度。

5. 解决劳务人员工资纠纷的主要途径是（　　）。
   A. 建立公司制农民工工资的约束和保障机制
   B. 由建设单位或总承包单位先行支付
   C. 责令用人单位按期支付工资和赔偿金
   D. 通过法律途径解决
   E. 建立欠薪应急周转金制度

【答案】BCD

【解析】解决劳务人员工资纠纷的主要途径是：由建设单位或总承包单位先行支付；责令用人单位按期支付工资和赔偿金；通过法律途径解决。

6. 在用人单位拖欠工资的情况下，务工人员与用人单位协商无果时，可以通过下列法律途径解决（　　）。
   A. 建立公司制农民工工资的约束和保障机制
   B. 向当地劳动争议仲裁委员会申请仲裁
   C. 责令用人单位按期支付工资和赔偿金
   D. 向当地劳动保障监察机构举报投诉

E. 通过法律诉讼途径解决

【答案】BDE

【解析】在用人单位拖欠工资的情况下，务工人员与用人单位协商无果时，可以通过下列法律途径解决：向当地劳动争议仲裁委员会申请仲裁；向当地劳动保障监察机构举报投诉；通过法律诉讼途径解决。

7. 劳动纠纷的性质包括（　　）。
A. 劳务纠纷多发性　　　　　　　B. 经济利益主导性
C. 劳务纠纷地域广泛性　　　　　D. 矛盾激化性
E. 无照经营性

【答案】ABDE

【解析】劳动纠纷的性质包括：劳务纠纷多发性、经济利益主导性、劳务纠纷地域集中性、矛盾激化性、无照经营性。

8. 劳务纠纷产生的原因主要有（　　）。
A. 未签订劳动合同　　　　　　　B. 违法分包引起的纠纷
C. 未签或分包合同约定不明确　　D. "包工头"挂靠成建制企业引发的纠纷
E. 名为劳务分包实为工程分包

【答案】ABCDE

【解析】劳务纠纷产生的原因主要有：由于未签订劳动合同引发的劳务纠纷；由于违法分包引发的纠纷；由于未签或分包合同约定不明确引发的劳务纠纷；由于"包工头"挂靠成建制企业引起的纠纷；名为劳务分包实为工程分包引起的劳务纠纷。

9. 以下各项中，属于处理劳务纠纷的法律法规依据的是（　　）。
A. 《建筑法》　　　　　　　　　B. 《劳动法》
C. 《劳动合同法》　　　　　　　D. 地方法规
E. 企业规章制度

【答案】ABCD

【解析】属于处理劳务纠纷的法律法规依据的是：《建筑法》、《劳动法》、《劳动合同法》、各省市关于处理劳务纠纷相关管理文件。

10. 处置劳务纠纷的主要方式是（　　）。
A. 和解及调解　　　　　　　　　B. 政府强制执行
C. 诉讼　　　　　　　　　　　　D. 专家裁定
E. 仲裁

【答案】ACE

【解析】处置劳务纠纷的主要方式是：和解及调解、诉讼、仲裁。

11. 通过建筑劳务基地化管理，能够促进建立（　　）的新型劳务关系。
A. 定点定向　　　　　　　　　　B. 专业配套
C. 双向选择　　　　　　　　　　D. 互惠互利
E. 长期合作

【答案】ABCE

【解析】通过建筑劳务基地化管理，能够促进建立定点定向、专业配套、双向选择、长期合作的新型劳务关系。

12. 劳务企业施工作业人员进入现场后,项目部统一管理的"三证八统一"中的三证指的是( )。
   A. 工作出入证 B. 身份证
   C. 健康证 D. 暂住证
   E. 上岗证

【答案】BDE

【解析】劳务企业施工作业人员进入现场后,项目部统一管理的"三证八统一"中的三证指的是:身份证、暂住证、上岗证。

13. 工伤职工有下列情形( ),停止享受工伤保险待遇。
   A. 丧失享受待遇条件的 B. 职工被派遣出境工作受工伤的
   C. 拒不接受劳动能力鉴定的 D. 拒绝治疗的
   E. 被判刑正在收监执行的

【答案】ACDE

【解析】工伤职工有下列情形之一的,停止享受工伤保险待遇:丧失享受待遇条件的;拒不接受劳动能力鉴定的;拒绝治疗的;被判刑正在收监执行的。

14. 工伤认定申请主体主要包括( )。
   A. 工伤职工所在工会组织 B. 地方劳动保障行政部门
   C. 工伤职工所在单位 D. 工伤职工本人
   E. 工伤职工直系亲属

【答案】ACDE

【解析】工伤认定申请主体主要包括:用人单位、受伤害职工或者其直系亲属、工会。

15. 受理工伤认定申请的条件是( )。
   A. 申请理由充分 B. 申请材料完整
   C. 属于劳动保障行政部门管辖 D. 受理时效尚未过期
   E. 申请主体合格

【答案】BCDE

【解析】工伤认定申请受理条件是:申请材料完整、属于劳动保障行政部门管辖、受理时效尚未过期、申请主体合格。

第十三章 劳务资料管理

一、判断题

1. 签订劳务分包合同时,可以使用分公司或者项目经理的公章。

【答案】错误

【解析】劳务分包合同应当由双方企业法定代表人或授权委托人签字并加盖企业公章,不得分公司或者项目经理的公章。

2. 农民工教育培训工作不属于总承包企业的教育管理体系。

【答案】错误

【解析】总承包单位必须建立"农民工夜校",将农民工教育培训工作纳入企业教育管理体系。

3. 总承包企业项目经理部不得干预劳务分包企业是否与劳务作业人员签订劳动合同。

【答案】错误

【解析】项目经理部要监督劳务企业与作业人员签订《劳动合同》。

二、单选题

1. 在约定劳务分包合同价款计算方式时,不得采用( )的方式约定合同总价。
A. 固定劳务价格 B. 暂估价
C. 计时单价 D. 计件单价

【答案】B

【解析】在约定劳务分包合同价款计算方式时,不得采用"暂估价"的方式约定合同总价。

2. 反映总承包商是否按规定及时结算和支付劳务分包费用的依据是( )。
A. 劳务费结算台账和支付凭证 B. 支付凭证和劳务分包合同
C. 劳务备案手续和劳务分包合同 D. 劳务分包合同和劳务费结算台账

【答案】B

【解析】反映总承包商是否按规定及时结算和支付劳务分包费用的依据是支付凭证和劳务分包合同。

3. 当承发包双方就同一劳务作业内容另行签订的劳务分包合同与已经备案的劳务分包合同的实质性内容不一致时,则结算劳务分包合同价款的依据是( )。
A. 备案的劳务分包合同 B. 另行签订的劳务分包合同
C. 标准的劳务分包合同 D. 重新订立的劳务分包合同

【答案】A

【解析】当承发包双方就同一劳务作业内容另行签订的劳务分包合同与已经备案的劳务分包合同的实质性内容不一致时,则结算劳务分包合同价款的依据是备案的劳务分包合同。

4. 已经建立劳动关系，未同时订立书面劳动合同的，应当自用工之日起（　　）内订立书面劳动合同。

A. 一周
B. 半月
C. 一个月
D. 两个月

【答案】C

【解析】已经建立劳动关系，未同时订立书面劳动合同的，应当自用工之日起一个月内订立书面劳动合同。

5. 在处理大量的劳动纠纷过程中，分包企业是否与所使用的农民工（　　），是解决纠纷的重要保障。

A. 登记备案
B. 签订劳动合同
C. 签订保险协议
D. 作出口头承诺

【答案】B

【解析】在处理大量的劳动纠纷过程中，分包企业是否与所使用的农民工签订劳动合同，是解决纠纷的重要保障。

6. 劳务分包企业进入施工现场人员的花名册，必须由下列单位审核盖章（　　）。

A. 总承包企业
B. 工程监理单位
C. 工程质量监督单位
D. 当地建设主管部门

【答案】D

【解析】劳务分包企业进入施工现场人员的花名册，必须由分包企业审核盖章，必须由分包企业所属省建管处审核盖章，必须由当地建设主管部门审核盖章。

7. 下列各项中，不属于劳务管理档案资料编制要求的是（　　）。

A. 真实
B. 有效
C. 完整
D. 电子化

【答案】D

【解析】归档的资料要求配有档案目录，档案资料必须真实、有效、完整。

8. 合同协议类劳务管理档案资料保存的最低年限是（　　）。

A. 3年
B. 5年
C. 8年
D. 10年

【答案】C

【解析】劳务管理档案资料最低保存年限：合同协议类8年，文件记录类8年，劳务费发放类8年，统计报表类5年。

三、多选题

1. 总承包单位设立的"农民式夜校"的管理资料主要包括（　　）。

A. 组织机构及人员名单
B. 管理制度
C. 师资队伍名录及证件
D. 培训记录
E. 设施配置情况

【答案】ABCD

【解析】总承包单位设立的"农民式夜校"的管理资料有："农民式夜校"组织机构

及人员名单;"农民式夜校"管理制度;农民工教育师资队伍名录及证书、证明;"农民式夜校"培训记录。

2. 劳务分包企业进入施工现场人员的花名册,必须由下列单位审核盖章(　　)。
A. 劳务分包企业　　　　　　B. 总承包企业
C. 工程监理单位　　　　　　D. 工程质量监督单位
E. 当地建设主管部门

【答案】AE

【解析】劳务分包企业进入施工现场人员的花名册,必须由分包企业审核盖章,必须由分包企业所属省建管处审核盖章,必须由当地建设主管部门审核盖章。

3. 分包企业管理资料和基本内容包括(　　)。
A. 劳务作业人员花名册和身份证明　　B. 劳务作业人员劳动合同
C. 劳务作业人员工资表和考勤表　　　D. 施工作业人员岗位技能证书
E. 劳务员岗位证书

【答案】ABCDE

【解析】分包企业管理资料和基本内容包括:劳务作业人员花名册和身份证明;劳务作业人员劳动合同;劳务作业人员工资表和考勤表;施工作业人员岗位技能证书;劳务员岗位证书等。

劳务员岗位知识与专业技能试卷

一、判断题（共20题，每题1分）

1. 专业承包企业不可以将劳务作业分包给具有相应资质的劳务分包企业。
【答案】（   ）

2. 职业技能的高低是农民工就业的稳定性和收入水平的决定性因素。
【答案】（   ）

3. 经验估工法适用于产品品种多，批量大，不易计算工作量的施工作业。
【答案】（   ）

4. 时间研究只有在工作条件稳定，且已经标准化、规范化的前提下才是有效的。
【答案】（   ）

5. 确定劳动力的劳动效率是劳动力需求计划编制的重要前提。
【答案】（   ）

6. 劳动力负荷曲线是劳动力资源耗用规律的图形表示。
【答案】（   ）

7. 劳动报酬是劳动合同的必备条款，福利待遇条款在劳动合同中可有可无。
【答案】（   ）

8. 混凝土作业分包企业资质不分等级。
【答案】（   ）

9. 实名制管理系统中的"双卡"是指工作卡和工资卡。
【答案】（   ）

10. 社会保险由国家立法强制实行，在保险的项目、收费的标准、享受的待遇上，投保人和被保险人都无权进行选择。
【答案】（   ）

11. 执行定额面指标指工人中执行定额工日占全部作业工日的比重。
【答案】（   ）

12. 培训需求分析就是判断是否需要培训及分析培训内容的一种活动或者过程。
【答案】（   ）

13. 劳务分包企业中，劳务员可以不具有安全资格证书。
【答案】（   ）

14. 劳务分包商必须服从监理工程师的直接指令。
【答案】（   ）

15. 在一般情况下，劳务企业应每月支付一次劳务企业农民工的基本工资，但在特殊情况下，可以两个月支付一次。
【答案】（   ）

16. 劳务作业人员的工资表和考勤表，是劳务分包企业进场作业人员实际发生作业行为工资分配的证明。

【答案】（　　）

17. 从源头上杜绝发生农民工工资纠纷的是建立公司制农民工工资的约束和保障机制。

【答案】（　　）

18. 工伤认定申请主体如果对工伤认定决定不服的，可以依法申请行政复议或者提起刑事诉讼。

【答案】（　　）

19. 签订劳务分包合同时，可以使用分公司或者项目经理的公章。

【答案】（　　）

20. 农民工教育培训工作不属于总承包企业的教育管理体系。

【答案】（　　）

二、单选题（共40题，每题1分）

21. 在建筑业从事（　　）的人员，必须年满十八周岁以上。
  A. 繁重体力劳动和高空作业　　　B. 高空作业和野外作业
  C. 野外作业和接触有毒有害物质　D. 接触有毒有害物质和繁重体力劳动

【答案】（　　）

22. 下列资质许可由省级建设主管部门实施的是（　　）。
  A. 交通专业承包序列一级资质　　B. 机电安装专业承包序列一级资质
  C. 铁路专业承包序列二级资质　　D. 不分等级的城市轨道交通专业承包序列

【答案】（　　）

23. 劳动定额的表现形式分为（　　）。
  A. 时间定额和技术定额　　B. 技术定额和经济定额
  C. 经济定额和产量定额　　D. 产量定额和时间定额

【答案】（　　）

24. 时间研究是在一定的标准测定条件下，确定人们完成作业活动所需时间总量的一套（　　）。
  A. 动作和方法　　B. 程序和方法
  C. 流程和定额　　D. 数据统计表

【答案】（　　）

25. 不属于施工劳动力主要类型的是（　　）。
  A. 企业自有工人　　B. 聘用外来劳务企业工人
  C. 使用劳务派遣工人　D. 临时零星用工

【答案】（　　）

26. 下列各项中，不属于劳务管理档案资料编制要求的是（　　）。
  A. 真实　　B. 有效
  C. 完整　　D. 电子化

【答案】（　　）

27. 非全日制用工劳动报酬结算周期不得超过（　　）。

A. 24 小时 B. 15 小时
C. 7 天 D. 一个月

【答案】（　　）

28. 双方当事人可以订立口头劳动合同的用工方式是（　　）。
A. 全日制用工 B. 非全日制用工
C. 劳务派遣用工 D. 建筑劳务分包用工

【答案】（　　）

29. 下列各项中，不属于劳动合同审查要求的是（　　）。
A. 当事人申请 B. 双方协商
C. 鉴证机关审核 D. 确认证明

【答案】（　　）

30. 甲与某企业签订劳动合同，关于合同效力问题，甲向四位法律人士咨询，下列咨询意见错误的是（　　）。
A. 乙说：企业如果采用胁迫方式签订的合同无效。
B. 丙说：用人单位免除自己的主要责任，排除劳动者权利的合同无效
C. 丁说：用人单位合同违反了法律、行政法规的强制性规定才无效，违反了法律、行政法规非强制性规定的合同仍然有效
D. 戊说：用人单位以欺诈方式签订的合同无效

【答案】（　　）

31. 下列各项中，不属于对无效劳动合同处理方法的是（　　）。
A. 撤销合同 B. 修改合同
C. 赔偿损失 D. 重新签订

【答案】（　　）

32. 下列哪类分包企业资质不区分等级（　　）。
A. 钣金工程 B. 焊接作业
C. 钢筋作业 D. 木工作业

【答案】（　　）

33. 下列选项中，不属于劳务分包招投标工作的特点的是（　　）。
A. 劳务分包项目投标竞争激烈，地域性强
B. 劳务分包项目的标的额小、项目数量大
C. 劳务分包项目投标报价复杂
D. 劳务分包招投标操作周期短

【答案】（　　）

34. 劳务用工禁止使用不满（　　）周岁的人员。
A. 14 B. 15
C. 16 D. 18

【答案】（　　）

35. 对劳务分包队伍的综合评价可以划分为（　　）。
A. 过程评价和全面评价 B. 全面评价和专业评价

C. 专业评价和实力评价　　　　　D. 实力评价和过程评价

【答案】（　　）

36. 支付劳务人工费时，只能向（　　）支付。
    A. 个体承包人　　　　　　　　B. 委托代理人
    C. 总分包人　　　　　　　　　D. 分包企业法人

【答案】（　　）

37. 提出在全国推行建筑劳务人员实名制管理的机构是（　　）。
    A. 国务院　　　　　　　　　　B. 住房和城乡建设部
    C. 中国建筑业协会　　　　　　D. 省级人民政府

【答案】（　　）

38. 造成履约范围不清的主要原因是（　　）。
    A. 分包合同条款内容不规范、不具体
    B. 合同双方当事人对工程情况不熟悉
    C. 合同双方当事人对法律知识不了解
    D. 合同双方当事人未按照合同示范文本执行

【答案】（　　）

39. 解决劳务纠纷的合同内方法不包括（　　）。
    A. 承担继续履约责任　　　　　B. 向调解组织申请调解
    C. 支付违约金　　　　　　　　D. 按合同赔偿损失

【答案】（　　）

40. 社会保险关系中的用人单位不包括以下哪些类型（　　）。
    A. 国家机关　　　　　　　　　B. 事业单位
    C. 有雇工的个体工商户　　　　D. 国外驻华大使馆

【答案】（　　）

41. 劳务用工数量和工种需求量的预测要围绕工程项目的工期、施工部位和（　　）。
    A. 工程量　　　　　　　　　　B. 劳务分包合同
    C. 施工技术方案　　　　　　　D. 材料供应状态

【答案】（　　）

42. 劳务管理计划的内容不包括（　　）。
    A. 人员配置计划　　　　　　　B. 教育培训计划
    C. 考核计划　　　　　　　　　D. 奖罚计划

【答案】（　　）

43. 劳务分包企业的施工作业队无需通过当地（　　）的考核评价合格。
    A. 工会组织　　　　　　　　　B. 行业管理协会
    C. 建设主管部门　　　　　　　D. 企业

【答案】（　　）

44. 劳务分包队伍综合评价的方法不包括（　　）。
    A. 考评周期　　　　　　　　　B. 考评方式
    C. 劳务管理　　　　　　　　　D. 信息反馈

45. 培训成本的核算方法有（　　）。
   A. 会计方法和统计方法　　　　　B. 统计方法和资源需求模型方法
   C. 资源需求模型方法和会计方法　D. 会计方法和经验估算方法
   【答案】（　　）

46. 下列人员（　　）属于具有签订劳动合同主体资格的劳动者。
   A. 在校学生　　　　　　　　　　B. 现役军人
   C. 离退休人员　　　　　　　　　D. 下岗职工
   【答案】（　　）

47. 关于劳动者资格合法的条件，下列说法错误的是（　　）。
   A. 用人单位与劳动者签订劳动合同的应当是法定代表人或法定代表人委托的代理人
   B. 劳动者与其他人建立劳动关系
   C. 离退休人员不得成为劳动合同主体
   D. 现役军人不得成为劳动合同主体
   【答案】（　　）

48. 劳动合同中，不属于劳动合同法规定的必备条款有（　　）。
   A. 劳动合同期限　　　　　　　　B. 工作内容
   C. 试用期时间　　　　　　　　　D. 保险待遇
   【答案】（　　）

49. 下列不属于发包人、承包人约定劳务分包合同价款计算方式的有（　　）。
   A. 固定合同价款　　　　　　　　B. 建筑面积综合单价
   C. 工种工日单价　　　　　　　　D. 暂估价方式
   【答案】（　　）

50. 下列不属于劳务分包合同价款的是（　　）。
   A. 工人工资　　　　　　　　　　B. 管理费
   C. 工人奖金　　　　　　　　　　D. 工具用具费
   【答案】（　　）

51. 下列银行有资格设立农民工工资专用账户的是（　　）。
   A. 农业银行　　　　　　　　　　B. 邮储银行
   C. 建设银行　　　　　　　　　　D. 工商银行
   【答案】（　　）

52. 下列关于务工人员工资支付情况说法错误的是（　　）。
   A. 劳务企业应以现金形式支付劳动者工资
   B. 应核实工资是否由队长或班组长代发
   C. 农民工工资须本人领取或签字
   D. 取得农民工本人授权后，农民工近亲属也可以代领工资
   【答案】（　　）

53. 邮储银行在对提供的资料和汇入金额核对无误后，每月（　　）将款项打入劳务分包企业所属农民工实名卡。

A. 1 日 B. 5 日
C. 10 日 D. 15 日

【答案】（　　）

54. 总包单位协助劳务分包企业处理劳务纠纷的依据是（　　）。
   A. 劳务费结算台账 B. 支付凭证
   C. 劳务人员的工资表、考勤表 D. 工资台账

【答案】（　　）

55. 不属于农民工工资纠纷应急处理的原则是（　　）。
   A. 优先支付原则 B. 事后追究责任原则
   C. 及时裁决和强制执行原则 D. 先行垫付原则

【答案】（　　）

56. 下列不属于劳务人员工资纠纷的表现形式为（　　）。
   A. 企业内部闹事 B. 围堵总承包企业和政府机关
   C. 聚众上访 D. 打砸抢烧

【答案】（　　）

57. 由不具备资质的"包工头"挂靠劳务分包企业与发包方签订分包合同而引起的劳务纠纷，承担责任方是（　　）。
   A. 劳务分包企业 B. "包工头"和发包方
   C. 发包方和劳务分包企业 D. "包工头"、劳务分包企业和发包方

【答案】（　　）

58. 在受伤害职工或者其直系亲属认为是工伤，而用人单位不认为是工伤的情况下，承担举证责任的是（　　）。
   A. 工会组织 B. 用人单位
   C. 受伤害职工本人 D. 受伤害职工的直系亲属

【答案】（　　）

59. 反映总承包商是否按规定及时结算和支付劳务分包费用的依据是（　　）。
   A. 劳务费结算台账和支付凭证 B. 支付凭证和劳务分包合同
   C. 劳务备案手续和劳务分包合同 D. 劳务分包合同和劳务费结算台账

【答案】（　　）

60. 合同协议类劳务管理档案资料保存的最低年限是（　　）。
   A. 3 年 B. 5 年
   C. 8 年 D. 10 年

【答案】（　　）

三、多选题（共 20 题，每题 2 分，选错项不得分，选不全得 1 分）

61. 设置劳务培训目标，应包括的要素是（　　）。
   A. 费用要素 B. 内容要素
   C. 时间要素 D. 标准要素
   E. 条件要素

62. 编制劳动定额常用的方法有（   ）。
    A. 经验估工法   B. 统计分析法
    C. 比较类推法   D. 技术测定法
    E. 头脑风暴法

【答案】（   ）

63. 下列各项中，属于施工劳动力结构特点的是（   ）。
    A. 劳动力主要集中在劳务分包企业   B. 劳动力主要来源于城镇
    C. 劳动力的聘用期相对较短   D. 普通工人多于高技能工人
    E. 男性工人多于女性工人

【答案】（   ）

64. 下列各项中，属于劳动合同审查要求的是（   ）。
    A. 当事人申请   B. 双方协商
    C. 鉴证机关审核   D. 确认证明
    E. 提交结果

【答案】（   ）

65. 我国劳动合同管理体制包括（   ）。
    A. 行政管理   B. 社会管理
    C. 委托管理   D. 用人单位内部管理
    E. 司法管理

【答案】（   ）

66. 进入施工现场的各分包单位，必须设置一专职（兼职）计量员负责本单位的计量工作，并将名单报送至总包技术部门。该计量员通常为分包单位的技术负责人并负责以下工作（   ）。
    A. 负责建立分包单位的计量器具台账及其器具的标识
    B. 负责绘制总包单位的工艺计量流程图
    C. 定期参加总包组织的计量工作会议
    D. 向总包上报本单位的计量台账和工艺流程图
    E. 负责分包单位计量器具的送检，送检证明报总包项目经理部审核，检测合格证报总包商项目经理部备案

【答案】（   ）

67. 对劳务分包队伍综合评价后，可以根据评价结果确定分级标准，通常把劳务分包队伍的等级划分为（   ）等级别。
    A. 优秀   B. 良好
    C. 合格   D. 一般
    E. 不合格

【答案】（   ）

68. 实行劳务用工实名制的企业包括（   ）。
    A. 施工总承包企业   B. 专业承包企业

C. 劳务分包企业　　　　　　D. 劳务派遣企业
E. 代建制企业

【答案】(　　)

69. 劳务纠纷调解的基本原则是 (　　)。
A. 合法原则　　　　　　　　B. 公开原则
C. 公正原则　　　　　　　　D. 及时处理原则
E. 调解为主原则

【答案】(　　)

70. 突发事件应急状态主要分为以下阶段 (　　)。
A. 前兆阶段　　　　　　　　B. 紧急阶段
C. 谈判阶段　　　　　　　　D. 僵持阶段
E. 解决阶段

【答案】(　　)

71. 培训需求分析的内容主要包括 (　　)。
A. 培训需求的层次分析　　　B. 培训需求的阶段分析
C. 培训需求的数量分析　　　D. 在职员工培训需求分析
E. 下岗员工培训需求分析

【答案】(　　)

72. 对进入施工现场作业的劳务人员的通用要求是 (　　)。
A. 与劳务企业签订书面劳动合同　　B. 在地方建设主管部门备案
C. 安全生产和普法维权培训考核合格　D. 具有相应的工种岗位资格证书
E. 无不良记录

【答案】(　　)

73. 关于劳动合同的主体，下列说法正确的是 (　　)。
A. 用人单位与劳动者签订劳动合同的应当是法定代表人或法定代表人委托的代理人
B. 劳动者应年满16周岁
C. 劳动者与其他人建立劳动关系
D. 离退休人员不得成为劳动合同主体
E. 现役军人不得成为劳动合同主体

【答案】(　　)

74. 下列属于发包人、承包人约定劳务分包合同价款计算方式的有 (　　)。
A. 固定合同价款　　　　　　B. 暂估价方式
C. 建筑面积综合单价　　　　D. 工种工日单价
E. 综合工日单价

【答案】(　　)

75. 下列关于劳务企业以现金形式支付劳动者工资，说法正确的是 (　　)。
A. 应核实工资是否由队长或班组长代发
B. 农民工工资须本人领取或签字
C. 取得农民工本人授权后，农民工近亲属也可以代领工资

D. 工资可以半年一发

E. 年末未足额支付的,下年可以补发

【答案】(   )

76. 需要以劳务管理重要资料存档备查的资料有(   )。
A. 劳务费结算台账
B. 支付凭证
C. 劳务人员的工资表、考勤表
D. 劳务人员工作记录
E. 工资台账

【答案】(   )

77. 解决劳务人员工资纠纷的主要方法是(   )。
A. 建立公司制农民工工资的约束和保障机制
B. 提高公司内部人员的道德修养
C. 建立企业信用档案制度
D. 提高农民工的法律维权意识
E. 建立欠薪应急周转金制度

【答案】(   )

78. 劳务纠纷产生的原因主要有(   )。
A. 未签订劳动合同
B. 违法分包引起的纠纷
C. 未签或分包合同约定不明确
D. "包工头"挂靠成建制企业引发的纠纷
E. 名为劳务分包实为工程分包

【答案】(   )

79. 工伤认定申请主体主要包括(   )。
A. 工伤职工所在工会组织
B. 地方劳动保障行政部门
C. 工伤职工所在单位
D. 工伤职工本人
E. 工伤职工直系亲属

【答案】(   )

80. 总承包单位设立的"农民式夜校"的管理资料主要包括(   )。
A. 组织机构及人员名单
B. 管理制度
C. 师资队伍名录及证件
D. 培训记录
E. 设施配置情况

【答案】(   )

劳务员岗位知识与专业技能试卷答案与解析

一、判断题（共20题，每题1分）

1. 错误
【解析】专业承包企业可以对所承接的专业工程全部自行施工，也可以将劳务作业分包给具有相应资质的劳务分包企业。

2. 正确
【解析】职业技能的高低是农民工就业的稳定性和收入水平的决定性因素。

3. 错误
【解析】经验估工法适用于产品品种多，批量小，不易计算工作量的施工（生产）作业。

4. 正确
【解析】时间研究只有在工作条件稳定，且已经标准化、规范化的前提下才是有效的。

5. 正确
【解析】确定劳动力的劳动效率，是劳动力需求计划编制的重要前提。

6. 正确
【解析】根据资源耗用规律，人力需要量是从少到多，逐渐形成相对平稳的高峰，然后逐渐减少。这一规律，可用函数表示，这种函数曲线所描述的就是劳动力动员直方图的包络曲线，可称为劳动力负荷曲线。

7. 错误
【解析】劳动报酬条款和福利待遇条款是劳动合同的必备条款。

8. 正确
【解析】混凝土作业分包企业资质不分等级。

9. 错误
【解析】实名制管理系统中的"双卡"是指工作卡和床头卡。

10. 正确
【解析】社会保险由国家立法强制实行，在保险的项目、收费的标准、享受的待遇上，投保人和被保险人都无权进行选择。

11. 正确
【解析】执行定额面指标指工人中执行定额工日占全部作业工日的比重。

12. 正确
【解析】培训需求分析就是判断是否需要培训及分析培训内容的一种活动或者过程。

13. 错误
【解析】每个注册劳务分包企业的法人代表、项目负责人、专职安全员必须具有安全资格证书。

14. 正确
【解析】劳务分包人自觉接受工程承包人及有关部门的管理、监督和检查。

15. 错误

【解析】劳务企业必须每月支付一次劳务企业农民工的基本工资。

16. 正确

【解析】劳务作业人员的工资表和考勤表，是劳务分包企业进场作业人员实际发生作业行为工资分配的证明。

17. 错误

【解析】从源头上杜绝发生农民工工资纠纷的是严格"两个规范"做好工作及各项目部劳动队伍管理和用工管理。

18. 错误

【解析】职工或者其直系亲属，用人单位对不予受理决定不服或者对工伤认定决定不服的，可以依法申请行政复议或者提起刑事诉讼。

19. 错误

【解析】劳务分包合同应当由双方企业法定代表人或授权委托人签字并加盖企业公章，不得使用分公司或者项目经理的公章。

20. 错误

【解析】总承包单位必须建立"农民工夜校"，将农民工教育培训工作纳入企业教育管理体系。

二、单选题（共40题，每题1分）

21. D

【解析】在建筑业从事接触有毒有害物质和繁重体力劳动的人员，必须年满十八周岁以上。

22. B

【解析】可由省级建设主管部门实施的是，专业承包序列一级资质（不含铁路、交通、水利、信息产业、民航方面的专业承包序列一级资质）。

23. D

【解析】劳动定额的表现形式分为产量定额和时间定额。

24. B

【解析】时间研究是在一定的标准测定条件下，确定人们完成作业活动所需时间总量的一套程序和方法。

25. D

【解析】施工劳动力的类型为：企业自有工人、聘用外来劳务企业工人、使用劳务派遣工人。

26. D

【解析】归档的资料要求配有档案目录，档案资料必须真实、有效、完整。

27. B

【解析】非全日制用工劳动报酬结算支付周期不得超过15小时。

28. B

【解析】非全日制用工双方当事人可以订立口头协议。

29. B

【解析】劳动合同审查的要求是：当事人申请、鉴证机关审核、确认证明。

30. B

【解析】用人单位免除自己的法定责任、排除劳动者权利的合同无效。

31. D

【解析】对无效劳动合同的处理，一般包括三种情况：撤销合同、修改合同、赔偿损失。

32. A

【解析】钣金工程作业分包企业资质不分等级。

33. A

【解析】劳务分包招投标工作具有如下特点：劳务分包项目的标的额小、项目数量大；劳务分包项目投标报价复杂；劳务分包招投标操作周期短。

34. C

【解析】劳务分包队伍禁止使用不满16周岁和超过55周岁人员。

35. A

【解析】对劳务分包队伍的综合评价，可以分为过程综合评价和全面综合评价。

36. D

【解析】支付劳务人工费时，只能向分包企业法人支付。不得向无资质的个体承包人支付。如果是委托代理人必须出具法定代表人书面委托书。

37. B

【解析】根据住房和城乡建设部《关于进一步加强建筑市场监管工作的意见》（建市[2011]86号）的要求，推行建筑劳务人员实名制管理。

38. A

【解析】造成履约范围不清的主要原因是分包合同条款内容不规范、不具体。

39. B

【解析】解决劳务纠纷的合同内方法包括：承担继续履约责任、按合同赔偿损失、支付违约金、执行定金罚则。

40. D

【解析】用人单位是一个广泛的概念，不仅包括各种类型的国家机关、企事业单位，而且包括有雇工的个体工商户。

41. A

【解析】劳务需求预测应围绕企业（项目）的施工组织设计中工程项目的开、竣工日期和施工部位及工程量，测算具体劳务需求的工种和数量。

42. D

【解析】劳务管理计划的主要内容包括：人员配置计划、教育培训计划、考核计划、应急预案。

43. A

【解析】劳务分包企业的施工作业队属于当地建设主管部门、行业管理协会和企业考核评价合格的队伍。

44. C

【解析】劳务分包队伍综合评价的方法包括：考评周期、考评方式、信息反馈。

45. C

【解析】培训成本的核算包括：利用会计方法计算培训成本、利用资源需求模型计算培训成本。

46. D

【解析】在校学生、现役军人、离退休人员及居民雇佣等不属于具有签订劳动合同主体资格的劳动者。

47. B

【解析】劳动者应年满18周岁；劳动者未与其他人建立劳动关系。

48. C

【解析】劳动合同中，应具备劳动合同法规定的必备条款有：劳动合同期限、工作内容、劳动保护和劳动条件、劳动报酬、保险待遇等。

49. D

【解析】发包人、承包人约定劳务分包合同价款计算方式时，应当在采用固定合同价款、建筑面积综合单价、工种工日单价、综合工日单价四种方式选择其一计算。

50. C

【解析】劳务分包合同价款包括工人工资、文明施工及环保费中的人工费、管理费、劳动保护费、各项保险费、低值易耗材料费、工具用具费、利润等。

51. B

【解析】劳务分包企业选定并预约邮政银行网点，设立农民工工资专用账户。

52. D

【解析】劳务企业以现金形式支付劳动者工资的，应核实工资是否由队长或班组长代发，农民工工资必须本人领取并签字，不得由他人代发代领。

53. B

【解析】邮储银行在对提供的资料和汇入金额核对无误后，每月5日将款项打入劳务分包企业所属农民工实名卡。

54. C

【解析】劳务作业人员的工资表和考勤表，是劳务分包企业进场作业人员实际发生作业行为工资分配的证明。也是总包单位协助劳务分包企业处理劳务纠纷的依据。

55. B

【解析】根据《建设领域农民工工资支付管理暂行办法》有以下原则：先行垫付原则、优先支付原则、及时裁决和强制执行原则、违法分包承担连带责任原则。

56. D

【解析】劳务人员工资纠纷的表现形式为：企业内部闹事；围堵总承包企业和政府机关；聚众上访、提出仲裁和司法诉讼。

57. D

【解析】如果项目部没严格审查或疏忽审查或明知劳务分包企业无相应的资质或超过其相应资质应当承担的劳务作业的工程量而签订劳务分包合同，都将被判定为无效的劳务分包合同。

58. B

【解析】在受伤害职工或者其直系亲属认为是工伤，而用人单位不认为是工伤的情况下，由该用人单位承担举证责任。

59. B

【解析】反映总承包商是否按规定及时结算和支付劳务分包费用的依据是支付凭证和劳务分包合同。

60. C

【解析】劳务管理档案资料最低保存年限：合同协议类8年，文件记录类8年，劳务费发放类8年，统计报表类5年。

三、多选题（共20题，每题2分，选错项不得分，选不全得1分）

61. BDE

【解析】设置劳务培训目标应包括三个要素：内容要素、标准要素、条件要素。

62. ABCD

【解析】劳动定额一般常用的方法有四种，即：经验估工法、统计分析法、比较类推法和技术测定法。

63. ACDE

【解析】施工劳动力的结构特点是：（1）总承包企业自有劳动力少，使用劳务分包企业劳动力多；（2）城镇劳动力少，农村劳动力多；（3）长期工少，短期工多；（4）高技能工人少，一般技工和普通工多；（5）女性工人少，男性工人多。

64. ACD

【解析】劳动合同审查的要求是：当事人申请、鉴证机关审核、确认证明。

65. ABD

【解析】我国劳动合同管理体制由行政管理、社会管理和用人单位内部管理构成。

66. ACDE

【解析】计量员通常为分包单位的技术负责人并负责以下工作：（1）负责建立分包单位的计量器具台账及其器具的标识；（2）负责分包单位计量器具的送检，送检证明报总包项目经理部审核，检测合格证报总包商项目经理部备案；（3）定期参加总包组织的计量工作会议；（4）负责绘制本单位的工艺计量流程图；（5）向总包上报本单位的计量台账和工艺流程图。

67. ABCE

【解析】通常把劳务分包队伍的等级划分为优秀、良好、合格、不合格。

68. ABC

【解析】行劳务用工实名制的企业包括总承包企业、专业承包企业和劳务企业。

69. ACDE

【解析】劳务纠纷调解的基本原则是合法原则、公正原则、及时处理原则、调节为主原则。

70. ABCE

【解析】突发事件应急状态，分为如下四个阶段：前兆阶段、紧急阶段、谈判阶段、解决阶段。

71. ABD

【解析】培训需求分析的内容主要包括：培训需求的层次分析、培训需求的阶段分析、在职员工培训需求分析。

72. ABCD

【解析】对进入施工现场作业的劳务人员的通用要求是：与劳务企业签订书面劳动合同、在地方建设主管部门备案、安全生产和普法维权培训考核合格、具有相应的工种岗位资格证书。

73. ADE

【解析】劳动者应年满18周岁；劳动者未与其他人建立劳动关系。

74. ACDE

【解析】发包人、承包人约定劳务分包合同价款计算方式时，应当在采用固定合同价款、建筑面积综合单价、工种工日单价、综合工日单价四种方式选择其一计算。

75. AB

【解析】劳务企业以现金形式支付劳动者工资的，应核实工资是否由队长或班组长代发，农民工工资必须本人领取并签字，不得由他人代发代领。

76. ABCE

【解析】劳务费结算台账和支付凭证以及劳务人员的工资表、考勤表和工资台账应该作为劳务管理重要资料存档备查。

77. ACDE

【解析】解决劳务人员工资纠纷的主要方法是：建立公司制农民工工资的约束和保障机制；建立企业信用档案制度；建立日常工作机制和监督机制；建立欠薪应急周转金制度；提高农民工的法律维权意识；严格"两个规范"做好工作及各项目部劳动队伍管理和用工管理；完善法律法规，加大执法力度。

78. ABCDE

【解析】劳务纠纷产生的原因主要有：由于未签订劳动合同引发的劳务纠纷；由于违法分包引发的纠纷；由于未签或分包合同约定不明确引发的劳务纠纷；由于"包工头"挂靠成建制企业引起的纠纷；名为劳务分包实为工程分包引起的劳务纠纷。

79. ACDE

【解析】工伤认定申请主体主要包括：用人单位、受伤害职工或者其直系亲属、工会。

80. ABCD

【解析】总承包单位设立的"农民式夜校"的管理资料有："农民式夜校"组织机构及人员名单；"农民式夜校"管理制度；农民工教育师资队伍名录及证书、证明；"农民式夜校"培训记录。